W0293073

Prolog 1981

„Ja, hallo?“, blafft Friedrich in den Hörer, ungehalten über das störende Gebimmel, das so gar nicht aufhören wollte. Am anderen Ende der Leitung ist nur ein Atmen zu hören. „Wer ist da?“ Als Friedrich gerade den Hörer auflegen will, hört er die Stimme. „Ja, ich ... Bitte nicht auflegen. Ich, ich bin ...“

Friedrich wird nun doch neugierig. „Also gut, wer sind Sie und was wollen Sie?“, sagt er kurz angebunden. Was stottert der Kerl so? Wovor hat er Angst? Nur weil er unfreundlich war?

Nach einer kurzen Pause beginnt der Unbekannte zu sprechen. „Nur, damit ich sicher bin: Spreche ich mit Friedrich Merschenkamp?“ „Ja.“ „Und stammt ihre Familie vom Hof Brockhoff bei Münster?“ „Ja. Was soll die Fragerei?“ Langsam wird Friedrich ungeduldig. „Moment, gleich. Wie gesagt, ich muss sicher sein, dass Sie der Richtige sind.“ Die Stimme klingt nun fest und bestimmt. „Wenn Sie also Friedrich Merschenkamp sind, der Sohn von Luise Brockhoff, dann sind wir miteinander verwandt. Mein Name ist Felix Pott und ich bin ihr Neffe zweiten Grades. Sie sind mein Onkel.“

„Wie, was ... Unmöglich. Ich kenne alle meine Vettern und Kusinen und deren Kinder. Das wird mir jetzt zu dumm. Ich lege auf.“

„Halt! Bitte hören Sie mir zu. Es ist mir sehr wichtig. Ich möchte mehr über meine Herkunft herausfinden. Ich betreibe Ahnenforschung.“

Ahnenforschung? Auch Friedrich betreibt Ahnenforschung. Aber ein Felix Pott ist ihm noch nicht untergekommen. „Na gut“, brummt er schließlich, „schießen Sie los. Aber machen Sie's kurz. Ich hab' nicht ewig Zeit.“ Im Geiste hört er seine Frau schimpfen: Sei doch nicht immer so unfreundlich am Telefon. „Da bin ich aber gespannt, was Sie mir zu erzählen haben.“ „Danke.“ Die Stimme klingt erleichtert. „Wenn ich ein wenig ausholen darf. Es ist nicht ganz einfach. Ja, wir sind verwandt und es wundert mich nicht, dass meine Familie in Ihren Nachforschungen nicht aufgetaucht ist. Na ja, wie soll ich es sagen. Dass mein Großvater Bernhard, den ich nie kennengelernt habe, ein Bruder Ihrer Mutter ist, habe ich auch erst vor Kurzem herausgefunden. Im Nachlass meiner Mutter, die letztes Jahr gestorben ist, habe ich Notizbücher gefunden." „Wie, was? Wer ist ihr Großvater?" Friedrich ist auf einmal hellwach. Bernhard Brockhoff. Der schweigsame, unnahbare Onkel, den er nur wenige Male gesehen hatte. Der war der Großvater dieses Felix Pott? „Der hatte ein Kind?", entfährt es Friedrich. „Genau, meine Mutter Clara." „Aber – soviel ich weiß, war Onkel Bernhard nie verheiratet!" Friedrich ist verwirrt. „Richtig. Und das ist das Problem. Wie soll ich es sagen? Ihr Onkel Bernhard, das heißt, mein Großvater Bernhard und meine Großmutter Martha hatten ein Kind. Er hat ihr ein Kind gemacht, verstehen Sie?"

Friedrich erinnert sich dumpf, Gerüchte über den Bruder der Mutter, eine Magd auf dem Hof – Tabu. Onkel Bernhard, ein Schwerenöter! Friedrich hat Mühe, ihn sich als jugendlichen Draufgänger vorzustellen. Obwohl! „Wie meinen Sie das genau? Heraus mit der Sprache." Wieder klingt seine Stimme unfreundlicher, als er es meint. „Sind Sie sicher, dass Sie das so genau wissen wollen?" „Nun reden Sie schon und spannen Sie mich nicht auf die Folter." „Sie wollen es so. Also ... Ihr Onkel Bernhard hat meiner Großmutter ein Kind gemacht, heißt, er hat sie ... vergewaltigt. Sie war fünfzehn. So, jetzt sind Sie im Bilde."

Friedrich sagt zunächst nichts. Erst als Felix Pott beunruhigt nachfragt, ob er noch dran sei, holt er tief Luft und macht dann einen Vorschlag. Sie werden sich treffen und Felix, der Neffe wird ihm die ganze Geschichte haarklein erzählen. Sie verabreden sich in Münster, da, wo alles angefangen hat, zu einem lockeren Mittagessen. Ganz in der Nähe des Hofes gibt es ein nettes kleines Restaurant.

Der Onkel hatte ein Kind. Das also war das Geheimnis, über das die ganze Familie jahrzehntelang beharrlich geschwiegen hatte. Friedrich starrt noch eine Weile auf den Hörer, den er sanft auf der Gabel abgelegt hat, bis die Stimme seiner Frau ihn aus seinen Gedanken holt. „Und? Wer war dran? Du hast ja ungewöhnlich lange telefoniert! Das kenne ich ja gar nicht an dir! Worum ging es denn?" Natürlich ist Paula neugierig. Friedrich seufzt. „Ich versteh ja, dass du neugierig bist, aber noch weiß ich nicht viel. In zwei Wochen treffe ich mich mit diesem Felix Pott. Das ist der, mit dem ich gerade telefoniert habe. Der ist mein Neffe. Seit heute. Dahinter steckt eine unglaubliche Geschichte. Aber ich muss erst noch mehr erfahren. So lange musst du dich noch gedulden.“ Paulas enttäuschtes Gesicht übersieht er geflissentlich.

Teil 1

Kapitel 1 – Martha, 1895

Dunkelheit, Wärme, leises Schnauben der Kühe, Milchkühe mit ihren Kälbern, schwarz-bunt. Geruch von Stroh und Heu. Durch ein Loch im Stalldach funkelt ein einzelner Stern. Ein Hauch von Holunder und Jasmin weht durch das geöffnete Stallfenster.

Sie räkelt sich im Heu, wartet. Träumt von Joan, von ihrem letzten Beisammensein. So schön, ach, und dann ...

Hände hier und da und überall. Raue Schwielen streicheln sanft. Nackte Haut. Hals, Brüste, Schenkel. Heiß und kalt und Zittern und Wollust und Keuchen, Drängen und Härte und ‚NEIN'. Sie war nicht vorbereitet gewesen.

Schnauben, eine Kuh oder Er? Ohne ein Wort hatte er sie weggestoßen, sich von ihr abgewandt, war aufgesprungen und aus dem Stall gerannt. Den ganzen nächsten Tag waren sie umeinander herumgeschlichen.

Jetzt ist alles wieder gut. Wo er nur bleibt? Sie sehnt sich nach ihm, meint seinen sehnigen und schlanken Körper zu spüren, mit den Händen unter der festen, glatten Haut seine kleinen harten Muskeln zu fühlen. Dieses Kribbeln in ihrem Bauch, in ihrem Rücken, überall. So schön, so drängend, so – wollüstig? Dieses Wort. Der Pfarrer hat's in der letzten Beichte wie drohend gesagt. Hüte dich vor der Wollust, mein Kind, hatte er gewarnt und dann nach Einzelheiten gefragt. Wo genau er sie berührt habe? An den Armen, an den Brüsten, gar zwischen den Schenkeln? Was sie dabei empfunden habe. Sie hatte sich geschämt und war aus dem Beichtstuhl geflohen. Weg, nur weg. Das *Ego te absolvo* und die Buße wollte sie nicht mehr hören. Alles in ihr hatte sich gewehrt. Nein. Das war nicht Sünde. Oder doch?

Sie sehnt sich und ist doch auf dem Sprung.

Will gehen und bleibt. Nie war jemand zärtlich zu ihr.

Nicht der Vater, nicht die Mutter. Manchmal streichelt sie verstohlen den kleinen Jupp. Die Mutter darf es nicht sehen.

Du verzärtelst das Kind. Wie soll es später seinen Mann stehen?

Aber er! Meine kleine Stute, flüstert er immer, wenn er sie streichelt. Manchmal, wenn er ihr über den Kopf strich, ziepte es, wenn sich einzelne Haare in der rauen Haut seiner Hände verhakten.

Wenn er nur ihre Hand fasst und in seine schwielige legt, wird sie innerlich ganz weich, drängt es sie, in ihn hineinzukriechen, sich einzurollen in der dunklen Höhle seiner Zärtlichkeit.

Sie seufzt, wartet. Sie ist sicher, er kommt.

Er liebt sie, hat er gesagt. Sie vertraut ihm. Zu jung? Der Pfarrer predigt's und die Mutter sagt's. Zu jung für die Liebe? Jungfräulichkeit und Ehre und Anstand. Höchstes Gut der Frau. Der Mann? Männer sind Männer. Das ist was anderes. Darüber redet man nicht.

Lange kann sie nicht mehr warten. Sie hat keine Ausrede für die Küchenmagd, mit der sie eine Kammer teilt. Vielleicht aber schläft sie schon, wenn sie zurückkommt?

Noch ein Weilchen, überredet sie sich.

Wärme. Die Geräusche der Tiere im Stall. Verschlafene Piepser der Schwalben, die im Schutz des Stalldaches ihre Nester gebaut haben.

Bilder von spielenden Kindern im Garten, dampfenden Kartoffelschüsseln auf dem Tisch. *Komm, Herr Jesus, sei unser Gast und segne, was du uns bescheret hast.* Die Hände gefaltet, den Kopf gesenkt. *Amen.* Das Gesicht eines Mannes. Ihres Mannes. Joan? Am Kopfende des Tisches, die gefalteten Hände im Schoß.

Die Kinder warten geduldig und ruhig, bis der Vater zum Löffel greift. Erst dann dürfen sie auch. Mann, Frau, Kinder. Eine Familie. Die Bilder verschwimmen. Sie lächelt, schläft fast ein.

Ein Geräusch lässt sie hochfahren.

Die kleine Stalltür quietscht leise, schurrt über den unebenen Boden. Schritte nähern sich. Das wird er sein. Sie richtet sich halb auf, späht ins Dämmerdunkel, erwartungsfroh und ängstlich zugleich. Die Silhouette einer Gestalt, groß, kräftig, breitschultrig. ... Das ist nicht er!

Da wirft sich die Gestalt schon auf sie, drückt sie ins Heu. Grob reißen Hände ihre Bluse auf, streifen die Träger des Hemdes über ihre Schultern, schieben den Rock hoch. Sie schreit. Eine Hand über Mund und Nase. Atemnot, Wellen von Panik. Sie zittert.

„Ruhig", zischt die Stimme des Mannes.

Ein schwerer Körper drängt sich zwischen ihre Beine. Sie strampelt und tritt. Vergebens. Der Kraft dieses Mannes ist sie nicht gewachsen. Sie ringt nach Luft. Er keucht. Sie windet sich. Er zwingt sie in den Schraubstock seiner Hände und Arme. Dann dringt etwas in sie ein.

Der plötzliche scharfe Schmerz durchfährt ihren ganzen Körper, raubt ihr den Atem. Ihre Glieder erstarren, ihr Kopf fällt ins Leere.

Kurze, heftige, brutale Stöße. Es keucht. Es stöhnt. Rhythmisch. Schneller und schneller.

Ein langgezogenes Jaulen. Ein Heulen wie bei einem verletzten Hund. Dann ist es vorbei. Ein schwerer, erschlaffter Körper auf ihrem.

Sie liegt da, kraftlos, gelähmt, spürt den anderen. Sein Körper lastet. Zwischen beiden Leibern ein weicher, süßlicher Geruch. Für einen Moment streift sie ein unbekanntes Gefühl, verflüchtigt sich sofort wieder. Zwischen ihren Schenkeln ist es feucht. Ekel würgt sie plötzlich und Wut. Die Wut gibt ihr Kraft. Sie windet sich unter dem Mann hervor, der, unerwartet, keinen Widerstand leistet. Aufspringen, zum Stalltor. Hindurch und weg von dem schwarzen Loch.

Sie rennt, quer über den Hof, sie rennt, blindlings, gehetzt. Sie rennt, mit nackten, hüpfenden Brüsten, den Rock gerafft. Sie rennt, mit nackten Füßen und offenem Haar, in denen sich, hell, Strohhalme verfangen haben. Weiß nicht wie. Hört nichts, sieht nichts.

Hastig huscht sie durch die Tennentür, bleibt einen Moment stehen, ringt nach Luft und Fassung. Die Wärme der Pferde in den Boxen. Die Ackergäule des Bauern. Joans ganzer Stolz. Joan! Warum ist er nicht gekommen?

Das leise Rascheln des Strohs, die Atemgeräusche der Tiere beruhigen sie ein wenig. Sie bleibt stehen. Sie atmet tief und kontrolliert. Horcht. Alles ruhig. Die Kammertüren der Knechte über dem Pferdestall sind geschlossen.

Sie schlüpft durch die Küchentür, wäre in ihrer Hast beinahe über einen Küchenschemel gestolpert, den sie im Fastdunkel der Herdglut übersehen hat. Mit den plötzlichen Schmerzen im Unterleib setzt ihr Verstand wieder ein, während sie ihren geschundenen Körper die Stufen zur Kammer hoch schleppt. Ihr Verstand.

Schon der Lehrer in der Schule hatte ihr so manches Mal wohlwollend über das gescheitelte und zu Zöpfen geflochtene Haar gestrichen und gemurmelt: „Schade, so ein kluges Mädchen."

Der Lehrer war nicht so einer, der nur schlug und strafte. Er hatte auch Verständnis für die Nöte seiner Schüler.

Er wusste, dass ihr Vater Heuerling war, kannte das Elend in ihrem Elternhaus, wusste, dass sie mit anpacken musste, wusste, wie schwer es ihr fiel, nicht zum Unterricht zu kommen. Der Mutter im Haushalt helfen. Der kleine Garten wollte bestellt sein, Gemüse, Kartoffeln, Obst. Nach der letzten Geburt erholte sich die Mutter nur langsam. Ihr Körper wollte nicht mehr. Zu viele Geburten, zu viel Arbeit, zu viele Sorgen. Zu wenig Freude.

Einatmen, ausatmen. Kontrolle zurückgewinnen. Marthas Herzschlag beruhigt sich. Sie öffnet leise die Tür, lauscht. Hört die tiefen ruhigen Atemzüge der Küchenmagd und schlüpft in die Kammer. Sie entledigt sich der Kleidung, stopft die zerrissene Bluse unter die Matratze und zieht die Decke über den Kopf.

Sie fühlt sich ohnmächtig, ausgeliefert, beschmutzt. In ihr brodeln Wut, Scham und Empörung und wieder dieses unbekannte Gefühl, das die stechenden Schmerzen im Unterleib gleich wieder auslöschen. Sie rollt sich zusammen.

Nutze deinen Verstand. Verstand, nicht Gefühl. Die Worte des Lehrers hämmern gegen die Schädeldecke. Den Weinkrampf erstickt sie im Kopfkissen.

Wirre Träume.

Eine Tür, offen. In der Ecke ein Spinnennetz. Zart, durchscheinend. Fest. Es bewegt sich im Luftzug. Hält allen Berührungen stand. Eine Hand wischt es weg. Einzelne Fäden bleiben im Türkreuz hängen, baumeln haltlos, fangen Staub. Die Tür schließt sich lautlos.

Eine klaffende Wunde an der Schulter. Ein Knochen schimmert weiß durch das rote Fleisch. Ein Biss in die Schulter. Es knirscht, als der Knochen splittert.

Auf einer Straße mit Bäumen. Flirrendes Staublicht. Die Sonne blendet. Ein roter Schal flattert um ihren Hals. Ein Fuhrwerk überholt sie. Der Wagen rempelt sie fast an. Aus dem Weg, schreit der Kutscher und knallt mit der Peitsche.

Orgelspiel. Gesang. Gebet. Plötzlich wenden sich alle Gesichter ihr zu mit Zeichen des Abscheus. Jemand fasst sie an. Sie schreit auf.

„Huch, ich wollte dich nur wecken. Der Bauer hat schon zum zweiten Mal an die Tür gebollert." Die Küchenmagd ist beleidigt.

„Schon gut. Ich komm gleich. Geh schon mal runter." Mit Mühe gelingt Martha ein beiläufiger Ton. Traumfetzen benebeln noch ihr Bewusstsein.

Martha wartet, bis die Magd die Kammer verlassen hat und setzt sich auf, jede Bewegung tut weh. Ein Gedanke plagt sie. Wie soll sie der Bäuerin in die Augen schauen? Was sie in ihrer Panik gestern nicht wahrhaben wollte, heute ist es ihr klar. Das war Bernhard. Woher wusste er? ... Weiter wagt sie nicht zu denken.

Sie schaut durch das winzige Kammerfenster. Draußen bereitet sich ein strahlender Frühlingstag vor. Sie holt eine saubere Bluse aus der Kommode und zieht sich an.

Kapitel 2 - Joan, 1895

Joan hatte sich verspätet. Er musste die Pferde noch striegeln. Der Bauer will am nächsten Morgen mit der Kutsche zum Hochamt fahren. Joan liebt seine Arbeit. Der warme Leib der Pferde, das gleichmäßige Auf und Ab der Bürste, das zufriedene Schnauben der Tiere erfüllen ihn jedes Mal aufs Neue mit einer tiefen, inneren Ruhe. Mári. Was für ein schöner Name. Gleich, als er sie am ersten Tag auf dem Hof sah, war sie ihm aufgefallen. Sie hatte so etwas Keckes und Fröhliches und Unbeschwertes an sich. Lange hatte er gebraucht, bis er sich traute, sie anzusprechen. Mit der Zeit hatte es sich ergeben, dass sie sich zulächelten, wenn sie einander begegneten, bei den Mahlzeiten, abends, nach getaner

Arbeit auf dem Hof. Dann hatte er es gewagt, sich neben sie zu setzen. So waren sie sich allmählich näher gekommen. Mári.

Der erste Kuss, hinterm Stall. Dann die heimlichen Treffen. Mal hinter der Scheune, mal am Fluss. Wie es sich ergab. So oft wie möglich versuchte er in Máris Nähe zu sein. Eines Tages war ihm aufgefallen: Du bist nicht der Einzige, der ein Auge auf das Mädchen geworfen hat. Dieser Bauernsohn, dieser Bernhard, scharwenzelte um Mári herum. Immer fand er einen Grund. In der Milchkammer, in der Küche, abends nach Feierabend vor der Tenne. Sonst hatte er nie mit den Mägden und Knechten zusammengesessen. Und sie? Hat sie den Bauernsohn kürzlich nicht auch angelächelt, besonders hell in seiner Gegenwart gelacht? Seitdem ist Joan auf der Hut, misstrauisch, eifersüchtig.

Mári. Er fühlt sich wohl mit ihr. Meist reden sie wenig. Dann war es ihm herausgerutscht, vor ein paar Tagen. Hab dich lieb, hatte er genuschelt, ohne sie anzuschauen. Sie hatte leise gelacht und ihn hinter sich her gezogen. Durch die Tür der Scheune waren sie geschlüpft und gemeinsam ins Heu gefallen.

Er weiß nicht mehr, wie es gekommen war. Plötzlich lag er auf ihr und sie schrie NEIN. Verletzt und beleidigt hatte er sie von sich gestoßen, war aufgesprungen und davongerannt. Im Laufen hatte er seine Hose hochgezogen. Am nächsten Tag hatte er ihre Nähe gemieden, sie aber stets aus der Ferne beobachtet und gelitten. Reden war nicht seine Sache. Wie sollten sie wieder zueinander finden?

Mári erlöste ihn. Nach Feierabend war sie auf ihn zugekommen, hatte seine Hand gefasst, ihn zaghaft angelächelt. Nicht böse sein, bitte. Dann hatten sie sich verabredet, heute Abend, in der Scheune.

Und nun hat er sich verspätet. Er ist auf dem Weg zur Scheune. Der fast volle Mond taucht den Hof in ein unwirkliches Licht. Da sieht er sie plötzlich über den Hof rennen. Die Kleidung aufgelöst, die Haare wirr. Joan drückt sich tiefer in den Schatten des Gebäudes. Sie bemerkt ihn nicht, obwohl sie dicht an ihm vorbeistürmt. Dann tritt eine Gestalt aus der Scheunentür. Er erkennt den anderen an seiner großen, kräftigen Statur. Der Sohn des Bauern. Bernhard. Also doch.

Unbändiger Zorn erfasst ihn. Mit so einer will er nichts mehr zu tun haben. Schlampe. Hure. Joan spuckt aus. Wie festgenagelt steht er auf seinem Platz an der Scheunenwand. Nichts hat er gesehen. Alles malt er sich aus.

Haarklein. Wie die Hände des Bauernsohns über ihre festen Brüste wandern, wie er ihr die Bluse öffnet, wie er ihre nackten Brüste betastet, schmeckt, wie er den Rock hochschiebt, wie er ihren Körper vollständig bedeckt. Wie sie ihm entgegenkommt. Bernhard, nicht ihm. Er keucht bei der Vorstellung, vor widerwilliger Lust und vor Zorn. Ihn hatte sie abgewiesen. Schlampe. Plötzlich sind da nur noch Wollust und Wut. Weiß nicht, wohin damit, wohin mit sich. Er erstickt an den Schreien, die er nicht schreien darf, kotzt sich die Wut aus dem Leib, zusammengekrümmt, elend. Herr und Knecht. Er hat keine Chance. Nicht jetzt.

Kapitel 3 – Bernhard, 1895

Über die Nächte hat er keine Gewalt. Oft wacht er auf, mit hämmerndem Herzen, nass geschwitzt, gepeinigt von Scham und Schuldgefühlen. Wieder und wieder träumt er denselben Traum. Er liegt auf ihr, sein Samen strömt in sie hinein. Sein Körper schreit Triumph, bäumt sich auf, entlädt alle Anspannung und Lust in diesen weichen Leib. Aus zwei wird eins. Welche Wonne. Welche Befriedigung. Er schaut auf sie herab. Aus einer verzerrten Fratze funkeln ihn Augen böse an, aus schmalen Lippen zischt es: „Nicht nur an mir hast du dich versündigt, sondern auch an unserem Kind."

Bernhard sitzt im Hörsaal. Der Professor doziert über einen Aphorismus von Horaz. *Denn wer begehrt, der fürchtet auch. Und wer in Furcht lebt, der ist nicht frei.* Frei fühlt er sich weiß Gott nicht. Wie wahr. Fürchten tut er sich. Vor den nächtlichen Träumen, vor den Erinnerungen an Mári, an den Duft ihres Körpers, an ihr zur Fratze verzerrtes schönes Gesicht. Ihn plagt die Nichtachtung des Vaters, seit dieser ihn vom Hof gewiesen hat. Noch immer zittert er innerlich, wenn er an die Auseinandersetzung mit ihm denkt. Erst wenige Wochen ist es her.

Nestbeschmutzer, Lustmolch, Vieh. Die Familienehre habe er in den Dreck gezogen, hatte der Vater getobt.

Dessen Jähzorn hatte er schon als Kind oft zu spüren bekommen. In Worten und Taten. Aber so außer sich hatte er ihn noch nie erlebt. Das Gesicht war puterrot, Speichel flog ihm aus dem Mund, die Stirnader war geschwollen, zwischen den Nasenwurzeln drohte eine tiefe Falte. Der Vater konnte gar nicht aufhören, ihn zu beschimpfen, bis er schließlich erschöpft auf einen Stuhl sank.

„Geh mir aus den Augen", hatte er schließlich mehr geröchelt als geschrien. „Aber ich ...". setzte Bernhard zu einem letzten Versuch an. Doch der Vater schnitt ihm mit einer herrischen Handbewegung das Wort ab. „Verschwinde. Lass dich hier nicht mehr blicken."

Vor der Tür hatte die Mutter gewartet. Sie sah ihn mitfühlend an und zuckte mit den Schultern. „Er hat seine Gründe. Später, später wirst du verstehen. Und nun geh. Irgendwann wird alles wieder gut", hatte sie geflüstert. Er müsse Geduld haben. Irgendwann werde sich der Vater wieder beruhigen. Und um das Mädchen werde sie sich kümmern. Wie wäre es ihm ohne die Hilfe der Mutter ergangen?

Nach seinem Rauswurf hatte die Mutter lange mit dem Vater gesprochen. Am Abend hatte sie ihm die Entscheidung mitgeteilt. Der Vater werde ihm ein Studium finanzieren, egal welches. Hauptsache, er lasse sich auf dem Hof nicht mehr blicken. Bernhard hatte 24 Stunden, seine Sachen zu packen. Wo er wohnen sollte, regelte die Mutter. Sie sprach mit der Tante in der Stadt. Bis auf Weiteres konnte er bei ihr wohnen.

Da das Semester bald begann, hatte Bernhard nur wenig Zeit, um sich zu entscheiden. Auf seinen langen Streifzügen durch die Stadt überlegte er. Theologie kam nicht infrage. Jura schien ihm zu trocken. Ratlos saß er nach langen Tagen ohne Entscheidung im Wohnzimmer der Tante. Ihr Mann hatte eine Professur für Altphilologie gehabt. Bernhards Blick fiel auf die unscheinbaren, braunen Reclamhefte in den Regalen.

Horaz, Vergil, Ovid, Platon, Sophokles. Das war's. Er würde Latein und Griechisch studieren. Sollte doch Otto Priester werden. Schließlich war es einerlei, wer die Familientradition aufrecht erhielt. Er war sowieso verstoßen und zählte nicht mehr.

Klassische Philologie. Griechisch und Latein. Unbezweifelbar, unanfechtbar. Wissen und Gewissheiten für die Ewigkeit. Das schien die Rettung. Gymnasiallehrer wollte er werden. Gleich am nächsten Tag war er zum Domplatz marschiert und hatte sich immatrikuliert. Gerade noch rechtzeitig vor Semesterbeginn.

Seit er in der Stadt sein eigenes Leben lebt, fällt ihm auf, dass niemand ihn nach seinen Gefühlen, seinen Vorstellungen gefragt hat, auch die Mutter nicht. Keine Ahnung haben die Eltern. Sie behandeln ihn wie einen Verbrecher und entscheiden über seinen Kopf hinweg. Es geht gar nicht um ihn, das ist ihm allmählich klar geworden. Aber worum geht es dann?

Jeden Tag aufs Neue bereut er seine Unbeherrschtheit, seinem Trieb, seiner Lust nachgegeben zu haben. Er wollte Martha nicht weh tun, schon gar nicht schaden. Er hatte sich doch in sie verliebt. Ihr Lachen, ihre klare, feste Stimme klingen noch in seinem Ohr. Mári. Das alles hat er nun zerstört. Sie ist fort, in Diensten im Rheinland, schwanger mit seinem Kind. Wo genau Mári ist, hat die Mutter nicht verraten. Wie es ihr dort wohl ergeht? Er hofft so sehr, dass sie verständnisvolle Menschen gefunden hat, die ihr wohlgesonnen sind und ihr helfen, mit der Geburt, mit dem Kind. Das Kind. Wird es ein Junge oder ein Mädchen? Sein Kind. Wird es ihm ähnlich sein? Bernhard wischt sich über das Gesicht. Was spintisierte er da herum! Ohnehin ist es längst zu spät. Wie aus weiter Ferne dringt die Stimme des Professors an sein Ohr, nur einzelne Wörter und Satzfetzen gelangen in sein Bewusstsein. *Mos maiorum, labor, iustitia ... archaische Vorbilder, Ilias, Odyssee. Maecenas galt als Förderer von Horaz ..., einfacher Landmann, Landgut.* Bernhard hört den Ausführungen des Professors über Leben und Werk des Dichters nicht zu, versinkt wieder ins Nachdenken.

Martha. Mit ihr hätte er sich ein gemeinsames Leben als Bauer auf dem Hof vorstellen können. Er, nicht seine Eltern. Dieser verdammte Standesdünkel. Niemals hätten die Eltern einer Heirat zugestimmt. *Die het nix an de föss.* Land kommt zu Land. So ist das seit jeher, ob's einem passt oder nicht. Hubertus hätte sich gefreut. Der hätte seinen Status als Hoferbe gern an den jüngeren Bruder Bernhard abgetreten. Da ist er sich sicher.

Klopfen auf Holz, Füßegetrappel. Die Vorlesung ist zu Ende. Der Lärm schreckt Bernhard aus seinem Sinnieren. Die wenigen Studenten verlassen den kleinen Hörsaal. Bernhard folgt ihnen. Ein Klaps auf die Schulter. „Was ist? Kommst du mit in die Mensa? Es soll heute Fisch geben. Und dann ab ins Wochenende." Der Kommilitone schaut Bernhard erwartungsvoll an. Bernhard zuckt mit den Schultern. „Mensch, was ist denn los mit dir? Hat dir jemand die Petersilie verhagelt?" Der andere lässt nicht locker. „Komm schon. Ein bisschen Bewegung an der frischen Luft und Gesellschaft werden dir gut tun, du alter Stubenhocker." Bernhard wimmelt den Fragenden ab, nuschelt etwas von, keine Zeit, der Tante versprochen, viel zu tun und sucht das Weite. Gerade jetzt ist ihm gar nicht nach oberflächlichem Quatschen in einer lustigen Gesellschaft zumute. Frische Luft. Die braucht er. Da hat der Kommilitone recht. Die halbe Stunde Fußmarsch vom Domplatz zur Wohnung der Tante beruhigt ihn tatsächlich. Die kühle Luft tut gut. Statt gleich in die Wohnung im zweiten Stock zu steigen, setzt er sich auf eine Bank im Park gegenüber. Nur vereinzelt noch hängen Blätter an den Bäumen. Überrascht stellt Bernhard fest, dass die Strahlen der Novembersonne ihn ein wenig wärmen.

Das Studium ist ihm Rettungsanker und Schutzschild zugleich vor den Gefahren des alltäglichen Lebens geworden. Schutz vor sich selbst, vor seinen Gefühlen. Syntax und Semantik, Übersetzung und Auslegung beschäftigen seinen Geist und lenken ihn von sich ab, beruhigen sein überhitztes Gemüt und seine sexuelle Begierde.

Horaz, Vergil, Plautus, Cicero und Caesar, bei denen akademisch ernsthaft über die Aussprache debattiert wird. Zäsar oder Käsar? So ein Zirkus. Ernsthaft hingegen das Studium der Schriften von Plautus' Komödien und Horaz' Satiren. Darüber lässt sich trefflich streiten. Über Zeus' Liebeslisten inmitten der geklöppelten Deckchen auf Tischchen, Sesselchen und Sofa der Tante zu sinnieren, hat einen besonderen Reiz.

Die Tante, das Tantchen. Klein, hutzelig, mit ihren altmodischen Schläfenlöckchen, ihren listigen Äuglein im runden

Gesicht, wie sie immer geschäftig zwischen ihren sperrigen, ausladenden Möbeln herumwuselt, immer in Bewegung, dabei kaum einmal das Haus verlässt und auch sonst recht menschenscheu zu sein scheint. Aus der Welt gefallen, weltfremd. Die Zugehfrau kommt dreimal die Woche und macht auch die Einkäufe. Wie die Mutter es wohl geschafft hat, die Tante zu überreden, ausgerechnet ihn, einen jungen Mann, in ihre Wohnung aufzunehmen?

Sie passen zueinander, findet Bernhard. In der mit Möbeln voll gestellten Wohnung fühlt er sich wohl. Es ist ruhig. Aus seinem Kammerfenster blickt er auf den kleinen Park.

Bernhard schaut zum Haus hinüber. Die Sonne spiegelt sich gerade in den Scheiben seines Fensters. Der Wind spielt mit den abgeworfenen Blättern der mächtigen Linden. Die meisten Bäume sind über hundert Jahre alt. Bernhard stellt sich vor, wie er im Sommer in ihrem Schatten spazieren geht.

Bekanntschaften hat er noch keine gemacht. Die Burschenschaften, die gleich zu Semesterbeginn über ihn herfielen, die Saxonia, die Germania, sind ihm zu laut, zu aufdringlich. Mit den schlagenden Verbindungen kann er erst recht nichts anfangen. Franconia, Rhenania. Niemals. Er hält nichts von Selbstverstümmelung.

Die aufdringliche Fröhlichkeit der Kommilitonen ist ihm zuwider. Also bleibt er für sich, leistet ab und zu der Tante Gesellschaft und stürzt sich in das Studium, überrascht, wie sehr ihm die Schriften der alten Griechen und Römer gefallen, ihre lebensfrohen, aber auch grausamen Götter. In ihrem Himmel herrschte wenigstens Klarheit.

Kapitel 4 – Martha, 1896

Leises Wimmern aus der Wiege. Das Kind ist aufgewacht und wird gleich Hunger haben. Sie holt das kleine Mädchen aus dem Bettchen heraus und betrachtet es. Es war Liebe auf den ersten Blick. So klein, so zart, der dichte schwarze Haarschopf. Die winzigen Hände und Füße. Ein Mädchen. Gesund und quicklebendig. Clara. Woher hat sie diesen Namen? Sie weiß es nicht.

Beim ersten Blick auf das Kind war er da gewesen. Einfach so. Clara. Ein schöner Name, sanft wie das Plätschern des Baches, der an ihrem früheren Zuhause vorbeifloss.

Dabei hatte sie so sehr auf einen Jungen gehofft, schon als ihr beim Ausbleiben der Regelblutung klar wurde, dass sie schwanger war. Den Erzählungen der Mägde abends im Winter beim Nähen und Spinnen hatte sie aufmerksam gelauscht.

Eine leichte Geburt, eine Bilderbuchgeburt, wie der Professor den Studenten erklärte, die ihr beim Pressen zusahen. Dass sie öffentlich gebären sollte, hatte ihr keiner gesagt. Dann begriff sie. Das war der Preis für das Paradies, in dem sie ein halbes Jahr verbringen durfte.

Anfangs hatte sie sich geschämt, dann war es ihr egal gewesen. Noch immer amüsiert sie die Erinnerung daran, dass einer der Studenten während des Geburtsvorgangs in Ohnmacht gefallen war. Richtig gerumst hatte das und die Aufmerksamkeit der anderen kurzfristig von ihr abgelenkt, während sie sich auf das Pressen konzentrierte, atmen und pressen und atmen und pressen, wie die Hebamme es ihr beigebracht hatte. Dann war das Kind da. Ihr Kind. Ein Bastard. So hatte die Bäuerin gesagt. Ein Hurenkind, der Vater.

Monatelang hatten sie Schuldgefühle geplagt. War ich zu keck, hab ich ihn herausfordernd angeschaut? Hab ich es gar selbst heimlich gewollt? *Habe ich gesündigt schon in Gedanken?* Das hatte der Pfarrer ihr vorgehalten. Die Frau, die Eva, sei schuld am Sündenfall des Mannes. Der sei lediglich das Opfer der Verführungskünste der liederlichen Frauen. Nicht einmal die Absolution hatte er ihr erteilt.

„Tue Buße, meine Tochter und führe fortan ein gottesfürchtiges Leben“, hatte er getönt. Hatte sie Bernhard wirklich verführen wollen? Seine kleinen Aufmerksamkeiten hatten ihr geschmeichelt, sie hatte sich schön und begehrenswert gefühlt. Joan und Bernhard. Bernhard und Joan. Es war doch nur ein Spiel. Sie war noch jung und unerfahren. Niemals hätte sie ernsthaft …

Alles in ihr schrie und wehrte sich. Nein, es war nicht ihre Schuld.

Deine Schuld. Das hatte ihr die Bäuerin vorgeworfen, als ihr Zustand offensichtlich wurde. Da war sie im 4. Monat. Die Bäuerin hatte ein gutes Auge und sie zur Rede gestellt. Sie hatte Joan in Verdacht. Joan, der aber schon längst den Hof verlassen hatte, von heute auf morgen verschwunden war. Keiner wusste, warum. Nur sie hatte es geahnt. Es hatte ihr das Herz zerrissen. Was hätte sie tun sollen? Nach dieser Nacht war er ihr aus dem Weg gegangen und dann, plötzlich, war er weg.

Zunächst hatte die Bäuerin ungläubig geguckt, die Aussage der Magd laut und heftig angezweifelt.

„Mein Sohn ist nicht so einer. Das hast du ja fein angestellt, wolltest dir wohl einen Sohn des Bauern angeln. Aber daraus wird nichts." Dann hatte sie eingelenkt. „Passiert ist passiert. Ich mag dich. Du bist anstellig und flink. Du lernst rasch und siehst hübsch aus. Es wäre schade um dich und das Kind. Vielleicht kann ich dir helfen. Ich werde nachdenken. Auf dem Hof bleiben kannst du auf keinen Fall. Der Bauer wird das nicht dulden." Dabei hatte sie Martha mit ihren dunklen Augen streng angeschaut. Schwang nicht doch ein wenig Bedauern und Mitgefühl in der Stimme mit? Zumindest hätte Martha es sich gewünscht. Von Anfang an hatte sie sich gut mit der Bäuerin verstanden. Schon kurz nach ihrer Anstellung hatte sie bemerkt, dass diese ihr besonderes Wohlwollen entgegenbrachte, sie oft lobte. „Aber behalte alles für dich", hatte die Bäuerin noch gesagt. „Nur deinen Eltern musst du von der Schwangerschaft erzählen." Martha hatte genickt und mit gesenktem Kopf in die ausgestreckte Hand der Bäuerin eingeschlagen. „Schau mich an", hatte diese gefordert. „Ich will sehen, dass du es ehrlich meinst."

Die Augen in ihrem schmalen Gesicht mit der geraden Nase und der hohen Stirn blickten dunkel und ernst. Martha fand, dass die Bäuerin mit ihrer zierlichen Gestalt eher aussah wie eine feine Dame aus der Stadt und nicht wie eine vom Land. Wenn sie im Sonntagsstaat mit ihrem Mann in der Kutsche zur Kirche fuhr, sah sie richtig vornehm aus. Ihr Auftreten war leise, aber bestimmt. Oft steckte sie hinter den Befehlen des

Bauern. Das wussten alle. Aber niemand machte eine abschätzige Bemerkung.

Die Bäuerin entließ Martha mit einem Empfehlungsschreiben an eine Familie im Rheinland. So hast du erst mal ein Dach über dem Kopf und später, ... Wir werden sehen.

Den Eltern ihren Zustand zu beichten, fiel Martha schwer, zumal diese bei ihren sonntäglichen Besuchen offensichtlich noch nichts bemerkt hatten. Sie hatten ihre eigenen Sorgen.

Die Mutter jammerte gleich los. „So ein Unglück, so ein Unglück", bis sie vom Vater mit einer Ohrfeige zum Schweigen gebracht wurde.

„Du bist nicht mehr meine Tochter", hatte er Martha angeschrien, „komm mir nie wieder unter die Augen. Nie wieder. Keinem von uns. Ich dulde keine Hure in diesem Haus und schon gar kein Hurenkind." Dann war er davongestapft.

Schwanger nach einer Vergewaltigung. So hatte man es ihr im Entbindungsheim erklärt. Ich habe keine Schuld, keine Schuld, hatte sie sich immer wieder vorgesagt. Aber der Zweifel blieb. Nur: Eine Hure war sie nicht. Das hätte sie dem Vater gern erklärt. Ihr kommt ein Gedanke.

Sie schaut auf das kleine wimmernde Wesen und streicht sacht über seine Wange. Ein Kind, ein Mensch. Milch hat sie genug, dank der erholsamen letzten Wochen im Entbindungshaus vor der Geburt und dank der regelmäßigen reichhaltigen Mahlzeiten.

Gleich nach der Geburt wurde das Kind getauft, wie es im Heim Brauch war, mit Pfarrer und Ritual und Taufbescheinigung. Alles, wie es sich gehörte. Die Patenschaft hatte der Priester selbst übernommen. Wir sind doch alle Gottes Kinder. „Clara", flüstert sie. „Clara." Sie horcht dem Klang des Namens nach.

Sie ist den Ärzten und Schwestern dankbar, dass sie hier wohnen darf, in diesem schönen Haus mit den freundlichen Menschen. Noch nie hat sie so fein gewohnt, in einem hellen, luftigen Zimmer mit hohen Decken und einem großen Fenster, das selbst bei Regen noch genügend Licht hereinlässt. Kein Vergleich zu der niedrigen, dunklen, kleinen Kammer beim Bauern oder gar zu dem fensterlosen Verschlag hinter der

Küche, in dem sie bei ihrer Herrschaft schlafen musste. Dazu ein eisernes Bettgestell mit Matratze, ein Kopfkissen und ein Federbett. Der Spind ist viel zu groß für ihre wenigen Habseligkeiten. Aber sie braucht Platz für die Kindersachen. Mit der jungen Frau im Nachbarbett hat sie sich angefreundet. Irene. Sie lachen und singen oft zusammen. Kinderlieder, Schlaflieder, Volkslieder. Irene kennt viele Lieder und hat eine hübsche Stimme. Gemeinsam singen sie ihre Säuglinge in den Schlaf. *Guten Abend, gut' Nacht, mit Rosen bedacht, ...* Es tut Martha gut, nicht allein zu sein. Sie hat so viele Fragen. Wie muss ich wickeln? Woher weiß ich, dass Clara genug trinkt? Warum schreit sie? Woher weiß ich, was sie will? Irene kennt sich aus. Der kleine Junge in der Wiege ist ihr drittes Kind. Jedes Kind hat sie von einem anderen Mann. Die beiden anderen gab sie als Säuglinge weg. „Ich musste, Martha", versichert sie immer wieder und wischt sich unwillig mit dem Handrücken die Tränen aus dem Gesicht. „Ich musste. Ich hatte keine Arbeit, keinen Mann und kein Geld. Die Kinder wären verhungert. Im Kinderhaus haben sie es besser. Aber diesmal, Martha", hatte sie gesagt und dabei sehr entschlossen ausgesehen, „ich schwöre es dir, diesmal werde ich alles tun, um es behalten zu können. Jetzt habe ich einen Vater, der bleibt. Hoffentlich", fügte sie ganz leise hinzu.

Die Adresse des Kinderhauses hatte sie Martha aufgedrängt. Man wusste ja nie.

Noch vier Wochen darf Martha bleiben. Dann ist die Zeit um. Dann muss sie das Entbindungshaus verlassen. Wohin dann? Was wird mit ihr, was mit dem Kind? Ins Armenhaus will sie auf keinen Fall. Zurück zur Herrschaft kann sie nicht. Eine neue Herrschaft? Aber wer nimmt eine ledige Mutter mit Kind in Stellung? Martha ist zum Heulen zumute. Sie reißt sich zusammen. Sie hat noch etwas Wichtiges zu erledigen.

Das Kind liegt gut versorgt und leise schmatzend friedlich in dem Bettchen. Martha wirft noch einen zärtlichen Blick auf Clara. Dann holt sie Schreibzeug aus ihrem Schrank, setzt sich aufs Bett und schreibt:

Lieber Vater, liebe Mutter,

verzeiht, dass ich euch so viel Kummer bereitet habe. Ihr müsst mir glauben, dass ich nichts Böses getan habe. Vater, ich bin keine Hure und meine süße Clara ist kein Hurenkind. Bitte! Ihr müsst mir glauben, dass ich nichts dafür kann. Was hätte ich gegen Bernhard ausrichten können? Mir und dem Kind geht es gut. Ich würde euch so gern alle wiedersehen, den Fritz, die Anna und Mimi. Was macht der Jupp? Kann er sich überhaupt noch an seine große Schwester erinnern?

Ich liebe euch alle. Ich habe so schreckliches Heimweh. Bitte, bitte, verzeiht mir. Lasst mich nach Hause kommen.

Eure Martha, Mári

Einzelne Tränen laufen Martha beim Schreiben über die Wange, eine tropft auf das Blatt Papier. Zum Glück hat sie mit Bleistift geschrieben. Martha wischt über die feuchte Stelle, liest den Brief noch einmal durch. Dann faltet sie das Blatt doppelt und schiebt es in den Briefumschlag. Ob sie wohl antworten? Ob sie ihre Tochter wieder aufnehmen? Martha bangt und hofft. Gleich morgen wird sie den Brief zur Post bringen.

Kapitel 5 - Erna, 1896

Der Brief. Noch nie hat der Postbote einen Brief gebracht. Wer sollte auch schreiben? Seit Mári weg ist, redet der Mann nur noch das Nötigste, hat sich in das Schneckenhaus seiner Verbitterung zurückgezogen. Mimi sitzt am Ofen und schweigt. Nur Anna ist wie immer. Burschikos und zupackend kümmert sie sich um alles, was nötig ist. Hilft im Garten, macht die Wäsche, packt an, ohne zu fragen. Erna ist froh, dass Anna da ist. Dennoch.

Mári fehlt, überall. Ihr Lachen, ihre Unbekümmertheit. Jeden Sonntag. Fritz kommt immer öfter mit blauen Flecken und Schrammen aus der Schule. Er ist jähzornig und prügelt sich gern, hatte der Lehrer den Eltern bei einem Besuch erzählt. Aber bei der kleinsten Vorhaltung hält der Junge sich die Ohren zu und läuft davon.

Jupp, ihr Nesthäkchen, schaut nur mit seinen blauen Augen. Mit seinen vier Jahren ist er ungewöhnlich verständig, findet Erna. Manchmal berührt er wie aus Versehen ihre Hand oder ihren Arm. Was nur mit diesem Jungen ist. Er spürt sofort, wenn es ihr nicht gut geht. Aber Zärtlichkeit ist nichts für den rauen Alltag.

Da liegt nun dieser Brief. Den Namen kann sie entziffern. Gausehus. Der Umschlag ist weiß, die gut lesbare Adresse mit blauer Tinte geschrieben. Das G ist ein wenig verwischt. Es hat geregnet, als der Postbote den Brief am Morgen aus seiner Tasche kramte. Auf der Rückseite des Umschlags steht anscheinend eine Adresse. Sie erkennt nur den Namen, Martha Gausehus und irgendwas mit ‚Haus'. Ihre Hand zittert. Mári. Das Kind, die Tochter. Sie hat geschrieben. Sie dreht und wendet den Brief in der Hand, wagt ihn nicht zu öffnen, legt ihn auf den Küchentisch. Wenn gleich der Franz vom Bauern zurückkommt, wird er ihn sehen. Sie rückt den Brief neben den Teller, direkt neben die Gabel.

„Nein", flüstert sie mehr als sie schreit. „Nein, nicht." Mit einer einzigen Bewegung hat der Mann den Brief genommen, die Ofenklappe geöffnet und den Brief hineingeworfen. Ein kurzes Aufflammen, bevor er die Klappe wieder schließt. Erna weint mit weit aufgerissenem Mund, ohne einen Laut von sich zu geben. Das lückenhafte Gebiss lässt ihr Gesicht wie eine Fratze erscheinen. Pro Kind ein Zahn, die verlorenen mitgerechnet. „Mári. Der Brief war von Mári", keucht sie endlich. Der Mann funkelt sie an und hebt drohend die Hand. „Kenn ich nicht." Er springt auf und stößt den Stuhl heftig nach hinten. Der Stuhl fällt um. Beinahe stolpert er über ihn, als er aus der Küche stürmt.

In dieser Nacht wartet Erna vergeblich auf die Rückkehr des Mannes, wälzt sich schlaflos im Bett, gequält von Erinnerungen.

Die Hochzeit, ohne Kranz, ohne Schleier, nur mit den Eltern als Trauzeugen. Der Pfarrer, der ihr ungeniert auf den Bauch schaute, als sie das Eheversprechen gaben. Das Kind, das viel zu früh kam, Mári, ein Kind der Liebe. Fünf Monate waren sie verheiratet, als sie geboren wurde. Wie stolz Franz die kleine Tochter nach ihrer Geburt im Arm gehalten hatte. Eine richtige kleine Familie waren sie gewesen. Dann kamen die Fehlgeburten. „Ich habe es gleich gesagt. Das ist die Strafe für eure Schamlosigkeit", hatte die Mutter gezetert. Franz war immer schweigsamer geworden. Ihr anfängliches Glück war bald verflogen, hatte Sorge und Scham Platz gemacht. Als schließlich Mimi geboren wurde, schien der Fluch gebannt. Aber Mimi war ein schwächliches Kind, weinerlich, ängstlich, schüchtern. Ganz anders als Mári. Die war damals mit ihren drei Jahren schon eine echte Hilfe in der Küche und passte auf die kleine Schwester auf.

Als Kind hatte Erna selbst kaum Liebe erfahren. Kinder darf man nicht verzärteln, war der Spruch der Mutter. Deshalb fühlte sich Erna immer schuldig, wenn sie Mári mal in den Arm oder auf den Schoß nahm. Mári war ein unbekümmertes, fröhliches Kind. Ihr Sonnenschein.

Mári, Mári. Wie hatte nur alles so kommen können? Seit sie fort ist, sind da nur noch Sorge, Pflicht und Arbeit, eine unendliche Müdigkeit und die ehelichen Pflichten. Einmal die Woche. Verbissen, freudlos, ohne ein Wort. Mit dem Mann war nicht zu reden. Warum nur hatte sie den Brief nicht geöffnet. Warum hatte sie ihn nicht vor dem Mann versteckt? Sie wusste doch, wie verbittert er über Máris Schande war. Warum hatte sie nicht damals, statt zu jammern, ein gutes Wort für die Tochter eingelegt. „Unsere Tochter ist eine Hure", hatte er geschrien, „und eine Hure kann ich nicht unter meinem Dach dulden. Wir sind arm. Aber wir haben auch unsere Ehre. Was sollen die Leute denn von uns denken? Glaubst du, ich will angestarrt werden? Die Häme der Leute. Ich könnte sie nicht ertragen, wenn wir sonntags in der Kirchenbank sitzen." Dann hatte er die Tür hinter sich zugeknallt und war davongerannt. Er hatte wohl recht. Wäre Mári geblieben, wären die alten Geschichten wieder hoch gekommen. Erna starrt mit offenen Augen in die Dunkelheit der kleinen Kammer. Vor dem Fenster ist der Himmel fast schwarz. Dicke Wolken hüllen Mond und Sterne ein.

Kapitel 6 – Martha, 1895

Vergib uns unsere Schuld, wie auch wir vergeben unseren Schuldigern jetzt und in Ewigkeit. Amen. Ein VaterUnser. Noch eins und noch eins. VaterUnser, VaterUnser. Die Worte hallen im Kopf, stoßen gegen die Schädeldecke, sinken in die Brust, machen das Herz schwer. VaterUnser. VaterUnser.

Martha kniet in einer der hinteren Bänke der kleinen Kirche, die sie nach einigem Suchen gefunden hat. Heute ist ihr erster freier Sonntagnachmittag.

Das Glockengeläut dieser Kirche weckt sie jeden Morgen um 6 Uhr. Ein Stück Heimat.

Sie hat sich ein Herz genommen und ist dem Nachmittagsgeläut nachgegangen. So lange, bis sie tatsächlich vor der Kirche stand. Gar nicht weit von der Straße, in der ihre Herrschaft wohnt. Vielleicht zehn Minuten, wenn sie die Zeit der Suche abrechnet.

VaterUnser. Das Halbdunkel und die kühle Luft der Kirche tun ihr gut. Vor dem Seitenaltar flackern gespendete Kerzen. So gern würde sie auch eine Kerze anzünden, aber sie hat ja noch kein Geld. Das gibt's erst in zwei Monaten, am Jahresende.

VaterUnser. Sie vermisst ihre Familie, die Geschwister, die Mutter, sogar den schweigsamen strengen Vater, der sie verstoßen hat. Sie vermisst die Arbeit auf dem Hof, die abendlichen Gespräche mit den Mägden. Sie vermisst sogar die nächtlichen Atemzüge und das leise Schnarchen der Küchenmagd, mit der sie die Kammer teilte. In der Stadt ist sie ganz allein.

Zwei Wochen nach der Aussprache mit der Bäuerin hatte der Großknecht des Bauern sie mit dem Erntewagen zum Bahnhof der Stadt gebracht und ihr den Korb bis an den Zug getragen. Sogar alles Gute hatte er ihr gewünscht. Die Fahrkarte hatte die Bäuerin gekauft und gesagt, das sei ihr Beitrag und sie solle auf Gott vertrauen und beten. Dann werde schon alles gut. Die Herrschaft in der Stadt seien nette und umgängliche Leute.

Wie hatte Martha gestaunt, als sie mit dem Zug über die Rheinbrücke fuhr und der Kölner Dom sich vor ihr erhob. Kein Vergleich zu dem Paulusdom in Münster. Einmal hatte sie ihn gesehen. Auf ihrer einzigen Reise nach Münster mit dem Vater. Da war Jupp noch nicht geboren. Elf oder zwölf Jahre alt muss sie gewesen sein. Und doch eine Ewigkeit her, scheint es Martha. Damals war ihr diese Fahrt in die Provinzstadt wie eine Weltreise vorgekommen. Was war sie noch ein Kind gewesen, das nichts von der Welt wusste.

Der Dom. So ein großes Bauwerk hatte sie noch nie gesehen. Als sie aus dem Zug kletterte, hatte sie bei aller bangen Erwartung doch so etwas wie Vorfreude gespürt. Aber der Dienstmann, der sie abholte, ließ ihr keine Zeit, die prächtige Kathedrale mit ihren hohen, Spitzen verzierten Türmen zu bestaunen.

Er mahnte zur Eile, war ihr immer einen Schritt voraus. Sie hatte Mühe zu folgen. Den Korb und das Bündel mit ihren Sachen musste sie selbst tragen. Gottlob war es nicht viel. Eine Straßenecke und noch eine. Geradeaus und rechts und links. Der Weg nahm kein Ende. Der Korb wog, der Bauch wurde hart. Schweiß lief ihr in den Nacken, obwohl es herbstlich kühl war. Als sie endlich da waren, klingelte der Dienstmann an der Tür eines hohen Hauses. Er drückte auf den obersten Klingelknopf. Als der Türsummer ertönte, stemmte er die Tür auf, hielt sie fest, bis sie hindurchgeschlüpft war und verschwand dann ohne Gruß. Die Tür schlug hinter Martha zu. Sie schaute sich um. Und staunte. So viele Stockwerke. Die Stufen aus Stein, das Geländer aus Holz. Der Handlauf war schon ganz blank vom vielen Anfassen. Sie begann mit dem Aufstieg. Eine Treppe nach der anderen. Zwischendrin musste sie immer wieder auf einem Absatz verschnaufen. Das Atmen wurde mühseliger, die Beine schwerer. Martha zählte mit. Drittes Stockwerk und immer noch keine offene Tür, in der die Hausherrin sie willkommen hieß.

Das fünfte Stockwerk, das letzte. Da. Endlich. Eine offene Tür. Sie kontrollierte den Namen an der Tür, schaute zur Vorsicht noch einmal auf den Zettel, den sie aus der Rocktasche fischte. Genau. Gutermann. Ein Spalt. Niemand zu sehen, niemand zu hören. Martha klopfte. Noch einmal, dann etwas lauter. „Komm rein." Eine herrische, hohe Stimme. Martha zuckte zusammen, betrat aber gehorsam den Flur, der voll gestellt war mit Garderobe und Truhe und Kommode. Am Ende des dunklen Ganges war links eine offene Tür, durch die Licht in den Flur fiel. Martha blieb auf der Türschwelle stehen. Mehr neugierig als ängstlich schaute sie sich um. Der Raum war groß und ebenfalls voller Möbel aus dunklem Holz. Ringsum an den Wänden standen eine Kommode, ein Vertiko und ein Vitrinenschrank. Das Oberteil ruhte auf merkwürdig gedrehten Säulen. In der Mitte des Raumes befand sich ein ovaler Tisch, der mit seinen Holzfüßen zum Vitrinenschrank passte. Auf dem Tisch lag eine Spitzendecke, mittig darauf eine Silbervase mit Herbstastern. Um den Tisch herum gruppierten sich, exakt im gleichen Abstand, vier grün gepolsterte Stühle. Die Hausherrin saß auf dem ebenfalls grün bezogenen Sofa, das unter dem Fenster stand. Sie sah jung aus, hatte die Haare zu einem lockeren Knoten gebunden und war sehr schlank, ganz anders, als Martha sich ihre Herrschaft vorgestellt hatte. „Was ist? Stell deine Sachen ab“, sagte die Frau und winkte sie zu sich. Die junge Frau musterte Martha von Kopf bis Fuß, verweilte einen Wimpernschlag länger auf ihrem Bauch. Martha fühlte sich unter den abschätzigen Blicken ihrer neuen Herrin unwohl.

„Gut, nun bist du da und kannst gleich anfangen. Es ist viel zu tun. Bring deine Sachen in die Kammer hinter der Küche.“

So hatte das Elend begonnen. Nun ist sie Dienstmagd, Mädchen für alles. Waschen, bügeln, Silber putzen, Fenster putzen, Staub wischen, Teppiche klopfen, Betten beziehen wöchentlich; Fußböden schrubben, Mahlzeiten zubereiten, Herd schmirgeln, Essen kochen, spülen, nähen, stopfen täglich. Zehn Stunden und mehr am Tag. Immer findet die Gnädige eine neue Arbeit für sie, damit sie nur ja nicht müßig herumsitzt. Schwanger sein sei keine Krankheit, findet die Hausherrin. Noch nie musste Martha so viel arbeiten. Noch nie hat ihr die Arbeit so wenig Freude gemacht. Arbeit ist nun alles, was ihr Leben bestimmt. In ihrem fensterlosen Verschlag hinter der Küche fällt sie nachts in einen unruhigen Schlaf, aus dem sie am nächsten Morgen wie gerädert erwacht. Oft hat sie das Gefühl zu ersticken. Es ist ihr aber verboten, die kleine Tür zur Küche offen zu lassen.

Martha schaut auf ihre gefalteten Hände, die mager aus dem wollenen Umhang hervorsehen. In ihrem Magen grummelt es. Sie hat schon wieder Hunger. Das Kind!

VaterUnser. Wenn das Beten doch nützte!

„Kann ich dir helfen? Wie heißt du?"

Plötzlich ist eine junge Frau neben Martha in die Bank gerutscht, schaut sie aufmerksam und mitfühlend an.

Ihre Fragen lösen einen wahren Sturzbach an Worten aus. Zwischen Weinen und Schluchzen schüttet Martha der Fremden ihr Herz aus. Sie erzählt von der nörgelnden und oft misstrauischen Hausfrau. „Nichts kann ich ihr recht machen und immer zählt sie nach dem Putzen das Silber nach", klagt Martha der Fremden ihr Leid. Dann erzählt sie von der anstrengenden Arbeit, von der Sorge um das Kind, das sich nur noch selten bewegt. „Vielleicht krieg ich es auch nicht mit, so erschöpft, wie ich immer bin."

Sie erzählt von dem schlechten Essen, der mageren Milchsuppe, der dünnen Brotsuppe. Sie erzählt, wie sehr sie sich nach frischem Gemüse sehnt und nach einem Stück Speck oder gar dem guten Westfälischen Schinken, der immer beim Bauern in der Küche von der Decke baumelte und von dem sich jeder absäbeln konnte, wann und so viel er wollte.

Sie erzählt, wie sehr sie die Gespräche abends mit den Mägden vermisst, die derben Scherze der Knechte. Im Sommer vor dem Haus, im Winter am Herdfeuer. Sie erzählt, wie dieses Eingesperrtsein im Haus sie ganz kraftlos macht. Sie erzählt, dass sie sich von der Bäuerin hereingelegt fühlt, die ihr versprochen hatte, sie zu netten Menschen in Köln zu schicken, die sie unterstützen würden, wovon aber gar keine Rede sein konnte. Die Herrschaften reden nur das Nötigste mit ihr. „Für das Ehepaar scheine ich Luft zu sein. Sie streiten sich sogar in meiner Gegenwart. Alles andere als fein." Martha macht nur Andeutungen, traut sich gegenüber der Fremden nicht, die ungehörigen Worte zu wiederholen, die sie in den Gesprächen gehört hat. Schlappschwanz – Zimtzicke – Hurenbock – läufige Hündin. Jede Auseinandersetzung endet mit gegenseitigen Beschimpfungen. Viele Ausdrücke kannte Martha gar nicht. Dabei findet sie den Mann ganz nett. Ihr gegenüber war er immer höflich. Nur wie er sie manchmal anschaute. „Ach, ich weiß selbst nicht, was ich davon halten soll." Die Worte stürzen nur so aus Marthas Mund.

Schließlich verebbt der Wortestrom. Martha wird still. Die junge Frau neben ihr sagt ebenfalls nichts. Die Kerzen vor dem Altar der Mutter Gottes flackern im Luftzug. In der Kirche ist es dunkler geworden. Martha schreckt hoch.

„Ich muss gehen. Die Gnädige erwartet mich. Ich bin schon viel zu lange weg.“

Sie drückt sich aus der Bank, ohne Abschiedsgruß, mit gerafften Röcken eilt sie davon. Was die fremde junge Frau ihr nachruft, hört sie nicht mehr. In der Wohnung empfängt die Hausherrin sie mit einem harschen: „Das wurde aber auch Zeit. Zwei Stunden sind mehr als genug.“ Erst jetzt wird Martha bewusst, dass sie der Fremden gar nicht ihren Namen gesagt hat und auch nicht weiß, wie die junge Frau heißt.

Kapitel 7 – Joan, 1897

Verdammt. Schon wieder. Alle guten Vorsätze zum Teufel. Und das Geld auch weg. Versoffen, verloren, verspielt. So genau weiß er es gar nicht mehr. Seine letzte Erinnerung ist, dass er dem Kohlenhändler die Schippe vor die Füße geschleudert hatte. Ausbeuten ließe er sich nicht. Dann war er in die nächste Kneipe gegangen. Mit den Kumpeln hatte er einen gehoben, seinen Frust in Schnaps und Bier ertränkt. Sie hatten ihn in seiner Wut bestärkt. Er gehöre zu ihnen, zur Arbeiterklasse. Jawohl. Und die ließ sich nicht länger ausbeuten. Dafür gebe es sogar eine Partei, die sich darum kümmere. SPD hieß die. Sozialistische Partei Deutschland. Oder so ähnlich. Und der Gewerkschaft sollte er beitreten. Die Kumpel hatten auf ihn eingeredet.

Er kramt in seiner Hosentasche. Irgendwo muss er ihn doch haben, diesen Wisch. ... Nee, muss er wohl verloren haben.

Was soll er tun? Seit er drei Tage nach jener Nacht vom Hof weggerannt war, hatte er sich erst als Tagelöhner auf verschiedenen Höfen und als Handlanger durchgeschlagen. Nirgendwo hielt es ihn. Schließlich war er, eher zufällig, immer weiter nach Süden geraten, über Ahlen, Lünen, Kamen. Bis er in Dortmund hängen blieb. Dortmund. Laut, dreckig, geschäftig, schön. Lebendig. Noch nie hat er so unterschiedliche Menschen erlebt. Erst hatten ihn die vielen Menschen erschreckt. Doch mittlerweile sieht er die Vorteile des Großstadtlebens. Er ist sein eigener Herr, niemand kennt ihn, wenn er nicht will. Unbekannt bleiben und trotzdem in Gesellschaft sein. Das gefällt ihm. Manchmal. Gar nicht gefällt ihm das Drecksloch, in dem er wohnt, kalt, feucht, dunkel. Das Klo ein stinkender Verschlag hinten im Hof. Oft ist der Himmel auch nachts rot, die Luft von stickigem Nebel erfüllt. Manchmal sehnt er sich nach der frischen guten Landluft, nach dem Heuduft, dem Geruch und der Wärme der Pferde, nach der Gemeinschaft der Knechte und Mägde. Nur das Foto erinnert ihn noch an diese glückliche Zeit. Das Foto, auf dem auch Mári zu sehen ist. Er weiß selbst nicht, warum er es bei seinem überstürzten Weggang eingesteckt hat. Manchmal holt er es hervor und betrachtet es.

Dann überkommt ihn mit der Sehnsucht die Verzweiflung. Die Erinnerung an Mári. Mári ist verschwunden, aus seinem Leben, nicht aus seinen Gedanken. Mit der Verzweiflung kommt die Wut. Die Wut schreit nach Rache. Er fühlt sich hintergangen. Er hatte ein Recht auf sie. Sie war sein Mädchen. Hatte er nicht sogar schon von einer gemeinsamen Zukunft mit ihr geträumt? Auch wenn sie noch so jung war? Mári. Keine andere konnte er sich vorstellen. Wie hatte sie ihn so fallen lassen können. Und dann noch gleich schwanger werden von diesem bäurischen Bereiter. Das hatte später die Gerüchteküche gemunkelt, bevor Mári wegging. Da hatte er aber schon längst den Hof verlassen. Joan spuckt aus. Sie hatte sich wohl verrechnet, das Flittchen. Statt in den Schoß der Familie des Bauern aufgenommen zu werden, wurde sie weggejagt. Nicht einmal Marthas Familie wusste, wohin die Bäuerin sie geschickt hatte. Er hatte versucht, Fritz auszuhorchen. Aber der hatte nur geschrien: „Sie ist nicht meine Schwester. Der Vater hat's gesagt."

Mári ist verschwunden. Er wird sich für die erlittene Demütigung, für den Verlust, für alles rächen, an Bernhard, an der ganzen Familie. Früher oder später. Seine Zeit würde kommen.

Kapitel 8 – Martha, 1898

Ratratratrat. Gleichmäßig stichelt die Nadel der Nähmaschine die Teile des Hemdes aneinander. Ratratratrat. Der rechte Ärmel. Ratratratrat. Der linke Ärmel. Die Nähte sind gerade, sauber. Den Zeigefinger der rechten Hand hält Martha hoch. Vor einer Woche ist der Finger unter die Nadel geraten. Ratrat. Es hatte heftig geblutet. Das Blut hatte das Hemd, das sie gerade nähte, verdorben. Der Finger hat sich entzündet, ist dick geschwollen. Sie badet ihn täglich in Kamille. Das lindert ein wenig den Schmerz. Zum Arzt zu gehen hat sie keine Zeit und kein Geld. Der Finger pocht. Er ist dick und glänzt blaurot. Martha näht verbissen weiter. Ihr ist kalt. Ab und an läuft ein Zittern durch ihren Körper. Dann muss sie innehalten, damit die Naht nicht verrutscht. Um sie herum surren und rattern Dutzende von Frauen an Dutzenden von Nähmaschinen. Ratratratrat dröhnt es von allen Seiten. Die Luft vibriert, vom Lärm der Nähmaschinen, vom Staub. Nicht nur Martha plagt ein hartnäckiger Husten. Ein neues Hemd, eine neue Naht. Der Finger. Bei der kleinsten Berührung durchzuckt Schmerz ihren Körper. Naht auf Naht auf Naht. Konzentration auf den Stoff, legen, glatt ziehen, durchziehen. Ratratratrat. Nicht denken. Wer denkt, ist abgelenkt. So ist der Unfall mit dem Finger passiert. Denken ist gefährlich. Wer denkt, kommt auf dumme Gedanken. Gedanken an das Kind. Gedanken an ein anderes Leben. Gedanken auch an ihn. Die Fragen des Pfarrers. Sie ist sich nicht mehr sicher. Dieser stattliche Bursche mit den melancholischen braunen Augen. Er hatte ihr schon gefallen. Das gesteht sie sich inzwischen ein. Aber – Schluss. Der Finger pocht und pocht, Bilder blitzen auf. Die zugige Kate, die feuchte Bettstatt. Die Mutter, deren verhärmtes Gesicht urplötzlich ein Lächeln erhellen konnte, wenn Martha Dönneckes von ihrer Arbeit erzählte. Der Vater, der mit abwesendem Blick abends einen heißen Tee schlürfte, sommers wie winters, um anschließend noch einmal im Schuppen zu verschwinden. Manchmal streifte sie eine Ahnung, dass er nicht immer so mürrisch und schweigsam gewesen war. Ratratratrat. Marthas Hand zittert. Sie zieht sie rasch zurück, haucht in die Hände, macht weiter, zieht den

Stoff wieder glatt. Versucht, sich auf die Naht zu konzentrieren. Vergeblich. Waise. Waise, Waise, Waise, ratratrat, stichelt die Nähmaschine in ihrem Kopf. Ihr ist gleichzeitig heiß und kalt. Eine dumpfe Leichtigkeit erfasst sie. Du bist eine Waise, von Vater und Mutter verlassen. Verlassen und allein, ohne Familie, ohne Kind. Clara! Die Bilder in Marthas Kopf verwirren sich. Clara, der kleine Jupp. Clara ist jetzt so alt wie Jupp war, damals, als sie gehen musste. Martha reißt sich zusammen. Hört auf zu treten, die Nadel bleibt stehen. Sie prüft die Naht. Schief. Martha ist zum Heulen zumute.

Auf den Brief, den sie damals nach Hause geschrieben hatte, bekam sie nie eine Antwort. Dabei hatte sie die Adresse des Entbindungshauses auf den Umschlag geschrieben, groß, lesbar. Die Anna konnte lesen, der Fritz auch. Keine Reaktion. Was hatte sie sich erhofft? Die Nähmaschinen im Saal lärmen. Jede hat einen anderen Klang, einen eigenen Rhythmus. Nähmaschinensinfonie. Weitere Bilder fluten Marthas Kopf.

Wie sie der Gnädigen ihre ganze Wut und Verachtung entgegengeschleudert hatte, bevor sie ins Entbindungshaus ging. – „Ich lasse mich nicht mehr demütigen. Immer kontrollieren Sie mich, als wäre ich eine Diebin. Den ganzen Tag muss ich schuften und kriege dafür nur einen elenden Fraß. Sie halten sich für was Besseres, weil ich einen Bastard kriege, was? Woher nehmen Sie die Überheblichkeit? Weil Sie mehr Geld haben und ich arm bin?“, hatte sie der jungen Frau vor die Füße gerotzt und dann die Tür hinter sich zukrachen lassen. Die letzten Wochen im Entbindungshaus, die schlaflosen Nächte. Die Sorge um die Zukunft. Ein Kind und keine Arbeit. Dankbar ist sie noch heute den Schwestern, die ihr die Arbeit als Näherin vermittelt haben. Zwar ist die Arbeit anstrengend, eintönig und staubig, verlangt die ganze Konzentration. Doch verdient sie mehr als vorher als Dienstmagd. Sogar ein eigenes, wenn auch winziges Zimmer kann sie sich leisten, mit Ofen und Plumpsklo über den Hof in einem Bretterverschlag. In dieser Kammer ist sie ihre eigene Herrin.

Anfangs schien alles gut zu gehen. Tagsüber passte eine Nachbarin auf das Kind auf, während Martha zur Arbeit ging. Das

Geld für die Betreuung und für die Nahrung, Zuckerwasser und Milchbrei aus vergorener Milch, fraßen einen Großteil ihres Lohns auf. Für Martha blieb kaum etwas übrig.

Anfangs stillte Martha die kleine Tochter abends und nachts. Abends und nachts versuchte Martha dem Kind all ihre Zärtlichkeit zu geben, für das Kind da zu sein. Trotz immer größer werdender Müdigkeit. Müde schleppte sie sich nach wenigen Stunden unruhigen Schlafs zur Arbeit, noch müder kehrte sie abends heim. Clara veränderte sich. Sie wurde blasser und dünner, quengelte, schrie viel. Hatte Hunger. Was war mit der Nachbarin? Die Ersatznahrung nährte nicht. Die Muttermilch war längst versiegt. Die langen Arbeitsstunden, das unregelmäßige Essen, der Hunger. Martha schaffte es immer weniger, sich liebevoll um das bald ständig schreiende Bündel Mensch zu kümmern. Eines Tages hätte sie fast die Beherrschung verloren und das brüllende Kind geschlagen. Martha erschrak zutiefst und beschloss, dass sich etwas ändern musste.

Ihr fiel der Zettel von Irene ein. Sie fand ihn nach langem Suchen. Er war durch ein Loch in der Tasche in den Saum des Mantels gerutscht.

An einem gewittrigen Augusttag gab sie ihr Kind ab. Schweren Herzens. Denn sie musste zustimmen, dass sie zum Wohle des Kindes auf jeden weiteren Kontakt verzichten und alle Rechte an das Kinderhaus abtreten werde. Die ganze Zugfahrt zurück in die Stadt konnte Martha gar nicht aufhören zu weinen. Schon da bereute sie, ihr Kind weggegeben zu haben, Clara nie wiederzusehen. Clara war sechs Monate alt.

Jeden Tag denkt Martha seitdem an ihr Kind. Wann hat es den ersten Zahn bekommen? Wann hat es begonnen zu krabbeln, zu laufen, Wörter zu sprechen? Wann hat es das erste Mal Mama gesagt und zu wem? Ist es ein fröhliches Kind? Oder eher nachdenklich? Was isst es am liebsten? Wer singt Clara Lieder vor oder erzählt ihr eine Geschichte? Ist da jemand, der sie in den Arm nimmt und tröstet, wenn sie sich weh getan oder schlecht geträumt hat? Jeden Tag hält Martha Zwiesprache mit ihrem Mädchen, erzählt ihm Geschichten, fragt es nach seinen Freuden und kleinen Kümmernissen. Jeden Tag bereut Martha, das Kind weggegeben zu haben. Jeden Tag wiederholt sie die Worte der Mutter Oberin: Es ist zum Wohle des Kindes, hatte diese gesagt, während sie ihr das Schreiben vorlegte, damit sie den endgültigen Verzicht auf das Kind mit ihrer Unterschrift besiegelte.

„Bei uns ist Clara in guten Händen. Die Kinder sind glücklich hier, glauben Sie mir. Sie haben doch einen Eindruck bei unserem Rundgang gewonnen“, hatte die Mutter Oberin Marthas Bedenken zu zerstreuen versucht. In der Tat. Die Kinder sahen auf der Besichtigungsrunde zufrieden und fröhlich aus, waren gut ernährt, sauber und ordentlich gekleidet. Die Schlafsäle waren hell und freundlich. Jedes Kind hatte ein eigenes Bettchen. Morgens und abends und bei den Mahlzeiten wurde gebetet.

„Ihre Clara hat es hier viel besser als bei Ihnen“, hatte die Nonne ihr ins Gewissen geredet. „Wir erziehen die Kinder zu aufrechten, gottesfürchtigen Menschen und versuchen, ihnen einen guten Start ins Leben zu ermöglichen. Deshalb hat unser Haus eine eigene Schule für alle, die noch keine Familie gefunden haben. Unser Hauptanliegen ist, die Kinder in eine Familie zu vermitteln. Sie sollen doch in geordneten Verhältnissen aufwachsen. Das wollen Sie doch auch! Nicht wahr?“ Gütig hatte die Mutter Oberin Martha bei dieser langen Rede angesehen. Oder doch eher vorwurfsvoll, gar drohend? Martha war sich später nicht mehr sicher.

Sonntags sucht sie Trost in der nahe gelegenen Kirche. Das Ritual des Gottesdienstes gibt ihr Sicherheit, die heilige Eucharistie tröstet sie. Inmitten der Gläubigen fühlt sie sich geborgen, weniger einsam. Am meisten jedoch gefallen ihr das Orgelspiel und die gemeinsam gesungenen Lieder.

Der Finger pocht. Wieder läuft ein Zittern durch Marthas Körper. Diesmal will es gar nicht wieder aufhören. Schon eine ganze Weile sitzt sie untätig da, ohne es zu bemerken. „Na, Fräulein, wieder mal am träumen.“ Sie schreckt zusammen, schaut schuldbewusst. Der Aufseher. Immer schleicht er sich heran. Sie lächelt zu ihm hoch. „Nein, aber mein Finger tut weh. Schauen Sie. Ich kann nicht richtig arbeiten.“

„Dann will ich mal ein Auge zudrücken. Du siehst auch ganz krank aus. Ist dir nicht gut?“ Der Aufseher gefällt sich, besonders den jungen, hübschen Frauen gegenüber, in der Rolle des gutmütigen und fürsorglichen Vorgesetzten. „Mit dem Finger solltest du zum Arzt gehen.“ Auf ihren fragenden Blick hin fügt er hinzu: „Jetzt.“ Er nickt ihr noch einmal wohlwollend zu und schreitet weiter die Reihen der Nähmaschinen ab, mal hier eine Bemerkung, da ein Lob oder einen Tadel fallen lassend. Martha räumt die angefangene Arbeit weg, packt die Nähmaschine ein und verlässt den Nähsaal. Schauen die anderen ihr neidisch nach? Und wenn schon. Martha ist froh, dass der Aufseher sie entlassen hat. Er ist doch ein guter Kerl, nur manchmal ein wenig eitel.

In der Nacht kann sie nicht schlafen. Panik hat von ihr Besitz ergriffen. Eine verstümmelte Hand. Sie vermeidet den Blick auf ihre dick bandagierte rechte Hand, vermeidet den Gedanken daran, was sich darunter verbirgt. Statt des Zeigefingers ist nur noch ein Stummel da.

Dabei habe sie noch Glück gehabt, hatte der Arzt geschimpft, als sie ihm ihren Finger hinhielt: „Sei froh, Mädchen, dass du noch lebst. Beinahe hätte dieser Finger deinen ganzen Körper vergiftet.“ Der Finger sei nicht mehr zu retten, hatte der Arzt erklärt. Zu sehr habe die Entzündung schon den Knochen angegriffen. Er müsse ihn amputieren, am besten sofort. Amputieren. Allein das Wort hatte sie entsetzt. Amputieren. Der Arzt hatte ihr Entsetzen falsch gedeutet und sie beruhigen wollen. „Du kannst das Honorar in kleinen Beträgen abstottern. Mach dir keine Sorgen.“

Der Finger pocht immer noch, obwohl er gar nicht mehr da ist, nicht mehr da sei kann. Davon hat sie sich selbst überzeugt. Nach der Operation hatte sie darauf bestanden, ihn noch einmal zu sehen, wie er in der metallenen Brechschale lag, nun in einem blässlichen Blaurot. Sie war nicht in Ohnmacht gefallen, hatte nicht vor Entsetzen gekreischt, wie der Arzt ihr vorher hatte unterstellen wollen, bevor er ihr zögernd die Schale mit dem Finger hinhielt. Sie hatte gefasst auf das abgetrennte Fingerglied geschaut und dann auf den Arzt. Auf seinem Kittel entdeckte sie einige dunkle Punkte. Blut. Ihr Blut. Aber nun war es vorbei. Da lag der Finger, unwiederbringlich.

Der amputierte Finger pocht. Martha starrt nun doch auf den Verband. Plötzlich überfällt es sie. Der verlorene Finger – das verlorene Kind. Das ist dasselbe. Es ist weg und doch noch da. Für immer verloren und doch ewig ein Teil von ihr. Sie hat versagt, jetzt ist es ihr klar. Die Eltern hatten recht, sie zu verstoßen. Sie ist es nicht wert, Tochter zu sein. Mama, Papa!!! ... Vorbei.

Martha weint, hemmungslos. Sie schluchzt, heult, schreit. Rotz läuft ihr aus der Nase. Kissen und Nachthemd werden klatschnass. Irgendwann schläft sie erschöpft ein.

Kapitel 9 – Erna, Silvester 1899/1900

In der Ferne, da wo die Stadt liegt, flammt es bunt auf. Rote, blaue, gelbe, grüne Sterne sprühen am Himmel auf und verglühen. Wieder und immer wieder leuchtet der Horizont in allen Farben. Die Kirchenglocken im Dorf läuten das neue Jahrhundert ein, ein gutes, ein erfolgreiches Jahrhundert.

So will es Kaiser Wilhelm II. Sie war dabei, als der Schulze die Verordnung Seiner Majestät auf der Weihnachtsfeier für das gesamte Gesinde vorgelesen hatte. Seit Mári weg ist, springt Erna auf dem Hof ab und zu ein, wenn Not am Manne ist. Das Geld kann sie gut gebrauchen. Der Mann bringt nur noch wenig heim. Seit einiger Zeit trinkt er immer öfter. Aber sein Kummer lässt sich nicht ersäufen. Das sieht sie. Wenn sie doch nur mit ihm sprechen könnte. Aber der Mann geht ihr aus dem Weg, schläft oft im Schuppen. Ist er mal in der Küche, brütet er vor sich hin. Nicht einmal Anna mit ihrer forschen Art kann ihn aus der Schweigehülle herauslocken.

Die Kinder in der Schule haben schon vor Weihnachten ein Gedicht auf den Kaiser geschrieben. Darin danken sie Ihrer Majestät. Er soll dafür gesorgt haben, dass sie 30 Jahre im Frieden leben konnten, dass es den Menschen besser geht. Da muss er ihre Familie wohl übersehen haben. Jupp hat ihr das Gedicht vorgelesen. Bei Kerzenschein, dicht am Ofen hockend, wegen der Kälte. Nichts als Lügen. Erna hat nicht einmal mehr die Kraft, wütend zu sein.

Jupp ist ein guter Junge, er lernt rasch. Manchmal kommt der Lehrer vorbei und spricht mit ihr über die Kinder. Bei seinen Besuchen sieht sie die Kate mit seinen Augen und schämt sich. Sie sieht den gestampften Lehmboden, der bei nassem Wetter von einer Feuchtigkeitsschicht überzogen ist. Sie sieht den kleinen Ofen, der sich im Winter vergeblich bemüht, den Raum zu wärmen. Sie sieht das Beckenschelft mit den verbeulten, abgestoßenen Blechtassen und den angeschlagenen Tellern und Näpfen über dem Herd und den steinernen Waschtrog, an dem sich die Familie morgens und abends wäscht. Im Winter nur Katzenwäsche. Das Wasser aus der Pumpe ist einfach zu kalt. Einziger Schmuck der Küche ist das mit einem Spruch bestickte Tuch vor dem Brotkasten: *Sich regen bringt Segen.* Sie sieht die niedrigen Türen, die zu den drei Schlafkammern führen. Sie spürt den Luftzug, der durch die undichten Fenster weht und abends die Kerzenflamme in Aufruhr versetzt. Die Petroleumlampe wird nur zu den Kirchenfesten und anderen besonderen Gelegenheiten angezündet. Wenn sie den Blick des Lehrers sieht, versteht sie. Dies ist kein Ort für ein Kind wie Jupp. Dennoch. Auf keinen Fall wird sie erlauben, dass der Junge weggeht, in die Stadt, in eine fremde Familie, als Kostgänger. Und wenn der Lehrer ihr noch so oft damit in den Ohren liegt. „Der Junge braucht Anregungen. Was er in der Dorfschule lernen kann, ist viel zu wenig für seine Auffassungsgabe. Lassen Sie ihn doch in die Stadt ziehen. Dort kann er bei Bekannten von mir wohnen. Es wird ihm gut gehen, glauben Sie mir."

Jedes Mal, wenn der Lehrer da ist, versucht er erneut, sie umzustimmen. Aber sie bleibt stur.

Wie in einem Album blättert sie die Bilder der Kinder auf. Anna ist robust von Statur und Gemüt, ein selbstständiges Kind mit einem eigenen Kopf, das sie nicht braucht, Fritz lässt niemanden an sich heran, ist oft wild und rau. Und Mimi. Ach. Mimi ist tot.

Mimi. Sie wollte nicht leben, hatte immer schon mit dem Leben gerungen. Zu zart, zu zerbrechlich für die raue Welt, in der sie nicht heimisch werden konnte. Oft war das Kind krank.

Irgendwann hörte es auf, zur Schule zu gehen. Zu weit der Weg, zu beschwerlich. Der Doktor konnte auch nicht helfen. Was sollte er auch tun? Sie konnten ihn nicht bezahlen und hatten kein Geld für stärkende Medikamente.

Manchmal kam die Bäuerin, brachte eine Hühnersuppe, ein Stückchen Schinken, Möpkenbrot oder eine heiße Wurstbrühe vom Schlachten. Sie redete nicht viel, sagte nur: „Wird schon, wird schon." Aber es wurde nicht. Mimi aß erst wenig, schließlich kaum mehr etwas. Ihre Verweigerung kam Erna vor wie ein Kampf, ein Kampf gegen das Leben, zäh, stumm, verbissen. Sie wollte nicht leben. Saß nur am Ofen, Sommer wie Winter, in eine dicke Decke gehüllt, fror und schwieg und wurde immer weniger. Sie konnte es kaum mit ansehen. Mimi war doch auch ihr Kind. Wirklich? Nicht ganz geheuer war ihr dieses Kind. Der magere Säugling mit den riesigen Augen, der immer nur schrie, war Erna ein wenig unheimlich gewesen. Dieses Kind schien ihr ein einziger Vorwurf zu sein: Wieso hast du mich in die Welt entlassen, ohne mich zu fragen? Wenn sie nicht schrie, schlief sie vor Erschöpfung. Eines Tages hörte das Kind auf zu schreien. Die Ruhe machte Erna erst recht Angst, denn das Kind sprach nicht. Es bewegte sich auch wenig, obwohl es, wie Mári, krabbeln und laufen lernte. Meist saß das Kind am Ofen. Wenn Erna an Mimi dachte, sah sie die Tochter immer am Ofen sitzen, bis zuletzt. Stumm, scheinbar ohne ihre Umwelt wahrzunehmen. Einzig Jupp ließ sie an sich heran. Nur mit ihm sprach sie, leise, fast unhörbar. Jupp war ihr Vermittler. Jupp, dieser Junge, zart wie Mimi, aber voller Energie. Er ist ihr Ein und Alles. Ein guter Junge. Ihr guter Junge. Nie, nie wird sie ihn hergeben.

Erna, eingehüllt in eine Decke, hat ein Guckloch in die Eisblumen am Küchenfenster gehaucht, starrt auf den dunklen Stamm der Eiche, die ihre kahlen Äste in den Himmel reckt. Das Feuerwerk ist zu Ende. Der Himmel hat sich beruhigt. Die Grasbüschel auf der Weide staksen steif gefroren in die Luft. Ganz plötzlich ist der Winter gekommen. Ihr ist kalt. Kalt bis auf die Knochen. Kalt bis ans Herz. Kälte und Kummer rauben ihr den Schlaf. Am mondlosen Himmel glitzern eisig die Wintersterne, spiegeln sich in den Kristallen des Raureifs. Ein neues Jahrhundert beginnt, mit Zuversicht auf Gott und den

Kaiser? Erna schnaubt verächtlich. Ihr ist der Glaube schon längst abhanden gekommen. Sie fühlt sich gefangen in ihrer windschiefen, zugigen Kate, in der täglichen Mühsal, die Kinder satt zu kriegen, in dem einsamen Leben mit einem Mann, der fast nur noch schweigt. In dem ganzen jammervollen, armseligen Leben.

Bilder von Mimis Beerdigung steigen in ihr auf. Von den wenigen Ersparnissen hatte der Mann alles Notwendige gekauft. „Eine würdige Beerdigung muss sein. Wir haben auch unseren Stolz." Mehr hatte er nicht gesagt.

Dann war er zum Tischler gegangen und hatte die Holzbalken für das Kreuz gekauft und die Bretter für den Sarg. Zwei Tage hatte er sich im Schuppen verkrochen. Manchmal hörte sie ihn sägen, hämmern und schleifen. Oft hörte sie nichts. Dann machte sie sich Sorgen. Was trieb er dort in dem Schuppen die ganze Zeit? Am Tag der Beerdigung trug der Mann den Sarg heraus. Sie holten ihr totes Kind aus der Schlafkammer und legten es hinein. Jupp hatte Mimis Decke herbeigeschleppt. Die hatte sie über den ausgemergelten Körper gebreitet. Damit sie nicht friert, hatte sie unwillkürlich gedacht und sich selbst erschrokken über diesen heidnischen Gedanken. Das Kind war tot und der Herr erbarmte sich seiner. Mimi musste nie wieder frieren.

Die Bäuerin war gekommen und hatte ihr Beileid ausgesprochen. Der Großknecht und die Küchenmagd vom Hof begleiteten die Familie zum Friedhof, wie es sich gehörte. Jupp und Fritz zogen den Bollerwagen mit dem Sarg. Er wog wenig. Sargträger brauchten sie nicht. Woher auch hätten sie die nehmen sollen?

Der Pfarrer beeilte sich mit seiner Trauerrede. Sprach von Vertrauen in die Güte Gottes und den Freuden des Himmels. Es war regnerisch und kalt und er wusste offensichtlich nicht, was er zu Mimis Tod sagen sollte. Ein sechzehnjähriges Mädchen. Gestorben. Ja, woran? Sie fand, er hatte sehr erleichtert ausgesehen, als er mit wehender Soutane den Friedhof verließ. Der Messdiener, der über ihn den Schirm hielt, kam mit den großen Schritten des Pfarrers kaum mit.

Jupp gleicht nur äußerlich der Schwester. Er ist ganz anders, er erzählt Geschichten. Was er erlebt, was er gesehen hat. Jupp ist ein aufmerksames Kind. Manchmal hört sogar der wilde Fritz zu. So spannend und lebendig erzählt der kleine Bruder. Bei den Gedanken an ihren Jüngsten, der so tief und friedlich nebenan in der Kammer schläft, durchströmt Erna ein Gefühl plötzlicher Wärme. Das Zittern lässt nach. Woher der Junge nur diese Fantasie hat.

Von den Trollen im nahen Wald erzählt er, die ihn lehren, die Bäume zu verstehen. Er erzählt von den Wassernixen, die ans Ufer des Flusses schwimmen und ihm die besten Fischgründe zeigen. Sie warnen ihn auch, wenn Hochwasser droht. Sein Vorstellungsvermögen kennt anscheinend keine Grenzen. Wahr ist jedoch, dass Jupp immer die größten und besten Fische vom Angeln mit nach Hause bringt, obwohl er so schmächtig ist. Wahr ist, dass das Hochwasser im letzten Winter, das er angekündigt hatte, wenige Tage später tatsächlich kam. Wahr ist, dass Jupp Pilzgründe entdeckt, von denen vorher niemand etwas ahnte. Ein besonderes Verhältnis hat er zu den Tieren.

Mal schleppte er eine flügellahme Dohle an, mal ein angeschossenes Häschen. Wenn die Tiere starben, weinte er bitterlich, bis ein neues Tier seine Hilfe brauchte. Die Jäger hatten ihn bald in Verdacht, dass er die Tiere im Wald warnte, so dass sie ihnen nicht vor die Flinte kamen.

Jupp war der erste, dem auffiel, wenn eine Kuh einen entzündeten Euter hatte. Er besänftigte sogar den bissigen Hofhund, der sich winselnd zu seinen Füßen legte und sich von ihm kraulen ließ. Dem Schulzen war es anfangs nicht recht, dass der Junge sich täglich auf dem Hof herumtrieb, lernte aber mit der Zeit die Beobachtungsgabe des Jungen zu schätzen. Spökenkieker oder Hellseher nennen ihn die Knechte und Mägde des Hofes halb achtungsvoll, halb spöttisch.

Nie fragt Jupp nach Mári, doch Erna ist sicher, dass er jeden Tag an sie denkt. Im Sommer pflückt er Wiesenblumen und legt sie auf die Türschwelle und sieht zu, wie sie langsam verwelken. Anschließend wirft er die Blumen nicht einfach weg. Er beerdigt sie. Sucht einen Platz in der Nähe des Hauses aus, gräbt ein Loch und legt sie hinein. Mittlerweile gibt es rund um die

Kate unzählige Blumengräber. Jetzt im Winter schmückt Jupp sie mit Tannenzapfen. Was der Junge sich wohl dabei denkt? Erna schüttelt den Kopf und zieht die Decke enger um ihren Körper. Sie sollte lieber ins Bett gehen.

Aber der Mann ist noch nicht zu Hause. Sicher ist er wieder in der Dorfkneipe versackt. „Lass mich", hatte er nur unwirsch gebrummt, als sie ihn vom Kneipengang zurückhalten wollte. „Heute sauf ich auf Kosten des Kaisers", hatte er mit einem schiefen Grinsen hinzugefügt und die Tür der Kate hinter sich zugeschmettert.

Die Sterne verstecken sich hinter einer Wolkendecke. Es beginnt zu schneien, kleine, feine Schneeflocken. Morgen wird die ganze Erde weiß sein. Ein makelloses Weiß für ein neues Jahrhundert, für ein gutes, ein erfolgreiches Jahrhundert. So will es der Kaiser. Erna geht schlafen.

Kapitel 10 - Martha, 1902

Da steht er, vor dem Fabriktor, der Fremde, der eben mit dem Saalaufseher gesprochen hat. Martha sieht ihn sofort, obwohl die untergehende Sonne sie blendet. Die Sonne wärmt nicht mehr so wie im August. Abends ist es schon kühl. Der Sommer liegt in den letzten Zügen. Der Mann kommt zielstrebig auf sie zu. „Anton Westermann", stellt er sich vor und reicht ihr die Hand. Martha fühlt sich überrumpelt. „Martha Gausehus". Sie nennt ohne nachzudenken ihren Namen und ergreift spontan die Hand des Mannes. Blitzartig zieht sie diese jedoch zurück und steckt sie rasch in die Tasche ihres Mantels. Wie unschicklich. Einem Fremden die Hand zu reichen. Eine verstümmelte Hand. Es sollte ihr peinlich sein. Ist es aber nicht. Der Fremde hat ihre Hand wie selbstverständlich ergriffen und sie dabei angeschaut. Er ist anders als die jungen Männer, die ihr bislang nachstellten.

Als er den Nähsaal betrat, hatte Martha seine hohe Gestalt sofort bemerkt, obwohl die Arbeit an der Nähmaschine ihre ganze Aufmerksamkeit erforderte. Nachdem die Wunde ausgeheilt war, hatte sie zunächst ihre alte Arbeit wieder aufgenommen. Bei ihrer Rückkehr hatte der Aufseher auf ihren fehlenden Finger gezeigt und gutmütig gespottet: „Na, den kannst du dir jetzt wenigstens nicht mehr verletzen."

Der fehlende Finger stört sie nicht mehr. Nur nachts, wenn sie allein im Bett liegt, pocht er ab und zu.

Die Erinnerung an Clara hingegen verblasst nicht. Immer, wenn Martha auf dem Heimweg ein Kind in Claras Alter sieht, überfällt sie eine unendliche Trauer und eine Sehnsucht, die ihr Herz stolpern lässt.

Trotz des fehlenden Fingers nähte sie so geschickt, dass man ihr bald schwierigere Arbeiten anvertraute. Seit einem Jahr darf Martha auch Kragen und Manschetten versäubern.

Dieser Fremde hatte es ihr gleich angetan. Unbewusst hatte sie ihn angestarrt, bis sich ihre Blicke kreuzten und sie rasch, damit man die aufsteigende Röte nicht sah, den Kopf über ihre Arbeit senkte.

Anton Westermann scheint guter Laune zu sein. Er möchte sie begleiten, nur ein kleines Stück des Weges, bittet er. Martha ist einverstanden. Schweigend gehen sie nebeneinander her. Der Fremde sagt nichts. Ihre Versuche, mit ihm Konversation zu treiben, scheitern an seiner Einsilbigkeit. Martha traut sich nicht, ihm persönliche Fragen zu stellen. Noch zu lebhaft steht ihr der peinliche Moment vor Augen, als sie ihn anstarrte und er es bemerkte.

Er ist eine auffällige Erscheinung. Groß und sonnengebräunt, mit gestutztem Bart, in selbstbewusster Haltung hatte er mit dem Saalaufseher gesprochen. Fasziniert hatte sie seine lebhafte Mimik und Gestik beim Sprechen beobachtet, dafür sogar für einen Moment das Nähen vergessen. Er hatte ihr von Anfang an gefallen, als Mann. Obwohl sie ihn schon recht alt fand.

Er strahlt so eine Gelassenheit und Ruhe aus. Während sie stumm nebeneinander her gehen, entspannt sich Martha allmählich. Bei ihren früheren Verehrern war sie immer auf der Hut gewesen. Martha unterdrückt den Impuls, die Hand dieses Mannes zu ergreifen und festzuhalten. So lange hat sie Zärtlichkeit und körperliche Nähe vermisst, gleichzeitig aber auch Angst davor gehabt, sich auf einen Mann einzulassen.

Manchmal, in ruhelosen Nächten, denkt sie an Joan, voller Mitleid, aber ohne Begehren. Seine Zuneigung und seine Zärtlichkeit hatten ihr damals gut getan. Er war der Einzige, dem sie etwas bedeutete. Das hatte sie damals geglaubt. Warum nur war er weggegangen, ohne ein Wort?

Manchmal denkt sie auch an Bernhard, seine große, aufrechte Gestalt mit den breiten Schultern, wie er sie angeschaut hatte, mit einem Blick, der ihr Herz in Aufruhr versetzte. Ihre Gefühle hatte sie damals nicht verstanden. Erst viel später war ihr klar geworden, dass sie sich nicht nur von seiner Aufmerksamkeit geschmeichelt gefühlt hatte.

Manchmal schreckt sie aus wilden Träumen auf, schweißnass, keuchend, mit zuckendem Unterleib. Lustvoll und voller Abscheu zugleich glaubt sie die Anwesenheit des großen, kräftigen jungen Mannes zu spüren. Sie will es nicht, aber der Körper lässt ihr keine Ruhe, bis sie ihn befriedigt hat. Sie schämt sich jedes Mal, verachtet sich dafür und tut es dennoch immer wieder.

Nein, dieser Mann neben ihr ist anders als alle anderen. Er löst keinen Aufruhr in ihr aus. Aber ein Gefühl von Vertrautheit und Geborgenheit, obwohl sie ihn noch gar nicht kennt. Endlich stellt Martha die Frage, die ihr schon die ganze Zeit auf der Zunge liegt, die Frage nach seinem Beruf, nach seinem Leben. Es kostet sie einige Überwindung. Schicklich ist es nicht, als Frau einen Fremden nach seinen Lebensumständen auszufragen.

Aber Anton Westermann geht bereitwillig auf ihre Fragen ein, gibt ihr sogar das Gefühl, als habe er regelrecht darauf gewartet, von sich erzählen zu dürfen. So erfährt Martha von seinen Wanderungen über Land, ins Niederrheinische, ins Münsterländische, ins Bergische Land und von den Menschen, die er trifft. Martha begreift. Anton ist ein Kiepenkerl, unabhängig, frei, wie sein Beruf es erfordert. So einen hatte sie einmal auf dem Hof gesehen.

Anton erzählt lebhaft und unterhaltsam, von den Kundinnen, von ihren kleinen Eitelkeiten, von ihrer Freude, sich herauszuputzen, von ihrer Lust auf Mode, die ihn immer wieder nach Neuem Ausschau halten lässt wie in der Nähfabrik. Als Nachrichtenbote war er besonders beim Gesinde hoch willkommen.

Der warme dunkle Klang seiner Stimme macht Anton für Martha noch anziehender. Sie hört ihm gebannt zu. Beinahe hätte sie es versäumt, sich rechtzeitig von ihm zu verabschieden. Der Gedanke, dass dieser Mensch, der ihr so sympathisch ist, die schäbige Straße und das heruntergekommene Haus sieht, in dem sie wohnt, ist ihr unangenehm. Beim Abschied verspricht Anton Westermann, in zwei Wochen wieder vor dem Fabriktor auf sie zu warten.

Zurück in ihrem armseligen Zimmer fallen die Einsamkeit und die verzweifelte Sehnsucht nach ihrem Kind wie wilde Tiere über Martha her. Die Erinnerung an den verhängnisvollen Augusttag ist plötzlich so frisch, als sei es erst gestern passiert, dass Martha ihr Kind einem fremden Schicksal überließ. Zum Wohle des Kindes, drohen die Worte der Oberin immer wieder in ihrem Kopf. Sie macht sich, wie so oft, Vorwürfe, nicht durchgehalten zu haben und betet verzweifelt, dass es ihrem Kind gut geht. Wieder und wieder stellt sie sich Claras Leben vor, in einer netten Familie, vielleicht sogar mit Geschwistern, behütet, beschützt, umsorgt. In einer Pflegefamilie hat sie es viel besser als bei mir in diesem schäbigen Loch, mit einer Mutter, die täglich zehn Stunden arbeiten muss, versucht Martha ihre nagenden Schuldgefühle zu beschwichtigen. Vergeblich. Der Zweifel bleibt.

Kapitel 11 - Erna, 1902

Erna schaut auf die vor ihr liegenden Schätze. Reste von Rinder- und Schweinebraten, zwei Hähnchenbollen, ein Stück Gänsebrust, dazu ein ganzer Topf von der Hochzeitssuppe und jede Menge Gemüse: Rote Beete, Topinamburpüree, Schwarzwurzeln und Mangold. Das wird für viele Tage reichen. Gemüse! Selber schafft sie es nicht mehr, den Garten zu bestellen. Fritz ist selten da. Meist treibt er sich mit anderen Jugendlichen herum. Seit er die Lehre beim Schmied macht, kommt er kaum noch nach Haus. Wenn er mal da ist, hat er meist einen unbändigen Hunger. Jupp liest lieber, als körperlich zu arbeiten. Der wird sich freuen. Nicht immer nur Kartoffeln und Brot und Stippmilch.

Sie seufzt. Dieser Junge. Sollte sie doch auf den Lehrer hören und ihn weggeben? Als Kostgänger? Aber dann wäre sie ganz allein. Und er ist noch so klein. In der Fremde wird er nicht zurechtkommen. Mit dem Mann kann sie sich nicht beraten. Mimis Tod hat ihm den zweiten Schlag versetzt nach der Sache mit Mári. Kaum, dass sie einander die Tageszeit sagen. Nur selten noch teilen sie Tisch und Bett. Meist schläft der Mann im Schuppen. Oft hört sie ihn, wenn sie schon im Bett liegt, mit den Töpfen auf dem Herd rumoren. Das Elend steht zwischen ihnen. Wenn sie ihn doch nur einmal wenigstens in den Arm nehmen könnte! ... Liebt sie ihn doch noch, trotz allem?

Manchmal steigt ein Gefühl in ihr auf. Heiß, klumpig liegt es ihr dann auf der Brust. Sie sehnt sich nach dem Franz, den sie geheiratet hat, nach dem Franz, der sie nach Máris Geburt stolz und glücklich anlächelte, nach dem Franz, der zupacken konnte, der geschickt und fleißig war.

Sie sehnt sich danach, einen kleinen Körper zu fühlen, seine Wärme, seine Anschmiegsamkeit. Aber die Kinder sind schon groß. Zärtlichkeit ist Luxus, etwas für reiche Leute. Für uns kleine Leute kommt es darauf an, dass wir uns im Leben durchschlagen. Alles andere zählt nicht. So hatte die Mutter immer geredet, so hält sie es mit den eigenen Kindern. Sie widersteht der Versuchung, Jupp ab und zu einmal über den Kopf oder die mageren Schultern zu streichen. Für seine zehn Jahre ist er zart, geradezu schmächtig. Dafür klug.

Wenn sie wenigstens jemanden zum Reden hätte. Aber da ist niemand, keine Freundin, keine Tochter, der sie von ihren Nöten und Ängsten erzählen könnte. Anna ist lang schon in Stellung in der Stadt und kommt nur am Jahresende nach Hause und Mimi ist schon bald drei Jahre tot. Nur Jupp ist noch da. Jupp ist noch ein Kind, auch wenn er ihr oft viel verständiger erscheint als mancher Erwachsene. Der Junge ahnt eh schon zu viel. Das sieht sie in seinen kummervollen Augen.

Meist sitzt Jupp am Ofen und liest oder lernt. Da möchte sie ihn nicht stören. Diese Wissbegier ist Erna fremd. Wozu muss der Mensch so viel wissen? Obwohl, interessieren tät es sie schon, was den Junge tagtäglich an die Bücher fesselt. Aber fragen? Nein, fragen mag sie ihn nicht. Sie hat Angst, dass sie nicht versteht, was er ihr erzählt und dumm dasteht. Dann lieber schweigen.

Kürzlich ist ihr aufgefallen, dass sie mit sich selbst spricht. Bei allem, was sie tut, murmelt sie vor sich hin. Ob der Jupp glaubt, dass seine Mutter verrückt wird? Sie schüttelt unwillig den Kopf. Ungebildet ist sie, ja. Kann kaum lesen und nicht schreiben. Woher auch? Die paar Wochen im Jahr, die die Eltern sie zur Schule ließen. Die Abstände waren so groß, dass sie immer vergessen hatte, was sie schon konnte. Einzelne Buchstaben kennt sie und die Zahlen. Kann ihren Namen schreiben. Gut, sie redet mit sich selbst. Aber sie redet nicht irr. Erna strafft sich. Nein, bei allem Elend kann niemand ihr den Verstand absprechen. Würde die Bäuerin eine Irre einstellen? Würde sie sie sonst immer wieder als Hilfe ins Haus holen? Zum Kochen, zum Saubermachen? Oder zu Vorbereitungen zu einem Fest, wie jetzt bei der Hochzeit der Tochter Luise?

Die Bäuerin ist eine Gute. Loben tut sie und sich bedanken. Immer, wenn Erna wieder einmal ausgeholfen hat. Ganz rot wird sie. Heiße Dankbarkeit steigt dann in ihr auf. Gar nicht mehr so armselig und wertlos fühlt sie sich anschließend.

Erna schaut auf all die Köstlichkeiten, die vor ihr ausgebreitet auf dem Küchentisch liegen. Immer ist die Bäuerin großzügig. Diese schöne, prachtvolle Hochzeit. Die Damasttischdecken, das viele Silber und das gute Service mit den blauen Streublümchen. So schön, so festlich hatten die Tische ausgesehen. Und erst die Braut. Das Hochzeitskleid weiß, elegant. Der Schleier bestimmt drei Meter lang. Der Bräutigam? Na ja, groß und rund. Kein schöner Mann. Aus Ostwestfalen. Er hat auch einen großen Hof, hatte die Küchenmagd ihr verraten. Aber wie das Brautpaar gestrahlt hatte. Da war ihr für einen Moment richtig warm ums Herz geworden. Und dann hatte es ihr einen Stich versetzt. Ach, wenigstens manchmal, wenigstens ein Zipfelchen vom Glück würde sie sich wünschen. Papperlapapp, ruft sie sich selbst zur Ordnung. Der Herr wird schon wissen, was er mit uns vorhat. Das sagte der Franz immer, früher. Allein, sie zweifelt. Ist das schon Gotteslästerung? Rasch bekreuzigt sie sich.

Der Bauer hatte mächtig aufgefahren. Wollte wohl gut dastehen vor dem Schwiegersohn mit dem großen Hof in Beelen.

Das hatte sie auch aufgeschnappt, dass er aus Beelen kam. Wo das lag? Sie hatte keine Ahnung. Sogar Wein gab es. Die leeren Flaschen hatte sie hinterher in der Küche in Körbe gepackt. Mosel, hatte sie mühselig auf dem Papier der Flasche entziffert. Wein von der Mosel. Wo das wohl war? Sie hatte sich eine Flasche unter die Nase gehalten. Ein merkwürdiger Geruch, aber nicht unangenehm. So roch also Wein. Sie kannte nur die Schnapsfahne des Mannes. Manchmal roch er auch nach Bier.

Es war eine fröhliche Feier gewesen. Die festlich gekleideten Menschen. Der Braut sah man ihr Glück an, der stattliche Bräutigam ließ sie nicht aus den Augen. Sogar die Bäuerin hatte gelächelt.

Die Hochzeitsgäste, das waren bestimmt mehr als fünfzig, hatten gelacht und gesungen. Am Schluss hatten alle auf der Deele getanzt.

War das eine Arbeit gewesen, die von Spinnweben und Staub und Unrat zu befreien und festlich mit grünen Zweigen herzurichten. Erna rechnet nach. Die Hochzeit war genau ein Jahr nach dem tödlichen Unfall von Heinrich. Das Trauerjahr war gerade mal so eingehalten worden. Die arme Bäuerin! So wie die an dem Sohn gehangen hatte.

Die Sache mit Heinrichs Unfalltod war wochenlang Gesprächsthema. Er sei besoffen gewesen, munkelte man. Und im Suff habe er auf dem Fahrrad die Brücke verfehlt, sei in den Bach gefallen und unglücklich mit dem Kopf auf einen Stein geknallt. Jeder hat sein Päckchen zu tragen. Dieser Spruch der Großmutter kommt Erna wieder in den Sinn. Vielleicht ist die Bäuerin deshalb so hilfsbereit und fürsorglich? Weil sie selbst so viel Leid erfahren hat. Weil sie weiß, wie es sich anfühlt, wenn man ein Kind verliert.

Nur wenige hatten ein so hartes Schicksal zu erdulden gehabt wie sie. Nacheinander waren ihr vier Kinder weggestorben, zwei davon kurz nach der Geburt. Heinrich war noch kein Jahr alt, da hatte eine Grippeepidemie ihren Mann Gottfried dahingerafft. Ganz allein hatte sie dagestanden, mit dem großen Hof, mit dem kleinen Kind. Alle hatten damals der Frau geholfen, bei der Ernte, im Stall. Mit welchem Mut und welcher Haltung sie die Schicksalsschläge ertragen hatte. Das hatte die Mutter erzählt und Erna hatte ihre widerwillige Bewunderung für die Bäuerin herausgehört. Nach Ablauf des Trauerjahres hatte sie den Bruder des verstorbenen Mannes geheiratet. Konnte ja nicht allein bleiben, mit dem Hof und dem Kind. Von Liebe zwischen den Eheleuten hatte die Mutter nichts gesagt.

Erna sortiert die Sachen, packt die Suppe und das Fleisch in den Kriechkeller, legt noch extra zwei große Eisblöcke dazu, damit nichts verdirbt. Es wäre zu schade. Das Gemüse, die Hühnerbollen und das Püree wird sie am Abend warm machen, wenn der Mann von der Arbeit zurück ist. Das wird ein Festessen. Wenn doch Franz einmal lächeln würde! Wann hat sie ihn seit Mimis Tod fröhlich gesehen? Wann war sie selbst das letzte Mal froh? Erna seufzt. Es nutzt ja alles nichts. Da ist der Junge und um den muss sie sich kümmern. Jupp. Und dann fällt ihr Mári ein, und das Enkelkind, das sie nie kennenlernen wird. Sie weiß ja nicht einmal, ob es ein Junge ist oder ein Mädchen. Ihre Gebete, Mári mit ihrem Kind nach Hause zu führen, wurden nicht erhört. Vielleicht, weil sie nicht fest genug glaubt? Vielleicht, weil es keinen Gott gibt? Oft fühlt Erna in sich nur noch eine tiefe Verzweiflung, eine bodenlose Leere und den einzigen Wunsch, dass dieses Leben ein Ende habe.

Kapitel 12 - Bernhard, 1904

Bernhard starrt die Tür an, die er gerade hinter dem Bruder geschlossen hat. Das leise Klicken des einschnappenden Schlosses dröhnt noch in seinen Ohren. Er starrt auf das dunkle Holz, auf die Maserung der Holzkassetten. Noch nie ist ihm dieser kleine Riss rechts oben aufgefallen. Die Tür ist alt, solide. Eiche.

Ihm ist zum Heulen zumute. Er versucht, die aufsteigenden Tränen wegzuplinkern. Weinen ist ihm peinlich, vor anderen, aber auch vor sich selbst. Noch immer spürt er die stachelige Wärme der Wange des Bruders an seiner bei ihrer ersten und letzten Umarmung. So viel Nähe im Abschied, einem Abschied für immer.

Die Nachricht des Jüngeren hat ihn kalt erwischt. Hat er es geahnt? Hätte er etwas wissen können? Wann hatte er das letzte

Mal mit dem Bruder gesprochen? So wie heute? Es hatte sich einfach nicht ergeben. Wenn er die Eltern auf dem Hof besuchte, sprachen sie meist über das Wetter und die bevorstehende oder erfolgte Ernte, über die Marktpreise von Milch und Fleisch, über den neuesten Katzenwurf und dass man wieder nicht wusste, wohin mit den Kleinen, über den neuesten Klatsch und Tratsch in der Nachbarschaft, über all die kleinen alltäglichen Dinge. Und jetzt ist der Bruder weg. Für immer.

Auswandern will er, nach Kanada. So weit. Das war's dann wohl. Schon in zwei Tagen wird er sich in Bremerhaven einschiffen. Jetzt schießen Bernhard die Tränen aus den Augen, unaufhaltsam. Solange der Bruder da war, konnte er sich zusammenreißen. Aber nun ist es um seine Fassung geschehen.

Mühsam seine Bestürzung nach der überraschenden Ankündigung verbergend, hatte Bernhard versucht, wenigstens äußerlich Haltung zu bewahren, den älteren Bruder herauszukehren, der fürsorglich dem jüngeren seine Bedenken vorträgt, damit dieser nicht unüberlegt handelt. „Weißt du überhaupt, worauf du dich einlässt? Du kannst doch nicht einfach so gehen. Hier bist du geboren, hier ist deine Familie. Hier bist du zuhause. Denk an die Mutter", hatte er ihm eindringlich ins Gewissen geredet. „So weit weg. Über den großen Teich. Hast du denn gar keine Angst vor der Überfahrt? Und das fremde Land, die fremde Sprache. Du kannst doch gar kein Englisch! Und dann das Klima in Kanada. Ist es im Winter nicht viel zu kalt dort?"

Ludwig hatte seine Bedenken lächelnd über sich ergehen lassen, hatte er nicht sogar ein wenig überheblich dabei ausgesehen und völlig unbeeindruckt, wie Bernhard schien, dem Älteren nun seinerseits Paroli geboten; ihn Stubenhocker und verstaubten Bücherwurm genannt, der arme Schüler quälte, einen ewig Gestrigen, der von dem Aufbruch in eine neue Zeit wohl noch nichts mitbekommen hatte. Kolonien von Afrika bis China, das gebe ein neues Lebensgefühl. Die Welt stehe allen offen, auch ihm. „Und, Bruder", hatte er hinzugefügt und sich dabei zu ihm über den Tisch gebeugt und ihm direkt in die Augen geschaut, „wenn du mich fragst, es ist höchste Zeit. Mir wird es hier zu Hause, mir wird es in Deutschland zu eng. Ich will ein neues Leben, nicht in den Kolonien, nein. Dieses Gerede vom

Platz an der Sonne ist mir zuwider. Das ist nur das Wortgeklingel der Nationalisten. Ich gehe nach Kanada." Begeistert und mit leuchtenden Augen hatte Ludwig dem Bruder anschließend seine Pläne haarklein unterbreitet. Er wusste Bescheid, hatte sich genau erkundigt.

In den USA war Ackerland schon knapp. Aber Kanada. Dort gab es noch viel Platz. Jeder konnte sein Glück machen, auch als Farmer. In der Heimat habe er doch keine Chancen auf einen Hof. Eigenverantwortlich einen Hof bewirtschaften, sein eigener Herr sein! Bernhard war vom Optimismus Ludwigs beeindruckt. Und als er begriff, wie ernst es dem Bruder mit seinem Entschluss war, wie umsichtig er alles geplant und vorbereitet hatte, hatte er sich weitere Einwände verkniffen. Außerdem beruhigte es ihn zumindest ein wenig, dass ein guter Freund, Georg, mit ihm fahren wollte. Letztlich konnte er den Entschluss seines Bruders sogar verstehen. Seit der Halbbruder Heinrich durch einen tragischen Fahrradunfall zu Tode gekommen war, war die Stimmung auf dem Hof gedrückt. Die Mutter hatte sich seitdem immer mehr zurückgezogen, der Vater war immer schweigsamer geworden. Vielleicht war der Vater sogar froh, dass er seinen jüngsten Sohn auszahlen konnte und dieser sein Leben selbst in die Hand nahm, überlegte Bernhard und hing seinen eigenen Gedanken nach, als er Ludwig plötzlich sagen hörte: „Und dann war da noch letzten Donnerstag dieses fürchterliche Unglück. Ich frage mich, wie die Mutter das aushält. Auch den Vater hat es sehr mitgenommen."

„Unglück? Was für ein Unglück?", war Bernhard aufgefahren. Er spürte Panik aufsteigen. Noch ein Unglück. Das war zu viel. Er brauchte Abstand. Musste sich beruhigen. Der Bruder sollte ihn nicht in diesem desolaten Zustand sehen. Er war aufgesprungen. „Warte, ich mach uns erstmal einen Kaffee, erzähl gleich weiter", hatte er dem Bruder hingeworfen und war in die Küche geflohen. Die Vorstellung, seinen lieben Bruder, seinen lustigen, fröhlichen Bruder nie mehr wieder zu sehen, schnitt ihm ins Herz. Und jetzt gab es noch eine Katastrophe obendrein? Nein, das war zu viel. Kaffee kochen. Die ritualisierten Handlungen hatten ihn schon manches Mal gerettet, wenn der Boden ihm unter den Füßen wegzubrechen drohte, so wie jetzt.

Wasser aufsetzen, Kaffeebohnen mahlen, den Schwengel des Mahlwerks mit gleichförmigen Bewegungen drehen, dem Geräusch der Mühle lauschen, den Duft einatmen, der von den zerkleinerten Kaffeebohnen aufstieg. Pulver in den Porzellanfilter füllen, das Wasser darüber gießen und zuhören, wie das dunkle Gebräu in die Kaffeekanne plätscherte. Zeit zum Nachdenken.

Was konnte das für ein Unglück sein? War es nicht genug, dass die Mutter über den Tod ihres Lieblingssohns nicht hinwegkam? Sich immer mehr aus der Hauswirtschaft zurückgezogen hatte, der Schwiegertochter seit Hubertus' Heirat den Haushalt vollständig überließ?

War es nicht genug, dass im Frühjahr nach Heinrichs tödlichem Unfall Dauerregen und Überschwemmungen die Wintersaat auf den Äckern hatte gelb werden lassen, so dass das Korn im Sommer schlecht stand und nur wenig Ertrag brachte?

War es nicht genug, dass im Jahr darauf die Maul- und Klauenseuche ausbrach und fast der gesamte Viehbestand gekeult werden musste? Nicht nur die finanziellen Einbußen hatten den Vater immer mürrischer gemacht. Und nun das! Wieder eine Katastrophe. Was nur konnte das sein? Beim letzten Besuch auf dem Hof hatte er den Eindruck gehabt, als werde dies ein ertragreiches Jahr. Die Ernte versprach gut zu werden, der Viehbestand war gesund. Der Vater schien zufrieden. Was, um Himmels willen, war nun wieder passiert, dass sogar Ludwig sichtlich erschüttert war? Bernhard wappnete sich innerlich für dessen Bericht, während er unter der Tülle der Kaffeekanne einen Tropfenhalter befestigte und den silbernen Kaffeewärmer über die Kanne stülpte. Etwas Gebäck, das er immer vorrätig hatte, legte er auf einen kleinen Teller, holte zwei Tassen und Untertassen aus dem Schrank, füllte Milch in ein Kännchen, legte Würfelzucker nebst silberner Zuckerzange in ein Schälchen und balancierte alles auf einem Tablett ins Wohnzimmer. „So, nun erzähl", hatte er den Bruder aufgefordert, „was für ein Unglück?"

Und Ludwig hatte erzählt, von dem schwülen Augusttag, der schon mit einer gewittrigen Morgenstimmung begann, von dem Verstummen der Vögel und der Gewitterwand, die sich im Laufe des Vormittags bedrohlich im Westen aufbaute, von der Unruhe der Bullen auf der Weide, von dem Lieblingsbullen des Vaters, der außer Rand und Band geraten war und sich und die anderen Bullen zu verletzen drohte. Von dem Großknecht, der entschlossen und ohne zu zögern den Bullen von der Weide holen wollte und, mit einer Mistforke bewaffnet, über den Zaun sprang, um den Bullen zu bändigen. Währenddessen standen die herbeigeeilten Knechte mit Stricken außerhalb der Weide bereit. Wie genau der Großknecht zu Fall gekommen war, hatte hinterher keiner zu sagen vermocht. Aber ein plötzlicher, sturzbachartig einsetzender Regen hatte die Weide unter Wasser gesetzt, das Gras glitschig gemacht. Bernhard hörte das Grauen in der Stimme des Bruders, als dieser die Situation schilderte, wie der Bulle, ganz ruhig, scheinbar überlegt, ohne Hast den Kopf senkte und den Großknecht, der sich nicht rasch genug wieder hochrappeln konnte, mit seinen spitzen Hörnern aufspießte. Ganz unwirklich habe die Szenerie gewirkt, zumal in dem Augenblick Blitz und Donner einsetzten. Als das Tier den mächtigen Kopf wieder hob, habe es beinahe geschienen, als schüttele es verwundert den Kopf ob der Last. Wie lange der Bulle so dagestanden hatte, wisse er nicht mehr. Jedenfalls sei der Großknecht endlich in der Nähe des Gatters zu Boden gefallen. „Und geschrien hatte er, so ...", der Bruder fand keine Worte, bis er fortfuhr, „so ... dass einem ganz kalt wurde." Aus den Löchern im Bauch sei rotes Blut geströmt, das sich, mit Regen vermischt, rosafarben in einer Bodenvertiefung sammelte. Erst als der Bulle seine Last abgeschüttelt hatte, wären die Umstehenden aus ihrer Erstarrung erwacht. Hilfreiche Hände hätten den Knecht gepackt und ihn unter dem Gatter hindurch gezerrt. Es sei jedoch zu spät gewesen. Der Großknecht sei wenige Minuten nach seiner Rettung, im strömenden Regen, unter Blitz und Donner und umringt vom gesamten Gesinde des Hofes, verblutet. Man habe von den Umstehenden nicht einen Laut gehört. Nur der Regen habe gerauscht. Oder war es das eigene Blut?

Als Ludwig geendet hatte, saßen sie schweigend beieinander. Irgendwann war der Kaffee kalt, irgendwann war das Sonnenlicht verschwunden und der Wohnraum in ein graues

Licht getaucht, das die Konturen der Gegenstände und die Gesichtszüge verwischte. Irgendwann stand Ludwig auf. Er habe noch viel zu tun bis zur Abfahrt. Er müsse nun gehen. Bernhard hatte ihn zur Wohnungstür begleitet.

Nun ist der Bruder fort. So viel hätte er ihm noch zu sagen gehabt. Wie sehr er ihn vermissen würde. Wie gern er sich an die Stunden vor Sonnenaufgang erinnerte, früher, wenn er mit ihm am Fluss gesessen hatte. Angeln. Geruhsam schweigend hatten sie da gesessen. Nie hatten sie auch nur den kleinsten Fisch gefangen. So nah hatte er sich dem Bruder nur einmal noch gefühlt. Heute, als sie sich zum Abschied umarmten.

So gern hätte er noch einmal mit Ludwig gelacht und gescherzt. Nur mit ihm zusammen hatte Bernhard manchmal das Gefühl, dass das Leben nicht nur aus Ernst und Pflichterfüllung bestand.

Warum war es ihm so wichtig gewesen, keine Emotionen vor dem Bruder zu zeigen? Er hatte äußerlich unbewegt zugehört. Nur sein rechtes Augenlid zuckte. Wenn er innerlich angespannt und erregt ist, zuckt es immer. Dann hofft er, dass niemand etwas merkt. Ein zuckendes Augenlid!

Warum hatte er dem Bruder nicht ein paar verständnisvolle Worte gesagt, als er die weiteren Gründe für seine Auswanderung nannte. Wohl hatte er bemerkt, wie der Bruder sich um Sachlichkeit bemühte, aber doch die schwelende Wut gespürt.

Erstmals mit dem Gedanken an Auswanderung gespielt hatte Ludwig nach der Beerdigung Heinrichs. Diese ganze unselige Geschichte vergiftete nach und nach die Atmosphäre auf dem Hof, zumal Heinrich sehr beliebt gewesen war, beim Gesinde, aber auch bei den benachbarten Bauern. Seine schlanke, aufrechte Gestalt, sein offenes Gesicht mit der hohen Stirn und dem Schnurrbart, sein kurzes, sorgfältig gescheiteltes dunkles Haar vermittelten den Eindruck, er sei ein höherer Angestellter oder Beamter. Wie ein Bauer wirkte er jedenfalls nicht. Dabei konnte er richtig anpacken.

Bernhard erinnert sich, was Hubertus ihm auf der Beerdigung des Bruders erzählt hatte. Es wurde gemunkelt. War es wirklich ein Unfall? Wochen später wurde versucht, das Geschehen zu rekonstruieren. Nach einer Auseinandersetzung mit dem Stiefvater war Heinrich zu seiner Stammkneipe geradelt. Ob er sich betrunken hatte, wollte der Wirt allerdings nicht sagen.

Als Heinrich am nächsten Morgen vermisst wurde, schwärmte ein Suchtrupp aus. Man fand ihn schließlich an der Brücke des kleinen Baches unterhalb des Dorfes, mit seltsam verrenkten Gliedern. Genickbruch, stellte der Arzt später zweifelsfrei fest.

Die Leiche hatte man mitsamt dem Fahrrad auf einen Leiterwagen gehievt und zum Hof gefahren. Die Mutter hatte sofort begriffen. Sie stand in der Haustür, blass, reglos. Weinte nicht, sagte nichts. Lange stand sie so da. Keiner wagte, sie anzusprechen, sie gar zu bitten, Platz zu machen, um den Toten ins Haus zu bringen.

Erst als sie sich nach einer unendlichen Weile, wie es den Wartenden schien, langsam umdrehte und im Haus verschwand, konnte man den Leichnam in die gute Stube legen. Zunächst provisorisch auf den rasch abgeräumten Tisch, bis der Bestatter kam und ein Sarg herbeigeschafft war. Der Vater, vom Großknecht benachrichtigt, war aus dem Stall herbeigeeilt und kümmerte sich um das Notwendige.

Ach ja, Hubertus. Mit dem hatte nicht nur Ludwig seine Probleme. Aber Ludwig musste ihn im Alltag ertragen. Warum muss ausgerechnet der kleine Bruder gehen, ein Bauer mit Leib und Seele, und warum muss ausgerechnet Hubertus den Hof übernehmen? Bernhard hatte den Eindruck, dass dem Ältesten die Jagd wichtiger war als der Hof. Trotzdem spielt er sich seit der Heirat immer mehr als Bauer auf. Bernhard begreift, dass Ludwig sich auf einem Hof, den Hubertus bewirtschaftet, mehr als überflüssig fühlen würde. Dass Hubertus in nicht allzu ferner Zeit den Hof übernimmt, ist seit der Hochzeit ausgemacht, erste Schritte mit dem Notar sind schon eingeleitet.

Ja, Bernhard kann verstehen, dass es den Bruder forttreibt. Alvine, Hubertus' Frau, ist wohl nur noch das Tüpfelchen auf dem i gewesen. Auch ihm ist die immer ein wenig zu hohe, immer zu laute, befehlsgewohnte Stimme der Schwägerin unangenehm. Schon auf der Hochzeit im April war ihm diese

Frau spontan unsympathisch. Wie sie das saß, stolz und gerade, in ihrem ausladenden, weißen Hochzeitskleid! Keine Zweifel ließen ihre Blicke, die sie immer wieder in die Runde warf. Hier bin ich bald die Herrin. Genau so. Ich habe das Sagen.

Dass Ludwig die Schwäche des Vaters schwer ertrug, kann sich Bernhard gut vorstellen. Er, der ein Leben lang ein Bauer aus Überzeugung und ganzem Herzen war, scheint nun plötzlich müde, lässt Hubertus gewähren. Das ist auch Bernhard bei seinen Besuchen auf dem Hof schon aufgefallen. Auch, dass der Vater, seit sie sich ausgesöhnt haben, milder gestimmt scheint. *„Nix vor ungaut“*, hatte der gemurmelt und Bernhard die Hand hingestreckt. Damals. Auf Luises Hochzeit, ein Jahr nach Heinrichs Beerdigung. Jetzt, wo Bernhard daran denkt, meint er wieder die raue, schwielige Hand zu spüren, die er ohne zu zögern ergriffen und, heiser vor Freude, geantwortet hatte: „Nichts für ungut, Vater.“ Seitdem ist er auf dem Hof jederzeit willkommen, nicht nur an den Festtagen.

Bernhard steht immer noch in der Diele. Ihn fröstelt. Ob er krank wird? Kaum bringt er die Kraft auf, sich zu bewegen. Ohne Licht zu machen, schlurft er ins Wohnzimmer zurück und lässt sich in seinen Lieblingssessel fallen.

Um sich herum weiß er die vertrauten Möbel mit den Spitzendeckchen. Nichts hat er verändert seit dem Tag, als der Testamentsvollstrecker ihn als Erben der Tante benannte. Alle Möbel stehen an der Stelle, die ihnen vor Jahrzehnten zugewiesen wurde. Der wuchtige Bücherschrank, der klobige Eichentisch mit den ausladenden Stühlen. Sechs an der Zahl. Das rote Plüschsofa mit der hohen Rückenlehne, ein wenig abgewetzt, aber bequem. Und schließlich der Lehnstuhl am Fenster, sein Lieblingsplatz. Darin hatte schon sein Onkel gern gesessen. Seine Wohnung. Seine Welt. Nichts anderes kann er sich vorstellen. Nur eins fehlt. Eine Familie. Seine Familie. Der Weggang des Bruders hat Bernhard schmerzlich vor Augen geführt, wie einsam sein Leben ist. Er nestelt sein kariertes Stofftaschentuch aus der Hosentasche, entfaltet es und wischt sich über das feuchte Gesicht. Dann schneuzt er einmal kräftig hinein.

Kapitel 13 – Erna, 1904

Sie sitzt in der Bank, da wo sie immer sitzt, früher mit Mári und Mimi und Anna, dann nur noch mit Mimi und Anna. Nun allein. In der fünften Bank sitzt sie, kerzengerade wie immer. Das heiße Wachs der eben entzündeten Osterkerze tropft auf ihre Hand. Sie hat das Tuch vergessen. Es brennt. Erna nimmt den Schmerz kaum wahr. Mit starrem Blick schaut sie nach vorn. Der Altar ist mit vielen Kerzen hell erleuchtet. Sie haben die Finsternis der Karwoche vertrieben. Die Gemeinde singt. *Das Grab ist leer, der Held erwacht, der Heiland ist erstanden.* Ernas Lippen formen die Worte, kein Laut kommt aus ihrer Kehle.

Die frohe Botschaft. Die Osterbotschaft. Jesus ist auch für dich gestorben. Für deine Sünden hat er sein Leben geopfert. Der Pfarrer stochert mit dem Finger ins Vage. Durch den merkwürdigen Singsang seiner Stimme kommen Erna seine Worte leer und nichtssagend vor. Er spricht von der Erlösung von der Erbsünde, von Opfer und Auferstehung, von Christenpflicht, von der Gnade des Herrn. Von Lob und Preis und Engelschören, in deren Gesang die Gemeinde einfallen soll. Vom ewigen Leben spricht er und von der Liebe Gottes zu allen Menschen. Worte. Einfach nur Worte.

Erna schaut absichtlich nicht über den Mittelgang hinüber auf die Mannseite, Bank fünf. Sie weiß, dass dort Franz sitzt mit Jupp, dass er ebenfalls aufrecht dort sitzt und auf seine im Schoß gefalteten Hände schaut. Jupp wird sich wie immer bemühen, die Kerze gerade zu halten, damit sie nicht so tropft. Die billigen Kerzen tränen schon kurz nach dem Anzünden.

Schon lange gelingt es Erna nicht mehr, diesen kirchlichen Ritualen etwas abzugewinnen. Früher, ja, da hatte sie die Ruhe genossen, mal nicht herumlaufen, mal nichts tun müssen, sondern für eine Stunde ausruhen, die Hände in den Schoß legen, den Gedanken nachhängen. Bisweilen hatte sie sogar einen inneren Frieden verspürt. Der Singsang der Gebete, die bekannten Lieder, der gewohnte Ablauf hatten ihr ein Gefühl der Sicherheit, der Geborgenheit gegeben. Fast erhaben fühlte sie sich, wenn die Orgel ertönte und der Kantor alle Register zog. Hochamt. Hochgefühl. *Corpus Christi,* der Höhepunkt. Mit der Oblate auf der Zunge fühlte sie sich als Teil einer höheren Ordnung.

Vorbei.

Mári vertrieben, Mimi tot, Anna weg und Fritz lässt sich auch kaum blicken. Ihr Leben ist sinnlos, leer. Nicht das Osterritual, nicht das Orgelspiel, nicht die feierlichen Lieder und nicht die heilige Eucharistiefeier können daran etwas ändern. Jeder Tag ist Erna eine Last Ihr Körper fühlt sich an, als gehöre er nicht zu ihr. Nur für den Jungen lebt sie noch. Für ihn muss sie sorgen. Für ihn steht sie auf.

Jetzt schielt Erna doch einmal auf die andere Seite, zu ihrem Sohn. Der sitzt da, ruhig, andächtig, gesammelt. Dem Franz hingegen merkt sie die Mühe an. Seit er seinen Rücken im letzten Sommer beim Aufladen des Heus ruiniert hat, fällt ihm nicht nur das Sitzen schwer. Nun geht er gar nicht mehr arbeiten. Dafür wird Erna noch häufiger als Küchenhilfe geholt. So haben sie Geld für das Nötigste.

Kapitel 14 – Martha, 1905

Martha lacht und weint zugleich. Antons Frage, ob sie ihn heiraten wolle, hatte sie erwartet und erhofft und ist nun doch verwirrt und unsicher. Seit sie Anton kennt, haben ihre nächtlichen Träume fast aufgehört. Sie fühlt sich viel ausgeglichener. Mit ihm hofft sie auf eine bessere Zukunft, mit ihm glaubt sie, ihre Vergangenheit überwinden zu können.

Die Vergangenheit. Kein Misston, kein Geheimnis soll zwischen ihnen stehen. Natürlich wolle sie ihn heiraten, versichert sie Anton, dem sie, wie sie durch seine Nachfrage erst jetzt merkt, noch gar keine Antwort gegeben hat. Aber er wisse so vieles noch nicht von ihr. Sie habe ihm etwas zu gestehen, was ihr nicht leicht falle. Er müsse entscheiden, ob er sie mit dieser Vergangenheit noch wolle. Martha schaut Anton ernst und entschlossen an und fasst nach seinem Arm. „Lass uns einen Spaziergang machen, zum Rhein hinunter. Im Laufen kann ich leichter reden."

Während die Sonne ihr Bestes gibt, um den Rhein und die Uferpromenade in eine Bilderbuchkulisse zu verwandeln, erzählt Martha Anton von dem unehelichen Kind, das sie weggegeben hat. „Und deshalb kann ich auch nicht kirchlich heiraten, verstehst du? Es ist nicht recht. Ach, ich kann es nicht erklären. Alles hab ich versucht, um ihm eine gute Mutter zu sein. Aber, sie litt, verstehst du? Und ich konnte es nicht verhindern. Clara wurde ständig blasser und dünner. Sie weinte fast immer, wenn ich sie bei der Nachbarin abholte. Oft waren die Windeln nicht gewechselt, ihr Po war rot und entzündet. Ach ... " Martha gerät bei ihren Erklärungsversuchen ins Stocken, schluckt, spricht leise weiter. „Und dann, und dann, ... Kannst du dir vorstellen, dass ich Clara beinahe geschlagen hätte? Da war mir klar, ich muss das Kind retten. Es darf nicht bei mir bleiben. Ich hatte noch die Adresse vom Kinderhaus. Dorthin habe ich Clara gebracht. Jeden Tag denke ich an mein Kind. Jeden Tag frage ich mich, ob ich es nicht doch hätte schaffen können, mit ein bisschen mehr Geduld. Aber es gab damals keinen Ausweg, so sehr ich auch hin und her überlegte. Mit zur Arbeit nehmen konnte ich das Kind nicht. Außer der Nachbarin kannte ich niemanden in Köln. Nur die Arbeiterinnen in der Nähfabrik. Mit einer habe ich mich eine Zeit lang ganz gut verstanden. Manchmal glaube ich, dass sie selbst in einer ähnlichen Lage gewesen ist wie ich. Zumindest hatte sie Verständnis für mich. Das tat gut. Roswitha, ja so hieß sie, kommt aber schon länger nicht mehr zur Arbeit. Ich weiß nicht, was mit ihr passiert ist. Auch Angela habe ich schon lange nicht mehr gesehen, obwohl ich immer wieder unsere Kirche besuche. Ach, du weißt ja gar nicht, wer das ist. Das erzähle ich dir später. Irgendwie scheinen mir alle Menschen, die mir etwas bedeuten, abhanden zu kommen. Ohne mein Zutun. Aber Clara! Das ist meine Schuld. Auch wenn mir anfangs nicht klar war, dass es ein Abschied für immer sein würde. Ich fühlte mich von der Schwester Oberin dazu gedrängt. Ich wollte nur, dass es Clara gut geht. Ach ... und ... ich weiß nicht ... Verstehst du, Anton. Die Trennung war wie eine Amputation. Das habe ich aber erst später begriffen. Jeden Tag denke ich an mein Kind. Jeden Tag wünsche ich mir, ich könnte meine Unterschrift ausradieren und Clara zurückholen."

Wie ein Wasserfall strömen die Worte aus Martha heraus. Sie lässt Anton keine Chance, ihren Redefluss zu unterbrechen oder nachzufragen. Es ist wie eine Beichte. Alles redet sie sich nun von der Seele. Da ist jemand, der ihr zuhört, nur ab und zu verständnisvoll ihren Arm drückt. Martha fühlt sich wie befreit, erlöst von dem Druck, der die ganzen Jahre auf ihr lastete. Sie schluchzt auf und weint all die Tränen, die sie die ganzen Jahre niedergekämpft hatte. Anton nimmt sie in den Arm, bis sie sich beruhigt und mit dem großen Taschentuch, das Anton ihr schweigend hinhält, die Nase geputzt hat. Für Martha fühlt es sich an, als käme sie nach Hause. Sie spürt durch den Mantelstoff hindurch sein Herz klopfen, fühlt seinen warmen Atem in ihrem Nacken. Dann hört sie ihn leise in ihr Ohr murmeln: „Wir werden gemeinsam Kinder haben, so viele du willst." Sie nickt und vergräbt ihr Gesicht in seinem Mantelaufschlag.

Als Martha abends im Bett liegt, wird ihr bewusst, wie viel sie Anton von sich erzählt hat. Nachdem sie sich beruhigt hatte, waren sie noch bis zum Dunkelwerden auf der Rheinpromenade entlang spaziert. Sie hatte ihm ihr Herz ausgeschüttet, alles erzählt, was sie in den Jahren in Köln erlebt hatte, von der schrecklichen Herrschaft, bei der sie in Stellung war, von Angela, die jetzt zu ihrem Kummer unauffindbar war, die ihr, als sie in höchster Not war, das Entbindungshaus empfohlen hatte. Martha hatte von ihrer Familie erzählt, von ihren Geschwistern, nach denen sie sich sehnte. Die schweigsame Mimi, die praktische Anna, der Raufbold Fritz und der zarte Jupp. Ein heißes Gefühl der Zuneigung hatte sie überrascht, als sie ihrem Zukünftigen von den Eltern erzählte. Nur von Bernhard hatte sie nichts erzählt. Claras Vater hatte sie unterschlagen. Und Anton hatte nicht gefragt, woher das Kind kam. Das ist auch gut so, beschwichtigt sie ihr Gewissen. Etwas nicht zu erzählen ist ja nicht dasselbe wie lügen. Außerdem hat Anton ihr nur herzlich wenig von seinem Leben erzählt, nur, dass seine Eltern tot sind und er eine ältere Schwester namens Elisabeth hat.

Wenn sie heiraten, hatte Anton versprochen, wolle er das Wanderleben aufgeben und ein Geschäft für Weißwäsche und

Kurzwaren eröffnen. Er hatte schon erste Erkundigungen eingeholt. Eine Familie, erklärte er ihr, brauche eine solide Basis, ein Heim, einen Ernährer und eine fröhliche Mutter. Ob sie vor Gott heirateten oder nicht, sei ihm egal. Er sei nicht religiös.

Martha schilt sich selbst eine dumme Gans. Drei Jahre kennt sie Anton nun schon. In seiner Gegenwart fühlt sie sich wohl. Keine Panik, keine Atemnot. Nicht einmal, wenn er sie küsst. Seinen Abschiedskuss am Abend, leidenschaftlich, drängend, hat sie genossen. Keine Spur von Ekel wie bei den anderen. Dass er elf Jahre älter ist als sie, was macht das schon. Im Gegenteil. In ihm hat sie einen verständnisvollen, väterlichen Freund gefunden. Ihm kann sie vertrauen.

Kapitel 15 - Joan, 1905

Die Bienen summen. Erste Schmetterlinge tanzen einen Reigen in der mittäglich warmen Luft. Es riecht nach Wiese und Heu. Von fern muht ab und zu eine Kuh. Im Löschteich quakt selbstbewusst ein Frosch. Vertraute Geräusche und Gerüche. Das Gezwitscher der Vögel ist verstummt. Mittagsruhe. Joan döst, nickt ein.

Sein Fuß weckt ihn. Vielmehr die Schmerzen in seinem Fuß. Die Schmerzen kommen oft. Eigentlich sind sie immer da, seit vor fast drei Jahren eine Lore auf seinen Fuß gekippt ist und ihn beinahe zerquetscht hat. Da war es dann aus mit dem Bergmannstraum. Auch für jede andere körperliche Arbeit ist er seit dem Unfall nicht zu gebrauchen. Wenn der Fuß weh tut, muss Joan den Schmerz behandeln, mit Alkohol. Meist wachte er am nächsten Tag mit dröhnendem Kopf auf, wusste nicht wo, nicht wie. Fühlte sich einsam, allein, heimatlos. Das weckte die Sehnsucht in ihm nach dem Land, das er vor zehn Jahren verlassen hatte, wo die Luft im Frühling nach Jasmin und Holunder duftete und wo er sich auskennt.

Mit der Erinnerung wurde das Gefühl der Rache wieder lebendig. Es hatte nur auf eine passende Gelegenheit gelauert. Hatte man ihn nicht vertrieben? War letztlich nicht dieser brünstige Bauernbengel schuld, dass er den Hof verlassen hatte, verlassen musste? Die Großstadt mit ihrem Lärm und Gestank war nichts für ihn. Das hat er inzwischen kapiert. Zu viele Nichtsnutze wie er hatten keine Arbeit. Die ersten Wochen nach dem Unfall hatte er noch im Krankenhaus verbracht. Als ihm das Geld ausging und er die Miete nicht mehr zahlen konnte, flog er aus der Wohnung. Danach war er eine Zeitlang mal bei dem einen oder anderen Kumpel untergekrochen. Bis diese die Nase voll hatten, weil er im Suff lamentierte oder randalierte. Besoffen war er oft. Für ein Glas Schnaps oder eine Pulle Bier fand sich immer ein Spender. Schnorren lernte er rasch. Was blieb, war zuletzt das Pennen im Park oder unter Brücken. Keine Arbeit, kein Bett. Zwei Jahre hielt er es auf der Straße aus, bis zum vergangenen Winter. Der war zu hart. Beinahe wäre er draufgegangen. Da kam ihm die Erleuchtung. Nein, bevor er abkratzte, hatte er noch was zu erledigen. Wem hatte er dieses beschissene Leben denn zu verdanken? Dieser Kerl, der ihm sein Mädchen geraubt hatte. Der sollte nicht ungeschoren davon kommen. Plötzlich wusste er, was zu tun war.

Heute vor genau zehn Jahren hatte er den Hof verlassen. Es riecht nach Holunder. Die Sonne scheint von einem fast wolkenlosen Himmel. Wie damals. Nur heute ist alles anders. Er ist ein anderer. Er hat gesehen, wie Martha mit entblößtem Busen über den Hof lief. Seitdem ist nichts mehr wie vorher. Joan denkt an Mári und wie ein Leben mit ihr hätte sein können. Auf einmal ist es wieder da, dieses Gefühl von unbändiger Wut und Ohnmacht.

Zwei Tage und zwei Nächte hatte er seine Entdeckung damals mit sich herumgeschleppt, hatte sich krank und elend gefühlt. Mári war er aus dem Weg gegangen. Nicht einmal von fern konnte er ihren Anblick ertragen. Der Bauernlümmel ließ sich nicht sehen. Am dritten Morgen hatte Joan sein Bündel gepackt, war, obwohl es mitten im Jahr war, zum Bauern gegangen und hatte seinen Lohn verlangt. Der Bauer hatte verständnislos nachgefragt. Aber was hätte er ihm sagen sollen? Ihr Sohn hat sich mein Mädchen genommen und jetzt ist sie nicht mehr mein Mädchen, jetzt ist sie eine Hure und deshalb kann ich nicht mehr hierbleiben, weil, ich ertrag es nicht, sie jeden

Tag zu sehen. Weil, es war mein Mädchen und Ihr Sohn hatte kein Recht. Und ich hab jetzt nichts mehr. Aber das werdet ihr büßen. Mein Leben ist kaputt. Jetzt hab ich nichts mehr, nicht mal Träume.

Er hatte nur geschwiegen, seine Mütze in der Hand gedreht, den Kopf gesenkt, nicht aus Respekt, sondern damit der Bauer seine Wut nicht sah.

Schließlich hatte er sein Geld bekommen, sogar etwas mehr, als ihm zustand. Da schämte er sich kurz für seine Rachegedanken. Er verschwand ohne Abschied.

Jetzt sitzt er hier, unter der Trauerweide, verborgen von den lang herunterhängenden Zweigen, am Löschteich. Die Natur hüllt ihn in ihre mittagsfriedliche Ruhe. Joan nickt wieder ein, träumt von Mári, wie sie ihn auslacht und vor ihm wegrennt. Er schreckt hoch, die Wut aus dem Traum noch im Bauch. Nein, Rache muss sein, wenn er sich Mári endgültig aus dem Kopf schlagen will. Der Plan ist schon lange fertig. Den ganzen Tag schon wird die erste Heuernte eingefahren. Er streckt sich lang aus, legt sein Bündel unter den Kopf. Der Plan. Einfach und genial. Jetzt muss er Kräfte sammeln. Die Nacht wird lang und aufregend. Hoffentlich. Das ist sein letzter Gedanke, bevor er abermals einschläft.

Rot und gelb und schwarz. Himmel in Aufruhr. Funken irrlichtern wie kleine Sterne, lassen sich nieder, verglühen. Menschengeschrei und das tiefe, angstvolle Brüllen der Kühe. Chaos. Menschen rennen hierhin und dorthin, zerren die Tiere aus dem brennenden Gebäude. spitzhaubenbehelmte Männer spritzen Wasser aus Schläuchen, Dampf überwölbt loderndes Rot. Es brüllt, es zischt, es knistert, es saust und rauscht.

Die Scheune brennt. Ein schöner Anblick. Joan ist zufrieden. Die schwarzen Balken malen Muster in das Gelbrot der aufstrebenden Flammen, die sich in schwarzen Wolken am Nachthimmel verlieren. Dunkel hebt sich der Giebel der Scheune vor dem flackerhellen Hintergrund ab. Die Flammen ducken sich unter dem Spritzwasser, bäumen sich dunstig auf gegen den Feind. Verlöschen, flackern erneut auf, verlöschen.

Sorgfältig hatte Joan die beiden Stellen ausgewählt, an denen er den Brand legen wollte. Auf jeder Seite der Scheune einen. Einmal Heu, einmal Stroh. Das Heu in Brand zu setzen, gelang ihm erst nach dem dritten Versuch. Er war schon fast nervös, da er nur wenige Streichhölzer besaß. Das Stroh hingegen flakkerte sofort lustig auf. Die Flammen waren so gierig, dass er sich beeilen musste, um nicht von ihnen eingeholt zu werden. Den Ausguck in der Eichenallee hatte er sich in der Nacht zuvor ausgesucht. Eine hohe alte Eiche, schon dicht belaubt, vom Hoftor so weit entfernt, dass er alles genau mitbekam, gleichzeitig aber vor dem Feuerschein verborgen war.

Als sich gegen Morgen der Himmel von der aufgehenden Sonne rötet, sieht Joan, was das Feuer angerichtet hat. Von der Scheune stehen nur noch die Fundamente und die steinernen Giebel. Dachbalken und Reste von Heu und Stroh türmen sich verkohlt, rauchend, in einem wirren Durcheinander mit den zerborstenen Ziegeln auf dem Boden. Die gesamte Heuernte der ersten Mahd ist vernichtet. Im Licht der Morgensonne blinken einzelne Löschwasserpfützen. Zwei Kälber und drei Milchkühe liegen schwarz und tot auf dem Hof mit steif abstehenden Beinen. Noch hat sie keiner weggeschafft. Die übrigen Tiere stehen auf der Hausweide, zitternd, verstört. Milch wird es in den nächsten Tagen wohl keine geben.

Was Joan sieht, befriedigt ihn. Die Scheune, der Ort der Tat, ist ausgelöscht und verbrannt. Das aus Stein errichtete Hauptgebäude und die übrigen Stallungen haben den Brand fast unbeschadet überstanden. Was hätte er gemacht, wenn auch die Menschen, die auf dem Hof lebten, Schaden genommen hätten? Der ganze Hof hätte abbrennen können. Er wollte die Schmach aus seinem Herzen brennen, nicht Menschen töten.

Aber die Tiere. Er hatte nicht an die Tiere gedacht, als er den Plan ausheckte. Was wäre passiert, wenn der Großknecht nicht vom Muhen der Kühe und der Unruhe der Pferde geweckt worden wäre und das Feuer entdeckt hätte? Das hektische Bimmeln der Brandglocke hatte alle aus dem Schlaf gerissen, der Bauer hatte dann wohl die Feuerwehr alarmiert.

Wie hatte er nur die Tiere vergessen können! Joans Triumphgefühl, endlich Rache geübt zu haben, verbrennt unter der

Hitze der Scham, die ihn bei diesem Gedanken durchströmt. Die Tiere! Eigentlich war ohnehin alles nicht so gelaufen, wie er es sich ausgemalt hatte.

Nach dem Höllengeschrei des Großknechtes war das gesamte Gesinde auf den Hof gestürzt, Bauer und Bäuerin, der Jungbauer und seine Frau. Alle bemühten sich mit vereinten Kräften, das Vieh zu retten. Nur kurze Zeit hatte es gedauert, bis der erste Löschwagen mit lautem Gebimmel und Geknatter durch die Eichenallee raste und in den Hof einfuhr. Da leckten die Flammen gerade erst am Giebel.

Die Geschwindigkeit, mit der die Feuerwehrleute die Schläuche zum Löschteich auslegten und Wasser herbeipumpten, hatte Joan erstaunt und dieser kräftige Strahl, der unermüdlich aus den Spritzen schoss. Immer mehr Wagen aus den Nachbargemeinden waren die Eichenallee heraufgefahren, immer mehr Wasserstrahle machten dem Feuer das Leben schwer. Die Scheune brannte ab. Da war nix zu machen. Das viele Heu und das Stroh. Das brannte lichterloh. Doch das Haupthaus, die Remise und weitere Stallungen blieben vom Feuer verschont.

Ein einziger Feuerwehrwagen hält noch Brandwache. Die große Eiche vor dem Wohnhaus ist angesengt. Einzelne Äste ragen schwarz in Richtung Scheune. Joan ist dieser Anblick unheimlich. Als wollten sie anklagend auf die Katastrophe hinweisen. Der Bauer stapft um die Brandstelle herum, hebt hier einen Balken hoch, stochert dort in einem Aschehaufen. Tja, jetzt weiß er, wie es sich anfühlt, wenn einem was weggenommen wird. Joan grinst hämisch. Nur eins lässt ihm keine Ruhe. Er hat den alten Bauern und den ältesten Sohn gesehen. Aber wo ist Bernhard? Sollte der gar nicht mehr auf dem Hof wohnen? Egal. Zumindest ist mit der Scheune der Ort der Tat vernichtet. Aus.

Die Kühe und Kälber, die auf der Hausweide dicht gedrängt und angstvoll zusammenstehen, tun ihm leid. Auch der Hofhund. Die ganze Nacht hat er gebellt wie verrückt, der arme Köter. Jetzt liegt er da und pennt, umgeben von dem ganzen geretteten Gerümpel: Forken, Schubkarren, Melkschemel und -eimer. Alles liegt wild verstreut auf dem Hof. Hoffentlich haben die Tiere nicht gelitten. Zwei Knechte hieven ihre Kadaver auf einen Leiterwagen. Der vorgespannte Kaltblüter schnaubt. Beißender kalter Brandgeruch steigt Joan in die Nase. Für ihn gibt es hier nichts mehr zu tun.

Joan wartet noch die Nacht ab, bevor er von seinem Ausguck hinabklettert. Seine Gelenke sind vom langen Hocken steif geworden. Sein Magen knurrt. Wann hat er das letzte Mal etwas gegessen? Sein Mund ist ausgedörrt. Vor Stunden schon hat er den letzten Tropfen Wasser aus der Flasche geleckt. Nun braucht er dringend was zu trinken und nicht nur Wasser.

Kapitel 16 – Clara, 1906

Hier ist sie sicher. Sie kuschelt sich in das grüne Dämmerlicht, fühlt sich geborgen. Nicht die keifende Pflegemutter, nicht der wütende Pflegevater kennt dieses Versteck hinter dem Ziegenstall, eine Erdhöhle unter einem mächtigen Holunderstrauch. Von außen ist nichts zu sehen. Claras Zufluchtsort. Etwas über ein Jahr ist sie jetzt auf dem Kötterhof. Eine Ewigkeit. Die Erinnerung an ihr früheres Leben verblasst immer mehr, so sehr sie sich auch anstrengt, die Bilder an die schöne Zeit festzuhalten. Zehn Jahre alt ist sie jetzt. An ihrem Geburtstag war es kalt und windig gewesen. Der nasse Schnee war zu Klumpen zusammengeschmolzen. Das Wasser aus der Pumpe war eiskalt. Sie fror den ganzen Tag. Am Morgen hatte die Pflegemutter gesagt, ab heute bist du kein Kind mehr. Clara hatte keine Ahnung, was sie damit meinte. Der Pflegevater hatte nichts gesagt. Wenn sie an die schönen Geburtstagsfeiern im Heim denkt, ist Clara zum Heulen zumute.

Zur Feier des Geburtstags durfte sich jedes Kind etwas wünschen, ein Lied, eine Geschichte. Immer gab es einen Geburtstagskuchen mit Rosinen und manchmal sogar mit Schokoladenüberzug. Das Geburtstagskind war von allen Pflichten an seinem Festtag befreit, musste nicht abräumen, nicht in der Küche helfen, nicht die Betten machen oder den Flur schrubben. Bei der Erinnerung an ihre Freundinnen, an ihre Umarmungen zieht sich Claras Brust zusammen. Ach! Das Leben im Kinderhaus. Die Vertreibung aus dem Paradies. So kommt es ihr jetzt vor. Ein sauberes Bett, saubere Sachen zum Anziehen, regelmäßige Mahlzeiten und ab und zu ein nettes Wort von der Küchenschwester oder der Schulschwester. Jetzt schläft sie auf einer Pritsche in einem Verschlag neben dem Ziegenstall. Anfangs hat sie der scharfe Geruch der Ziegen geekelt. Mittlerweile bemerkt sie ihn kaum noch. Sie liebt die zwar ruppigen, aber zutraulichen Tiere. Außerdem geben sie Wärme ab. Das hilft im Winter gegen die Kälte, gegen die die dünne Zudecke und der Strohsack nur wenig ausrichten.

Im Paradies hatte sie sogar eine Puppe, zwar nur eine Lumpenpuppe, aber doch etwas zum Kuscheln und Gernhaben. Gerda hieß die Puppe. *So'n dumm' Tüch.* Das wolle er nicht im Haus haben, hatte der Pflegevater gesagt und ihr die Puppe weggenommen.

Clara schluckt und kratzt selbstvergessen am Schorf des Ellbogens.

Gerda. Nicht heulen.

Ärgerlich wischt sie sich über die Augen. Den Triumph gönnt sie ihm nicht, dass er sie zum Weinen bringt. Soll er sie beschimpfen, soll er sie schlagen, soll er sie einsperren, soll er ihr das Essen streichen. Aber heulen? Niemals. Nicht vor ihm und nicht wegen ihm.

Wenn sie das gewusst hätte! Sie hätte sich mit Händen und Füßen gewehrt. Aber damals schien es verlockend.

Es war kurz nach Ostern gewesen. Mitten im Unterricht klopfte es an die Tür. Die Schulschwester öffnete sie einen Spalt, ärgerlich wegen der Störung. Dann gab es ein eifriges Tuscheln und: „Clara, du sollst sofort zur Schwester Oberin kommen." Clara erinnert sich noch an ihren Schreck. Hatte sie etwas ausgefressen? Warum jetzt, mitten im Unterricht? Nur zögernd hatte sie sich auf den Weg gemacht.

Es musste jedoch eine freudige Nachricht sein. Jedenfalls strahlte die Schwester Oberin sie an, als Clara vor ihr stand.

„Willst du in eine Familie? Mit einem Vater und einer Mutter? Und einer kleinen Schwester?"

Die Schwester Oberin hatte auffordernd gelächelt.

Ja, ja! Eine Familie. Clara schoss rot die Freude ins Gesicht. Eine richtige Familie, mit Vater und Mutter und Schwester. So gut es ihr im Heim gefiel. Immer hatte sie neidisch auf die Kinder geschaut, die in eine richtige Familie wegzogen. Da musste man sich nicht mit hundert Kindern die Aufmerksamkeit und Zuwendung der Schwestern teilen. Allenfalls mit wenigen Geschwistern. Immer hatte sich Clara vorgestellt, wie es sein würde, eine Mutter und einen Vater zu haben. Hatte gefragt, hatte keine Antwort bekommen. Der Vater? Vielleicht im Himmel? Die Mutter? Deine Mutter hat dich weggegeben. Mehr gibt es nicht zu sagen. Der liebe Gott passt auf dich auf und wir natürlich, hatte die Saalschwester Clara auf ihre Fragen geantwortet. Irgendwann hatte sie nicht mehr gefragt.

Manchmal träumt sie von ihrer Mutter. Sie hat kein Gesicht, aber ist voller Liebe, in die sie sich einhüllen kann wie in eine warme Decke.

Nie mehr meldeten sich die Kinder, die zu einer Familie gezogen waren. Clara malte sich das Familienleben in den rosigsten Farben aus:

Alle sitzen an einem Tisch. Auf dem Tisch steht die Schüssel mit den dampfenden Kartoffeln und manchmal Gemüse. Daneben die Schale mit dem angemachten Quark. Am Sonntag gibt es für jeden ein Stückchen Fleisch.

Der Vater spricht das Tischgebet. *Aller Augen warten auf dich, o Herr, du gibst uns Speise zur rechten Zeit. Du öffnest deine Hand und erfüllst alles, was lebt, mit Segen.* Nach dem Essen wird noch mal ein Dankgebet gesprochen. *Dir sei, o Gott, für Speis und Trank, für alles Gute Lob und Dank. Du gabst, du willst auch künftig geben. Dich preise unser ganzes Leben.* So beteten sie im Kinderheim immer. Die Saalschwester achtete streng darauf, dass alle das Gebet mit gesenkten Köpfen und gefalteten Händen sprachen. Wehe, ein Kind war unaufmerksam und schaute in der Gegend herum. Clara liebte das Ritual. Der vielstimmige Singsang der Kinder, übertönt von der hohen Stimme der Saalschwester hatte ihr immer ein Gefühl der Geborgenheit gegeben.

Ach ja. So schön hatte sie sich das Familienleben vorgestellt. Im Sommer sitzen abends die Eltern nach getaner Arbeit vor dem

Haus oder am Küchentisch. Sie erzählen Märchen und andere Geschichten. Manchmal lächelt die Pflegemutter sie an. Vor dem Schlafengehen streicht sie Clara noch einmal über das Haar und wünscht ihr eine gute Nacht. Im Bett schließt sie froh die Augen und freut sich auf den nächsten Tag. In allen Tagträumen ist Clara eines ganz wichtig: das Geschichtenerzählen. Geschichten und Märchen hört sie für ihr Leben gern. In den Märchen findet sie sich selbst wieder. Sie ist das fürsorgliche Schwesterchen, das auf den Bruder aufpasst, sie ist Schneeweißchen, das in jeder Lage einen Rat weiß und den Königssohn bekommt, sie ist auch das neugierige Rotkäppchen, das sich von blühenden Blumen vom Weg locken lässt und vom Jägersmann aus dem Bauch des bösen Wolfs gerettet wird.

Jetzt kommen Clara doch die Tränen. Alles ist anders, als sie es sich ausgemalt hatte. Seit sie auf dem Kötterhof ist, erlebt sie nur Arbeit und Schläge und dumpfen Schlaf. Selbst die Träume kommen ihr allmählich abhanden. Die Tränen strömen nun unaufhaltsam. Mit der Faust reibt sie sich die Augen.

„Clara! Claraaa!"

Die Pflegemutter ruft, wie immer drängend, ungeduldig.

Wahrscheinlich soll sie Wasser schleppen oder den Hof fegen oder auf dieses Kind aufpassen, dieses komische Kind, das nicht spricht und läuft, aber groß und schwer ist und das sie kaum bändigen kann, wenn es einen seiner Wutanfälle bekommt. Meist geht etwas kaputt und sie ist schuld. Zur Strafe bekommt sie kein Abendessen oder Schläge mit dem Hanfseil. Clara hasst dieses Kind. Obwohl es ihr manchmal auch leid tut, wenn es da sitzt und sabbert und vor sich hin lallt.

Clara krabbelt eilig aus der Höhle heraus, klopft den Staub aus dem Kattunkleid und wischt sich noch einmal mit dem Kleidersaum durchs Gesicht.

„Hier bin ich." Clara versucht ein Lächeln, um die Pflegemutter gnädig zu stimmen.

„Wo hast du dich denn schon wieder verkrochen? Immer, wenn man dich braucht, bist du nicht da. Kannst du nicht einmal sofort zur Stelle sein, wenn man dich ruft? Das ist doch weiß Gott nicht zu viel verlangt. Schließlich geben wir dir ein Dach über dem Kopf und Essen. Da kann ich doch wohl erwarten, dass du ein wenig mithilfst. Sag was. Hab ich nicht recht, du undankbares Gör?“

Die keifende Stimme spuckt die Wörter auf Clara herunter. Die zieht den Kopf ein und gräbt die Zehen in den staubigen Boden.

Die Pflegemutter schimpft viel und oft. Nie kann sie es ihr recht machen. Alles muss immer schnell gehen. Schnell, schnell. Komm sofort her, schnell. Clara, hol einen Eimer Wasser, schnell, schnell. Trödel nicht so herum beim Essen. Beeil dich. *Wie die Backen, so die Hacken.*

Manchmal tut Clara der Kopf weh. Es dröhnt und pocht und klopft. Stacheldraht drückt sich gegen ihre Stirn. Dann kann sie sich kaum auf den Beinen halten, schon gar nicht arbeiten. Faul bist du, faul, höhnt dann die Pflegemutter, das Essen nicht wert, wenn sie, elend vor Schmerzen, zusammengekauert in einer Ecke sitzt, sich den Kopf hält: Unkraut, hack, Küche feg, Heu die Ziege, Matschkartoffelschwein, stink den Nachttopf, stopf das Kind, Wäschefutter. Irr und wirr tanzen die Wörter dann in Claras Kopf. Rücksichtslos. Haltlos.

Nie kann die Pflegemutter sie untätig sehen: Schäl Äpfel und Kartoffeln für *Himmel und Erde,* putz das Gemüse, hilf beim Einmachen von Kirschen, Pflaumen und Mirabellen, häcksel den Kohl für das Sauerkraut, knete den Teig für das Brot, dreh das Butterfass.

Zur Schule geht sie nicht mehr, seit sie auf dem Kötterhof lebt. *Allens man Letten,* hatte der Pflegevater gebrummt. Sie sollte lieber arbeiten, als unnützes Zeug zu lernen. Alles Bitten hatte nicht geholfen. Drei Jahre sind genug. Was sie denn noch wolle, gar die feine Dame spielen, hatte er noch geätzt und sie zum Schweinefüttern in den Stall geschickt. Der Pflegevater, der in seiner unberechenbaren Wut um sich schlägt und auch vor der eigenen Frau nicht halt macht. Nur sein Kind verschont er. Der Pflegevater, klein und kräftig, mit einer dicken runden Nase im knittrigen Gesicht und wässrigen Schweinsäuglein unter drohenden Augenbrauen. Die strohblonden Haare stehen in alle Richtungen vom Kopf ab. Das ist kein Mensch, hatte Clara sich erschreckt, als sie ihn das erste Mal sah. Das ist ein Troll. Trolle kannte sie aus den Geschichten, die die Schulschwester manchmal vorlas. Ein Troll, ein Troll, echotete ihr Kopf und Clara hatte sich gefürchtet.

Einmal hatte sie ihn beobachtet, wie er vor dem Kind auf dem Boden saß, eine mächtige Pranke ausgestreckt, als wolle er es streicheln. Das dicke kleine Mädchen schlug mit einem Holzklötzchen pausenlos auf einen Lumpen ein. Gerda! Entsetzt hatte Clara ihre so schmerzlich vermisste Puppe erkannt. Der Mann, der Pflegevater sah nur zu, lange, bis er plötzlich, als habe er sich verbrannt, die Hand zurückzog. Sein Gesicht sah in diesem Moment ganz anders aus als sonst. Nicht so furchterregend und böse. Clara hatte sich geschämt auf ihrem heimlichen Beobachtungsposten und war schnell weggelaufen, bevor der Pflegevater sie entdeckte.

„Was stehst du hier rum und starrst Löcher in die Luft? Hol Wasser vom Brunnen und hilf mir beim Kochen, sofort", giftet die Pflegemutter in Claras Gedanken hinein. Clara gehorcht.

Kapitel 17 - Martha, 1906

Im Zimmer ist es schon dämmrig. Martha ist müde. Den ganzen Tag war sie beschäftigt. Das Neugeborene wird ihre ganze Kraft beanspruchen. Deshalb hat sie die kleine Wohnung noch einmal gründlich sauber gemacht, die Vorhänge gewaschen, die Fenster geputzt, den Boden geschrubbt. Sie schaut sich zufrieden um. Ihr kleines Reich. Nur zwei Zimmer, möbliert mit dem Nötigsten, eine Wohnstube und ein Schlafzimmer, eine winzige Küche mit Waschbecken. Fließend Wasser. Klo auf halber Treppe. Wenn das Kind erst einmal da ist, wird es eng. Anton sucht schon seit Monaten eine neue, größere Wohnung für die kleine Familie. Demnächst wird eine über dem Ladengeschäft frei. Fünf Zimmer, große Fenster, vor denen die erst seit wenigen Jahren fertiggestellte Schwebebahn vorbeigleitet. Wenn sie die kriegen könnten! Das wäre schön.

Martha streichelt ihren Bauch. Das Kind hat sich wieder bewegt. Das Kind. Ob es ein Mädchen wird? Anton wünscht sich einen Jungen. Der soll später mal das Geschäft übernehmen, sagt er. Direkt nach der Heirat hat er sein Versprechen eingelöst und in Wuppertal ein Geschäft eröffnet. Weißwaren und Kurzwaren. Das Geschäft läuft gut. Die Leute mögen ihn, sein verbindliches Lächeln, seine Geradlinigkeit und Zuverlässigkeit, seine Ehrlichkeit. Die Angestellte bekommt einen ordentlichen Lohn. Mehr als üblich. Dafür tut sie alles für ihn. Kürzlich war sogar der Bürgermeister da, um Anton zu fragen, ob er sich nicht in den Stadtrat wählen lassen wolle. Ein Mann mit Ihrer Reputation, hatte er Anton geschmeichelt. Anton war sich nicht sicher. Gemeinsam hatten sie überlegt, was es bedeutete, wenn er sich politisch betätigte. Martha hatte ihm zugeredet. Gerade ein so ehrlicher und angesehener Mann wie er werde im Stadtparlament gebraucht. Dass er sich in so kurzer Zeit mit seinem Geschäft einen guten Ruf erworben habe, die Leute ihm vertrauten, sei doch ein gutes Zeichen. Auch könne sein politischer Einsatz förderlich für das Geschäft sein. Martha ist stolz auf ihren Mann – und beneidet ihn gleichzeitig. So gern würde auch sie arbeiten, später. Aber sie hat ja nichts gelernt. Und jetzt kommt das Kind, das ihre Zeit in Anspruch nehmen wird. Dennoch, manchmal wünschte sie sich, einen richtigen Beruf zu erlernen. Aber dafür ist es jetzt wohl zu spät. Als sie einmal mit Anton darüber sprach, hatte er nur gelächelt. „Mach dir keine Gedanken. Du musst nicht arbeiten. Ich sorge für dich und die Familie.“

Was fehlt mir? Martha hadert mit sich. Manchmal erfasst sie eine innere Unruhe, die sie sich nicht erklären kann und die sie vor ihrem Mann verbirgt. Anton ist so ein liebevoller und fürsorglicher Ehemann. Ganz ohne den Segen der Kirche. Seit sie in Wuppertal wohnen, geht sie selbst auch kaum noch zur Messe. So ein Zufluchtsort wie die kleine Kirche in Köln ist die Notkirche St. Ludgerus in Vohwinkel nicht. Die Predigten gefallen ihr nicht. Es ist ihr zu viel von Ehre und Vaterland und Gottes Wille die Rede und von der unbefleckten Empfängnis Marias. Maria, die ohne Erbschuld den Sohn Gottes empfangen hat. Nun wird auch noch eine Kirche gebaut, groß, in neugotischem Stil, heißt es, die nach diesem Ereignis benannt werden soll: Mariä Empfängnis. Diese Kirche wird sie nie betreten, nimmt Martha sich vor und hat schon jetzt ein schlechtes Gewissen. Was soll mit dem Kind werden? Taufe oder nicht Taufe? Als sie mit Anton darüber sprechen wollte, hatte er nur abgewinkt. „Aus Glaubenssachen halte ich mich raus. Das musst du allein entscheiden", hatte ihr Ratgeber sie im Stich gelassen.

Einen Tag nach dem Heiratsantrag hatte er sie vor dem Fabriktor abgepasst. Sie war überrascht, da sie nicht verabredet waren, und bekam plötzlich Angst. Was, wenn er seinen Antrag bereute, ihn zurückziehen wollte! Sie schaute in sein Gesicht. Sein Blick war ernst, aber nicht ablehnend. Auch er müsse noch etwas loswerden. Geheimnisse zwischen ihnen solle es nicht geben, hatte er erklärt. Ohne Umschweife kam er auf den Punkt. Dass er so rasch damit einverstanden war, nicht kirchlich zu heiraten, hatte einen Grund: Er war Jude. Genauer, sein Vater war Jude, seine Mutter war evangelisch. In seiner Familie hatte Religion nie eine Rolle gespielt. Martha war erleichtert. Wenn es nur das war. Sie war zwar katholisch, aber welche Bedeutung hatte die Religion für ihre Beziehung? Keine. Das hatte sie ihm mit einem Lächeln auch gesagt. Auf dem Spaziergang hatten sie nicht mehr viel geredet, nur die gemeinsame Nähe, das Einverständnis zwischen sich, gespürt und genossen.

Ein halbes Jahr später, im Herbst, heirateten sie standesamtlich. Mit den beiden Trauzeugen, einem Freund von Anton und einer Arbeitskollegin von Martha, hatten sie eine Fahrt auf dem Rhein gemacht und mitgenommene Stullen gegessen. Anton hatte als Überraschung eine Flasche Wein hervorgezaubert. Auch ohne den Segen der Kirche fühlte sie sich seitdem verheiratet, geborgen bei ihrem Mann, ‚bis dass der Tod euch scheidet'.

Bald ist das Kind da. Es wird nicht getauft. Alles ist zu kompliziert, beschließt Martha in einer plötzlichen Anwandlung und denkt trotzig: Aber es wird fürsorgliche Eltern haben. Plötzlich rollen die Tränen. Clara. Damals hatte sie nicht so gut für das Menschlein in ihrem Bauch sorgen können. Die harte und lange Arbeit, die völlig unzureichende Ernährung, und doch war ihr Clara als das schönste Baby von allen vorgekommen, als man ihr das schreiende Kind, das noch voller Käseschmiere war, in den Arm legte. Ganz genau erinnert sie sich noch an dieses Gefühl. Sie hatte ein Ziehen im ganzen Körper verspürt, schmerzhaft und beseligend zugleich. Am liebsten hätte sie das Kind nie mehr losgelassen. Ihre Hände liegen auf dem Bauch. Das Kind strampelt wieder. Ein neues Kind, ein neues Leben. Die Tränen rinnen warm, unaufhaltsam tropfen sie auf ihre Hände. Es ist ihr egal. Sie hört das Schloss der Wohnungstür klicken und Antons muntere Stimme. „Martha, Neuigkeiten." Als er die Wohnstube betritt, versucht sie ein Lächeln. Sein forschender Blick. „Du hast wieder an Clara gedacht." Er zieht sie aus dem Sessel und nimmt sie in den Arm. „Alles wird gut. Wir haben die Wohnung bekommen." Martha lehnt ihre nasse Wange an seine Brust. Ja, alles wird gut.

Kapitel 18 - Bernhard, 1906

Manchmal hilft Bernhard in der Erntezeit auf dem Hof mit. Seit der Versöhnung vor vier Jahren ist es ihm zur Gewohnheit geworden, einmal im Monat samstags einen strammen Fußmarsch zum Hof der Eltern zu machen. Die Bewegung tut ihm gut und hält ihn fit. Es scheint ihm, als freue die Mutter sich jedes Mal, wenn er kommt. Auch wenn sie es nicht so zeigt. Nur ein Thema wird ausgespart. Unausgesprochen sind die Ereignisse vor elf Jahren tabu. Bernhard ist es recht. Wenn er daran denkt, steigt ihm immer noch die Schamröte ins Gesicht. Mittlerweile sind die Bilder blasser, die Gedanken an die Sache weniger quälend geworden. Die Gedanken an sein Kind allerdings treiben Bernhard noch immer um. Was wohl aus ihm geworden ist? Ob Martha gut dafür sorgt? Hat sie Hilfe? So gern würde er die Sache mit der Mutter bereden, traut sich aber nicht.

Wenn Bernhard über Nacht auf dem Hof bleibt, geht er am nächsten Tag mit den Eltern in die Messe der kleinen Dorfkirche und läuft nach dem Mittagessen zurück in die Stadt. Den Nachmittag braucht er für Stundenvorbereitungen und Korrekturen.

Bernhard arbeitet langsam und konzentriert. Schsch, schsch. Das leise zischende Geräusch, wenn die Schneide durch die trockenen Halme fährt, und die gleichförmigen, rhythmischen Bewegungen der Sense machen seinen Kopf wohltuend leer. Deshalb dauert es auch ein Weilchen, bis in sein Bewusstsein dringt, dass jemand seinen Namen ruft. Georg, Ludwigs Freund, steht am Feldrain, mager, braun gebrannt. Ob er helfen könne, gegen Kost und Logis? Jede Hand ist willkommen. Natürlich. Er kann gleich mit anpacken. Bernhards erste spontane Freude über das Wiedersehen weicht allerdings rasch der Verwunderung. Wieso ist Georg zurück? Was ist passiert? Ist was mit Ludwig? Aber erst muss das Feld abgemäht werden, ruft sich Bernhard zur Ordnung. Die Fragen können warten. Außerdem sah Georg nicht aus wie einer, der schlechte Nachrichten überbrachte. Bernhard beschließt, seine Neugier und Ungeduld zu zügeln und auf den Abend zu warten.

Im Licht der tief stehenden Augustsonne sitzen sie vor der Tenne. Bernhard, Georg, alle Erntehelfer. Die letzten Sonnenstrahlen tauchen die Ziegel von Stallung und Wohnhaus in ein warmes Orange. Die Hitze ist einer angenehmen Wärme gewichen. Der tagsüber bisweilen böige Wind ist nur noch ein laues Lüftchen. Bernhard sieht in müde, entspannte Gesichter. Erst die üppige Vesper mit Brot, Schinken und Wurst. Dazu in Fett gebratene Pfannkuchen, so viel man wollte. Jetzt kreist der Bierkrug. Hubertus hat sich nicht lumpen lassen. Mit Erstaunen stellt Bernhard fest, dass sich sein Bruder in der letzten Zeit verändert hat. Er geht weniger auf die Jagd, kümmert sich verantwortungsvoll um den Hof. Im Gegensatz zu seiner Frau findet er den richtigen Ton im Umgang mit dem Gesinde und ist – spendabel. Sollte doch noch ein richtiger Bauer aus ihm werden? Dabei hatte er in dem Bruder immer eher den Kaufmann gesehen. Rechnen und verhandeln konnte er wie der Deubel. Er hatte nach dem Scheunenbrand bei der Versicherung mit großem Verhandlungsgeschick eine Summe erstritten, die es erlaubte, die Scheune schöner und moderner wieder aufzubauen.

Nach und nach verebben die Gespräche. Das Gesinde zieht sich in die Kammern zurück. Übrig bleiben Bernhard und Georg. Schweigend sitzen sie da, schauen den Schwalben bei ihren waghalsigen Flugmanövern zu. Die Mücken tanzen munter in der langsam kühler werdenden Luft. Ab und zu lässt eines dieser blutrünstigen Insekten sein Leben, wenn es wagt, sich an dem Blut der Männer gütlich zu tun. Der Himmel färbt sich von tieforange in rotviolett. Die Sonne ist untergegangen.

Bernhard bestürmt den Freund Ludwigs mit Fragen. Der überlegt lange, bis er in seiner wortkargen Art antwortet. Nein, es sei nichts passiert. Ludwig gehe es gut. Er werde demnächst heiraten. Maddy heiße das Mädchen. Der Vater sei Farmer und froh, in Ludwig einen guten Schwiegersohn gefunden zu haben.

Nein, die Überfahrt war nicht schlimm, nur schrecklich langweilig. Immer nur Wasser. Ein kleiner Sturm sei die einzige Abwechslung gewesen. Entsetzlich habe er den Gestank auf dem Schiff gefunden. Deshalb habe er sich, so oft es ihm erlaubt war, an Deck aufgehalten.

Das Land, in dem sie Fuß gefasst hatten, heiße British Columbia. Es liege im Westen Kanadas. Nein, sie seien eher zufällig dort gelandet. Ja, die Reise durch die USA sei anstrengend und langwierig gewesen. Arbeit gab es genug, nicht nur auf den Farmen.

Er zum Beispiel habe auch mal einen Job in der Industrie gehabt. Aber das sei nichts für ihn gewesen. Die Menschen seien allesamt sehr freundlich und hilfsbereit, aber die Sitten rauer. In Kanada sei alles viel größer. Mehr Vieh, mehr Land, mehr Arbeit, moderne Maschinen. Und ja, im Winter sei es dort sehr kalt. Auf den Rocky Mountains liege auch im Sommer Schnee. Der Winter komme früh. Zum Schluss hat Bernhard nur noch eine Frage. „Warum, Georg, bist du zurückgekommen?“ Georg schweigt lange. Obwohl Geduld nicht zu Bernhards Tugenden zählt, wartet er, bis Georg weiterredet. Mittlerweile wirft der Mond den Schatten der Bäume und Gebäude auf den gepflasterten Hof. Der klare Himmel ist übersät mit Myriaden von Sternen. Die Milchstraße. Bernhard versucht, die einzelnen Sternbilder zu identifizieren. Letztlich kennt er aber nur den Großen und Kleinen Wagen und den Gürtel des Orion. Bernhard wartet. Georg schweigt. Das Summen der Mücken ist verstummt. Schließlich beginnt er zu sprechen, leise, bedächtig, mit vielen Pausen.

Von dem Heimweh, das ihn zurückgetrieben hat, spricht er. Von dem Heimweh nach der überschaubaren Münsterländer Landschaft, dem Heimweh nach Knochenschinken und Pumpernickel, nach Grünkohl und Möpkenbrot, dem Heimweh nach dem Münsterländer Platt, der Sprache, in der es sich so gut schweigen ließ. Endlich war Georg fertig, stand auf und steckte Bernhard im Vorübergehen einen Zettel zu. „Da, für dich. Ludwigs Adresse."

Georgs Schilderungen haben Bernhard aufgewühlt. Reglos bleibt er noch eine Weile sitzen. Wieder schaut er zum Sternenhimmel auf. Welche Sterne wohl Ludwig sieht? Dann stellt er sich vor, wie es ihm ergehen würde, wenn er nach Kanada ginge. Ob er Englisch überhaupt lernen könnte? Diese Sprache war so ganz anders als seine Muttersprache.

Könnte er die Einsamkeit der langen Winternächte ertragen, von denen Georg erzählt hatte. Kurz nach Ludwigs Abreise hatte er sich Bücher über Kanada ausgeliehen, Bildbände. Diese riesigen Weiten, diese gewaltige Landschaft. Nach seiner Ankunft in British Columbia hatte der Bruder den Eltern eine Karte geschickt, mit einem Bild der Rocky Mountains. *Bin gut angekommen. Macht euch keine Sorgen. Euer Ludwig.* Die hatte er aufbewahrt und schaute sie sich von Zeit zu Zeit an. Nein, beschloss Bernhard. Kanada war kein Land für ihn. Er brauchte die Nähe der Menschen, auch wenn er nicht viel mit ihnen zu tun hatte. Er brauchte das Gefühl, sich auszukennen. Er brauchte das Gefühl der Vertrautheit mit den Dingen, mit den Sitten und Gebräuchen. Bernhard versteht gut, dass es Georg zurückgetrieben hatte.

Kapitel 19 - Clara, 1907

Ein Mann in blauem Kittel schüttelt den Kopf, ein Hanfseil tanzt wild im Rhythmus der Stimme und da und da und da. Lumpenpuppen spielen Ringelreihen. *Der Plumpsack geht um. Wer sich umdreht oder lacht, der kriegt den Buckel blau gemacht.* Die Lumpenpuppen schütten sich aus vor Lachen. Eine Puppe fällt um. Gerda. Warum hast du nicht auf mich aufgepasst, fragen ihre toten Augen vorwurfsvoll. Eine ausgestreckte Hand löst sich auf, aus einem hohlen Schädel schauen gütige blaue Augen. Komm mit, ruft ein großer, roter Mund. Du gehörst uns, kreischt eine Stimme. Lernen ist das Wichtigste. Zwei mal fünf ist zehn und du kannst geh'n. Bleib. Mama. Du hast kein Recht. Du bist ein Bastard. Ein Kind der Sünde. Der Sünde, echot die Lumpenpuppe Gerda und grinst boshaft.

Clara wacht schweißgebadet auf. Ihr Strohsack ist feucht, das Nachthemd klamm. Ihr ganzer Körper schreit vor Schmerz. Diesmal war es besonders schlimm. Der Pflegevater hatte ihren Rücken so lange mit dem Hanfseil bearbeitet, bis der Arm ihm lahm wurde. Die Pflegemutter hatte die aufgeplatzten Striemen mit Salbe eingeschmiert, Mitleid im Blick. Das erste Mal. „Ruh dich aus", hatte sie noch gesagt und ihr sogar eine Extradecke gegeben, „morgen musst du nicht arbeiten".

Clara weiß genau, womit sie wieder einmal den Zorn des Pflegevaters entfacht hat. Sie weigert sich beharrlich, ihn Vater zu nennen. Sie lässt ihn spüren, dass sie ihn verachtet, weil er so ungebildet ist. Nicht einmal richtig zählen kann er. Immer wieder erliegt sie der Versuchung, ihm die Überlegenheit ihrer dreijährigen Schulbildung unter die Nase zu reiben. Das macht ihn ganz wild. „Ich werde dir zeigen, wer hier zählen kann, du Bastard, du Hurenkind, du nichtsnutziges Gör", hatte er geschrien und das Hanfseil vom Haken gelöst. Und eins und zwei und drei und vier und ...

Nun liegt sie in ihrer armseligen Bettstatt. Der Rücken brennt. Sie atmet flach, versucht sich möglichst nicht zu bewegen. Die kleinste Bewegung löst im ganzen Körper ein Feuerwerk an Schmerzen aus.

Du bist selbst schuld, schimpft sie sich aus. Was musst du den Pflegevater auch immer herausfordern. Aber sie kann es nicht lassen. Es gibt so wenig, womit sie ihren Kopf beschäftigen kann. Die viele schwere Arbeit macht ihn ganz dumm und dumpf, so dass er oft zu müde ist zum Denken. Manchmal befürchtet Clara, dass sie alles vergisst, was sie gelernt hat. Dann übt sie Kopfrechnen, malt mit den Zehen Buchstaben und ganze Wörter auf den staubigen Boden, die nur sie sehen kann. Wenn sie nicht zu müde ist, denkt sie sich Geschichten aus. Geschichtenausdenken ist Claras einziges Vergnügen. Wenn sie in ihrem Verschlag liegt, stellt sie sich oft vor, dass sie eine Märchenprinzessin ist, so richtig mit einer kleinen Krone auf dem Kopf. Manchmal träumt sie davon, dass ein Prinz vorbeikommt und mit ihr auf seinem Pferd davonreitet. Wie beim Aschenputtel. Dann wird sie statt des vielfach geflickten Kattunkittels ein kostbares Kleid aus Seide tragen mit wunderschönen weichen Lederschühchen an ihren schmalen, zierlichen Füßen. Ihre im Winter von Frostbeulen geschwollenen, rotblau angelaufenen Zehen werden wie von Zauberhand verschwunden sein. Sie wird in einem richtigen Bett mit einer Daunendecke schlafen und nie wieder frieren. Diener werden um sie herumscharwenzeln und sie nach ihren Wünschen fragen. Zu essen gibt es, was und so viel sie will, nicht immer nur Brotsuppe und Kohlgemüse und ganz selten mal ein Stückchen Fleisch, das der Pflegevater übrig gelassen hat.

Clara malt sich aus, wie dieser Retter aussieht. Jung soll er sein, schön und schlank, mit blitzenden blauen Augen und kräftigen Armen. Immer, wenn Clara in ihren Träumen bei dem Prinzen angekommen ist, schiebt sich das Gesicht eines Mannes vor ihr inneres Auge, der im letzten Herbst eines Tages vor der Kate stand, in einem blauen Baumwollkittel, ein gelbes Tuch um den Hals geknotet, mit einer Kiepe auf dem Rücken.

Ein Mann. Groß, kräftig, mit einem Vollbart im freundlichen Gesicht. Die Blätter der Bäume hatten schon begonnen, sich zu verfärben, als er kam. Er hatte der Pflegemutter Garne, bunte Bänder und Knöpfe verkauft. Clara hatte in der Küchentür gestanden und zugeschaut. Plötzlich hatte er sie angesehen, war einen Schritt auf sie zugegangen, hatte sie gemustert und nach ihrem Namen gefragt. Seine Stimme war tief, vertrauenerweckend, sein Blick fest. Ihr war ganz warm geworden. „Clara", hatte sie gehaucht und rasch weggeguckt. Und er hatte ihren Namen wiederholt, Clara also, und ein grünes Haarband aus seiner Kiepe geholt und ihr geschenkt. Sie hatte es sofort in der Schürzentasche verschwinden lassen. Ihr erstes Geschenk, seit sie bei den Pflegeeltern wohnte. Immer wieder, tagsüber und vor allem nachts im Bett, holt sie es hervor, streicht mit dem Daumen vorsichtig über das Material. Wenn sie den weichen Stoff unter ihren Fingern spürt, fühlt sie sich getröstet. Ein Samtband hatte der Fremde ihr geschenkt. So eins hatte sie einmal im Kinderheim bei ihrer Freundin gesehen. Diese war gerade erst gekommen und weinte jeden Abend. Sie hatte Heimweh nach der Mutter. Das Band war ein Pfand gewesen. Ich komme wieder, bedeutete es. Aber die Mutter kam nicht. Nicht am ersten Abend, nicht am zweiten, überhaupt nie mehr. Clara glaubt fest daran, dass der Fremde sein Versprechen wahr machen wird.

Clara hatte sich mit dem Mädchen angefreundet. Mathilde hieß sie. Mathilde war klein und schüchtern. Sie sprach nur ganz leise. Clara wurde ihre Beschützerin. Clara, die Robuste, Clara, die Selbstsichere, Clara, die Wortgewandte. Das brachte ihr allerdings nicht nur Lob ein. Oft genug schalten die Schwestern sie. Sei nicht so vorlaut, red nicht so viel, nicht so schnell, lass auch mal die anderen. Dir fehlt die Demut, hatten sie Clara oft gerügt.

Bald waren Mathilde und Clara unzertrennlich, bis sie das Heim verließ und zu diesen Pflegeeltern zog.

„Ganz bestimmt schreibe ich dir, sobald ich kann", hatte sie der Freundin beim Abschied versprochen. „Großes Ehrenwort. Wein nicht. Du findest bestimmt auch eine Familie." Mathilde hatte trotz dieser Versicherung Clara nicht loslassen wollen. Die Schwester Oberin hatte die Freundin wegziehen müssen.

Clara konnte ihr Versprechen nicht halten. Wann hätte sie schreiben sollen? Abends war sie viel zu müde zum Denken und tagsüber ununterbrochen beschäftigt. Außerdem hatte sie weder Stift noch Papier. Danach zu fragen schien ihr unmöglich. „Liebe Mathilde", flüstert sie vor sich hin, „ich kann nichts dafür, dass du nichts von mir hörst. Verzeih mir."

Jeden Abend, in ihrem Verschlag, stellt sie sich seit ihrer ersten Begegnung im Herbst den unbekannten Mann noch einmal ganz genau vor: sein Gesicht mit den Lachfalten um die Augen, seinen großen Mund, seine hohe Stirn über dunklen, freundlichen Augen, das Gesicht mit dem Vollbart, seine kräftige Statur. Allein bei dem Gedanken an ihn fühlt sie sich getröstet. „Ich komme wieder, Clara", hatte er mit fester Stimme gesagt. Vielleicht ist der Fremde ihr Vater? So hat sie ihn sich immer vorgestellt. Groß, stark, Vertrauen erweckend. Vielleicht darf er sich nur noch nicht zu erkennen geben, solange der böse Zauber nicht gelöst ist, der sie auf dem Kotten gefangen hält.

Ein scharfer, spitzer Schmerz durchfährt Clara und reißt sie aus ihren hoffnungsvollen Träumen. Sie schreit auf. Denk an was Schönes. Denk an was Schönes, versucht sie sich verzweifelt von den nachfolgenden wütenden Schmerzen abzulenken. Der Retter, der große starke Mann. Der Vater? Sie malt sich ihre Rettung aus. Er wird kommen, sie bei der Hand nehmen und sie wird einfach mitgehen; wenn es sein muss, bis ans Ende der Welt. Hauptsache weg von dem Troll und seiner schrecklichen Frau und seinem komischen Kind. Dahin, wo es Menschen gibt, die sie lieben. Wie das ist, wenn man von jemandem geliebt wird? Wie fühlt sich Liebe an? Wo fühlt man die Liebe? Im Kopf, im Bauch? Und wenn er nicht kommt? Der Zweifel im Kopf lässt sich nicht abstellen. Er kommt, er kommt bestimmt. Wie eine Beschwörungsformel, wie ein Gebet spricht Clara diese Worte immer wieder vor sich hin, stellt sich immer wieder das gütige Gesicht des Mannes vor, streicht dabei zart mit dem Daumen über das grüne Samtband, murmelt Papa, Papa. Bis sie einschläft, trotz der Schmerzen.

Kapitel 20 - Bernhard, 1907

Wer hätte das gedacht. So was hätte er nie für möglich gehalten. Warum nur war der Vater nicht schon längst mit dieser Geschichte herausgerückt? Er hatte es irgendwie geahnt, dass hinter der heftigen Reaktion des Vaters damals noch etwas anderes steckte als moralische Skrupel wegen seines, nun ja, Fehltritts. Warum zum Teufel fällt es ihm immer noch so schwer, selbst in Gedanken das einzig zutreffende Wort zu benutzen: Vergewaltigung. Immer noch sieht er sich nicht als einen rohen, zügellosen Menschen, hat nach wie vor Schwierigkeiten, die damalige Tat mit seinem Wesen in irgendeinen Zusammenhang zu bringen. Und jetzt erfährt er vom Vater, dass der Martha und ihn nur weggeschickt hatte, um einen Skandal zu vermeiden, der womöglich eine alte Geschichte wieder aufgerührt hätte! Nur um den Schulzentitel zu retten, um den er sich damals bemühte wegen der Bürgermeisterkandidatur. Was für eine Verkettung von Umständen! Sollte er seinen Vater deswegen verachten? Stand ihm das überhaupt zu? Warum nur hatte er damals nicht darauf bestanden, dass wenigstens die Mutter ihm alles erklärte? Aber hätte das etwas geändert? Bernhard ist sich nicht sicher. Aber die Geschichte, die der Vater ihm gerade erzählt hat, ist wirklich haarsträubend. Bernhard schwankt zwischen Empörung über den Großvater und Schadenfreude. Obwohl diese Vorkommnisse auch sein Leben beeinflusst haben. Dass er das erst jetzt erfahren hat. Unglaublich.

Schon wenigstens eine Stunde hatten sie hier gesessen, auf dem Lieblingsplatz des Vaters, hatten geplaudert, die Sonne genossen, die jetzt im September noch richtig Kraft hat.

Nach dem Scheunenbrand wurde dem Vater alles zu viel. Er überschrieb Hubertus den Hof und zog sich zurück. Seitdem ist er umgänglicher und milder geworden.

Nun hat er Zeit, werkelt mal hier, mal da auf dem Hof herum, ist als Arbeitskraft durchaus gefragt. Das Sagen jedoch hat der Bruder.

Unvermittelt hatte der Vater zu erzählen begonnen.

Dass der Großvater noch ein Schulze war, die Familie den Titel aber lange, bis 1896, nicht im Namen führen durfte. Bernhard hatte sich nie darüber Gedanken gemacht, nicht mal, als sich die Mutter bei einem ihrer Besuche in Münster plötzlich von der Zugehfrau mit Schulze-Brockhoff anmelden ließ.

Das Thema schien dem Vater ein wenig peinlich zu sein. Er sprach umständlich, holte weit aus, gestikulierte mit der Pfeife in der Hand, machte viele Pausen, während er die ganze fatale Geschichte aufrollte. Leichtsinnig habe der Großvater den Titel verspielt. Aus purem Übermut, aus Hochmut, aus Dünkel. Er glaubte, er könne sich alles erlauben. Da hätten ihm aber die hohen Herren Richter in Münster einen Strich durch die Rechnung gemacht. Ein Schulze habe zwar die kleine Gerichtsbarkeit, sei aber selbst kein Richter. Deshalb war die Tat umso verwerflicher. Die Tat?

Mit der Ferkelzange hatte der Großvater einen Viehhändler entmannt, bzw. entmannen lassen. Vor ‚entmannt' hatte der Vater eine längere Pause gemacht, mehrfach an seiner Pfeife gezogen, bevor er dieses Wort mit einem Rauchschwall hinausstieß. Bernhard brauchte ein paar Augenblicke, um diese Aussage in vollem Umfang zu begreifen. Mit der Ferkelzange die Hoden eines erwachsenen Mannes abkneifen. Schlagartig hatte er das Bild aus Kindertagen vor Augen und das peinvolle Quieken der Ferkel im Ohr, als er einmal den Knechten beim Kastrieren zuschaute. Ferkelzange um den Hodensack legen, ein kleiner Schnitt mit dem Messer, Hoden herausdrücken, beim Samenstrang abtrennen, fertig. Die Knechte verrichteten ihre Arbeit sauber und schnell, unbeeindruckt vom durchdringenden Geschrei der Ferkel. Bernhard gruselte es. Der arme Mann. Unwillkürlich fasste er sich in den Schritt. Erst als der Vater ihn fragte, ob er auch den Rest der Geschichte hören wolle, schüttelte er die Bilder ab und erfuhr nun auch die Hintergründe.

Der Viehhändler hatte nämlich ein *Krösken* mit einer der Mägde auf dem Hof gehabt und sie auch gleich geschwängert. Das gefiel dem Bauern gar nicht, so dass er beschloss, in einem Akt von Selbstjustiz den Mann bei seinem nächsten Besuch auf dem Hof für seine Tat zu bestrafen. Womit er allerdings nicht gerechnet hatte, war, dass der Mann beim Amtsgericht in Münster Anzeige erstattete. Die Richter waren einstimmig der Meinung, dass dieses Verhalten eines Schulzen nicht würdig war und entzogen dem Großvater daraufhin Titel und Amt.

Den Titel hatte der Vater zurückgeholt, das Amt des Bürgermeisters errungen. Bürgermeister war er acht Jahre gewesen. Zum Glück. Denn nur dank seiner Hartnäckigkeit und Weitsicht hatte er die Anschaffung einer teuren Saug-Spritzpumpe im Gemeinderat durchgesetzt, deren Einsatz den Hof vor Schlimmerem bewahrt hatte, damals, als die Scheune brannte.

Bernhard muss unwillkürlich schmunzeln. Er kann sich lebhaft vorstellen, dass es hoch hergegangen war in dieser Sitzung, dass sein Vater all seine Redekünste aufgeboten hatte, bestens vorbereitet und gut informiert über die neueste Entwicklung. So jähzornig er oft war, so überzeugend und gewinnend konnte er auch sein. Hubertus hatte nach dem Brand von dieser modernen Saug-Spritzpumpe geschwärmt und dem Bruder ihre Leistung in Zahlen genannt. Bernhard stellt sich vor, wie der Vater zunächst die stets präsente Brandgefahr beschworen hatte, um dann die unglaubliche Effektivität der neuen Saug-Spritzpumpe zu preisen. Wie er die unvorstellbare Reichweite des Strahls von 26 Metern und die Pumpleistung von 300 Litern hervorgehoben hatte und die einfache Bedienung mit nur acht Mann.

Was sind da lumpige 1650 Mark, hatte er wohl gesagt, wenn dafür ein Schaden von Zigtausenden von Marken verhindert werden kann. Ganz zu schweigen von der Rettung von Möbeln, Kleidung und Hofunterlagen, die schon oft genug ein Raub der Flammen geworden waren. So eindringlich und überzeugend musste der Vater geredet haben, dass sogar die Gemeinderäte der Nachbargemeinden beschlossen, ein solches Wunderwerk der Technik anzuschaffen. Dass allerdings sein Hof als erster von den verbesserten Löschmöglichkeiten profitieren sollte, das ahnte der Vater damals wohl nicht.

Über all dem Nachsinnen hat Bernhard nicht bemerkt, dass er längst allein ist. Ihn fröstelt in der kühlen Abendluft. Aber auch ein Gefühl der Wärme durchströmt ihn. Zum ersten Mal hat er sich seinem Vater wirklich nahe gefühlt. Ihm wird bewusst, wie wichtig ihm der Vater ist, wie sehr er dessen Vertrauen all die Jahre hindurch vermisst hat. Endlich fühlt er sich als Sohn angenommen.

Kapitel 21 - Clara, 1908

Die Familie sitzt am Abendbrottisch. Clara hat mit der Mutter gerade abgeräumt. Sie hilft gern und ohne Aufforderung, da der Bauch der Mutter mit jedem Tag größer und runder wird, ihr das Bücken und Tragen immer schwerer fällt. Nicht mehr lange, dann gibt es ein Baby. Clara freut sich. Ein lebendiges Wesen zum Knuddeln und Liebhaben.

Nach dem Nachtmahl beginnt für Clara der schönste Teil des Abends. Das gemeinsame Beisammensitzen vor dem Schlafengehen. Die letzten Monate sind ihr wie im Traum vergangen. Sie hat sich gut eingelebt. Die schreckliche Zeit auf dem Kötterhof scheint kaum noch wahr zu sein. Jeden Morgen wacht sie in ihrem eigenen Bett auf, jeden Abend bekommt sie eine Geschichte und einen Gutenachtkuss von der Mutter und dem Mann, den sie bald schon Vater nannte. Ihr Vertrauen in ihn ist unerschütterlich. Er hat sein Versprechen gehalten und sie gerettet. Nicht nur das, er hat ihr ihre Mutter zurückgegeben. Die Mutter, die sie nicht verstoßen hatte, wie sie nun weiß, sondern die sie vor einem Leben in erbärmlicher Armut retten wollte. „Wer weiß, ob du mir nicht verhungert oder an einer Krankheit gestorben wärst“, hatte die Mutter oft und oft wiederholt und die ganze Geschichte erzählt, von der Fahrt zum Kinderhaus, von der Schwester Oberin, von den nagenden Schuldgefühlen, die ihr nachts den Schlaf raubten, von der Erkenntnis, dass dieses weggegebene Kind doch immer ein Teil von ihr blieb. „Ich schäme mich so, dass ich dich weggegeben habe, Clara. Kannst du mir verzeihen?“

Damit hat Clara keine Probleme. Nein, sie trägt der Mutter nicht nach, dass sie sie nicht behalten hat. Jetzt ist doch alles gut. Manchmal muss Clara sich zwicken, um sich zu vergewissern, dass sie nicht in einem schönen Traum gefangen ist.

Statt herumkommandiert und herumgestoßen zu werden, erfährt sie von der Mutter Lob und Dankbarkeit. Das stachelt ihre Hilfsbereitschaft an. Nichts ist schöner für sie, als von der Mutter zu hören, dass sie ohne ihre große Tochter gar nicht zurecht käme, dass sie allein den Haushalt gar nicht bewältigen könnte. Clara genießt diese Anerkennung.

Das Abendritual ist genau so, wie Clara es sich erträumt hat. Vor dem Schlafengehen werden Geschichten erzählt. Meist möchte Clara ein Märchen hören. Märchen waren in Zeiten der seelischen Not Claras Rettungsanker gewesen. Jeden Abend dankt Clara in ihrem Nachtgebet dem lieben Gott für die glückliche Fügung, die ihr mit der Mutter gleich eine ganze Familie beschert hat. Jeden Abend kuschelt sie sich an die Mutter, fühlt ihre Liebe beim Gutenachtkuss. Jeden Abend streicht sie über das Samtband, das sie in einer Kiste mit weiteren kleinen Schätzen unter ihrem Bett aufbewahrt, bevor sie zufrieden einschläft. Das Samtband ist ihr Glücksbringer. Daran glaubt sie fest.

Sie könnte rundum glücklich sein. Wenn da nicht dieser Stachel wäre. Immer wenn der kleine Bruder freudestrahlend auf den Vater zuläuft und Papa, Papa ruft, geht ihr ein Stich durchs Herz. Ja, sie hat in Anton einen liebevollen Vater gefunden. Aber er ist eben nicht der Papa, so wie er der Papa von Erich ist. Die Frage: Wer ist mein Vater?, brennt in ihrem Herzen, jeden Tag ein wenig mehr. Noch kann sie sich zurückhalten, sich mit der Geschichte über ihre Rettung beschwichtigen. Von dieser

Erzählung kann sie nicht genug kriegen. Auch der Stiefvater hat sichtliches Vergnügen daran, die Ereignisse immer wieder neu zu schildern.

Jedenfalls geht er immer bereitwillig auf Claras Wunsch ein, wenn sie ihn darum bittet. Es ist schon ein Ritual. Immer wieder stellt sie dieselben Fragen. Woran er sie erkannt hat, woher er wusste, dass sie das weggegebene Kind war. Überhaupt. Wie er auf den Hof kam. Wie er es geschafft hat, sie dort wegzuholen. Schließlich konnte man ja ein Kind nicht einfach mitnehmen und behaupten, es sei das eigene. Natürlich nicht. Deshalb habe es auch so lange gedauert, bis er wiedergekommen sei, beginnt der Vater die Geschichte.

Dann erzählt er nacheinander. Von ihrer Mutter, die ihr erstgeborenes Kind nicht vergessen konnte, von all den Hindernissen, die aus dem Weg geräumt werden mussten: Die lange Suche nach dem Kinderheim, das umgezogen war. Die Schwester Oberin, die die Adresse der Pflegefamilie nicht herausrükken wollte. Die Ämter, die einen genauen Nachweis über ihre Herkunft haben wollten, bevor sie die Erlaubnis erteilten, das Kind aus der Pflegefamilie herauszuholen. Die Schwierigkeit, den ersten Kontakt herzustellen.

Die Idee mit dem Kiepenkerl habe ihre Mutter gehabt. Früher einmal sei er tatsächlich ein wandernder Händler gewesen und die Kleidung hatte er zur Erinnerung aufbewahrt. Dass er sie sofort als die Tochter seiner lieben Frau Martha erkannt habe, läge an ihren blauen Augen. Niemand habe so strahlende Augen wie sie beide. Am liebsten hätte er sie sofort mitgenommen, so abgerissen und verloren, wie sie ausgesehen habe. Das ging natürlich nicht.

Den Rest kenne sie ja, die erste Begegnung und dann die Reise nach Wuppertal. Oh ja, die Reise. Wie könnte Clara die jemals vergessen. Der Vater, ihr Retter. Was hatte sie doch für ein Glück gehabt.

Ein dreiviertel Jahr nach seinem ersten Besuch war der fremde Mann tatsächlich wiedergekommen. Wider alle Vernunft hatte sie gehofft und gewartet auf diesen Mann im blauen Kittel mit der Kiepe auf dem Rücken, hatte jeden Morgen und

Abend gebetet, wie sie es im Heim gelernt hatte, hatte abends vor dem Schlafen das grüne Samtband gestreichelt, hatte auf das Wunder gehofft. Eines Tages, an einem heißen, trockenen Sommertag, stand er einfach da, in einem braunen Anzug, mit Hut und Krawatte, ohne Kittel und Kiepe und ohne Bart. Sie hatte ihn trotzdem sofort wiedererkannt. Er nahm sie an der Hand, sagte, komm, wir gehen heim. Sie fühlte sich völlig überrumpelt, sagte nichts, fühlte nichts, kein Zweifel, keine Freude, keine Verwunderung. Das kam erst später. In ihrem schmutzigen Kattunkleid, mit nackten Füßen und ungekämmt hatte er sie einfach mitgenommen. Heim. Das Zetern der Pflegemutter überhörte er. Sie konnte ihn nicht hindern.

Clara fragte nicht, sagte nichts, drehte sich nicht um, aus Angst, es könnte alles nur ein Traum sein oder ein Versehen.

Sie gingen und gingen, auf der staubigen Landstraße, am Dorf vorbei mit der Kirche, in die ihre Pflegeeltern sie in den mehr als zwei Jahren nur ein Mal mitgenommen hatten. Schließlich musste einer auf das Kind aufpassen, damit es nichts kaputt machte oder sich selbst verletzte. Vorbei an der Kneipe, in der der Pflegevater den Schnaps kaufte. Vorbei an der Schule, in die sie nicht hatte gehen dürfen.

Als sie jedes Zeitgefühl verloren hatte, waren sie in einer Stadt angelangt. Der fremde und doch so vertraute Mann ging mit ihr in ein Haus, das ganz aus Stein gebaut war, so wie das Heim, in dem sie viele Jahre verbracht hatte. Wie glücklich diese Zeit trotz aller Härte gewesen war, hatte sie erst begriffen, als sie in der Kötterfamilie leben musste.

Der fremde Mann kannte die Menschen dort. Herzlich lud man sie ein. Clara bekam Kleidung und Schuhe und für die Nacht ein sauberes, langes Nachthemd. Vor dem Schlafengehen durfte sie im Badezimmer in warmem Wasser baden. Wie lange hatte sie nicht mehr in einem richtigen Bett geschlafen. Sie fühlte sich wie eine Prinzessin, auch ohne Krone.

Am nächsten Tag ging es mit der Eisenbahn weiter. Zunächst hatte Clara sich ein wenig gefürchtet. Dieses Schnauben und Zischen und Rattern und vor allem, diese Geschwindigkeit. Aber bald gewann ihre Neugier die Oberhand. Sie konnte sich gar nicht satt sehen an der vorüberziehenden Landschaft. Sie überquerten einen großen Fluss. Das ist der Rhein, erklärte ihr der Mann. Während der langen Fahrt erzählte er ihr von ihrem neuen Zuhause, von der Mutter und dem kleinen Bruder und wie sehnsüchtig sie erwartet werde.

Der Zug fuhr ratternd und schnaubend und zischend und pfeifend durch Wälder und Hügel, durch kleine und große Ortschaften, bis sie zuletzt in der großen Stadt ankamen. „Willkommen in Wuppertal", hatte der Fremde gesagt. Dann kam noch eine Überraschung. Sie gingen durch einen langen Tunnel und stiegen dann viele Treppen hoch. Oben war wieder so eine Art Zug. Aber doch ganz anders. „Das ist die Wuppertaler Schwebebahn", lächelte der Mann, als er ihren fragenden Blick sah. „Sie hält fast vor unserer Haustür. Spring rein, die Mutter wartet."

Nie wird Clara den ersten Moment vergessen, als sie ihre Mutter sah. „Hier bring ich dir deine Tochter" hatte der Mann gesagt, und zu ihr gewandt: „Clara, das ist deine Mutter."

Clara hatte die Frau angeschaut, die in der offenen Tür stand mit weit aufgerissenen Augen. Ihre Augen waren blau. So blau wie meine, hatte sie sofort gedacht. Die dunklen Haare hatte die Frau zu einem Zopf geflochten und diesen um den Kopf gewunden. Ein kleiner Junge hing mit einer Hand an ihrem Rockzipfel, der Daumen der anderen steckte in seinem Mund. Das war Erich, ihr kleiner Bruder. Bei diesem Gedanken hatte sie sich auf einmal ganz froh gefühlt. Ein Bruder. Der Bauch der Frau war leicht vorgewölbt. Clara hatte die Frau angestarrt. Dann probierte sie es, ganz leise. „Mutter." Wie das klang. „Mutter. Mutter." „Meine Clara." Plötzlich fühlte sie sich umfangen, ein warmer Geruch umgab sie, Küsse prasselten auf ihr Gesicht. „Clara, meine Clara, meine Tochter." In der Stimme der Frau hatte sie Lachen und Weinen zugleich gehört, mal war ihr Klang tief und rau, dann wieder hell und froh. Alles fühlte sich richtig an. Die Umarmung, die Stimme, der Geruch. Sie war unfähig gewesen, sich zu bewegen, Es war wie ein Traum. Aber der Traum war kein Traum.

Jetzt hat sie eine Familie, Vater, Mutter, Clara – und Erich, der Bruder. Bald hat sie ein neues Geschwisterchen. Die Geburt steht kurz bevor. Clara wünscht sich eine Schwester.

Kapitel 22 – Erna, 1880

Erna schreit. Rote und schwarze Punkte tanzen vor ihren Augen. Ihr Leib kämpft, schreit Schmerz, rot, rhythmisch, heftig. Erna keucht, schwitzt, brüllt. Die Pausen zwischen den Wehen werden immer kürzer. „Die Hebamme muss jeden Augenblick kommen", hört sie Franz sagen, der versucht, beruhigend auf sie einzureden. „Gleich, gleich ist sie da. Atme, atme. Ich habe sie schon heute Morgen benachrichtigt. Sie hat versprochen, vorbeizuschauen." Wie aus weiter Ferne hört sie die Stimme ihres Mannes.

Eine Wehe nach der anderen überrollt Erna, seit Stunden. Allmählich bekommt sie Angst. Was, wenn ihre Kraft nicht reicht? Was, wenn das Kind stecken bleibt? Was, wenn die Hebamme nicht rechtzeitig kommt, um ihr zu helfen? Sie hatte niemanden, den sie fragen konnte, wie das geht mit einer Geburt. Ihre Mutter sprach ja nicht mehr mit ihr. Seit sie geheiratet hatte, war auch der Kontakt zu ihren Freundinnen abgebrochen. Einmal nur hatte die Hebamme sie aufgesucht, in Eile, keine Zeit, Fragen zu stellen. Und nun dauert es und dauert es und sie hat Schmerzen und nur der Franz ist da. Erna schreit wieder, vor Schmerz, vor Angst. Und hört Franz rufen: „Sie kommt! Endlich." In der Küche gibt es ein Rumoren und Töpfe klappern. Erna hört die Hebamme kommandieren: „Mach Wasser heiß, bring mir saubere Tücher und ein Becken und Seife." Mitten in einer heftigen Wehe spürt Erna einen Luftzug. Die Hebamme hat die Schlafkammer betreten. Alles wird gut.

Plötzlich rast die Zeit in einer Welle aus Rot und Blut und Schmerz und Erlösung. Dann hält Erna ein von Käseschmiere glitschiges, rotschrumpliges kleines Wesen im Arm, das kräftig schreit und mit den Händchen in der Luft herumfuchtelt. Ein Mädchen. Dann sieht sie Franz. Er hat sich über sie gebeugt. Sein ganzes Gesicht strahlt. Sie hält ihm das Kind hin. Sie ist so erschöpft von der langen Zeit der Wehen, dass sie kaum mitbekommt, wie die Hebamme sie wäscht und das Laken wechselt. Ohne es zu merken, gleitet sie in den Schlaf und träumt einen Traum von Rosa und Grün, von Liebe und Fröhlichkeit, von einem Heim für sich, das Kind und den Mann.

Der Bauer hatte ihnen das leer stehende, windschiefe Häuschen überlassen. Franz hatte die Kate, so gut es ging, wieder hergerichtet, wochenlang geschuftet, den Schutt weggeräumt, die Fenster und das Dach mit Stroh abgedichtet, auf dem Fußboden eine neue Lehmschicht aufgebracht, das Ofenrohr gesäubert, so dass der Herd wieder zog.

Einen Tisch und zwei Stühle hatten sie vom Bauern bekommen, das Ehebett und die Wiege für das Kind zimmerte Franz selbst, füllte Säcke mit sauberem, duftendem Stroh. Für die wenigen Kleidungsstücke brachte er ein paar Haken und zwei Bretter an der Wand an. Die Mitgift, die Ernas Eltern nicht hatten verweigern können, Leinenwäsche und Leinentücher, liegt wohl verwahrt in der kleinen Hochzeitstruhe, die gleich links neben der Tür zur Kammer steht.

Die Kuh im Stall, die der Bauer zur Hochzeit gestiftet hat, gibt reichlich Milch. Das Heu darf Franz von der Dorfweide holen. Es wird über den Winter reichen. Milch von der Kuh für die Mutter, Milch von der Mutter für das Kind. So kann das Kleine gedeihen. Da Winter ist, braucht der Bauer den Franz nur selten, so dass genug Zeit für die eigene Wirtschaft bleibt. Erna lächelt im Schlaf.

Als sie aufwacht, sieht sie, wie Franz das Kind in den Armen wiegt, dazu leise summt. Vater und Tochter. Ernas Herz macht einen Satz. Fühlte sich so Glück an? „Franz", ganz leise ruft sie seinen Namen. „Franz." Er wendet sich ihr zu, schaut das Kind an, lächelt sie an. „Meine Mädchen." Sie lächelt zurück.

Vergessen die Strafpredigt der Eltern, als Erna den Eltern beichten musste, dass sie schwanger war. Vergessen der eisige Empfang im Hause Gausehus. Vielleicht irrte sie sich, aber sie meinte gehört zu haben, wie die Schwiegermutter schmallippig Flittchen zischte. Es war klar, dass sie heiraten mussten. Ernas Eltern hatten den Franz gar nicht erst ins Haus gelassen. „Eine Minderjährige verführen. Schämst du dich nicht", hatten sie gegiftet und ihm die Tür vor der Nase zugeschlagen. Seitdem hatten sie nicht mehr miteinander gesprochen.

Vergessen die hämischen Blicke und Kommentare der Geschwister und Nachbarn.

Vergessen auch die eisige Stimmung auf der Hochzeit, zu der nur seine Eltern und die Trauzeugen gekommen waren. Zu allem Überfluss hatte es an diesem Tag gestürmt und geregnet.

Vergessen die anzüglichen Blicke des Pfarrers auf ihren Bauch während der Trauung und seine unverschämten Andeutungen beim Hochzeitskaffee. Jetzt hat sie eine eigene Familie. Nur das zählt noch. Den Namen hatten sie vorher ausgesucht, je einen für einen Jungen oder ein Mädchen. Martha sollte das Mädchen heißen.

Kapitel 23 - Martha, 1908

Martha ist fassungslos. Sie steht da, mit dem Säugling auf dem Arm, den sie nach dem Baden noch nicht einmal fertig abgetrocknet hat. Das Baby schreit. Sie wickelt es rasch fester in das Badetuch und wiegt es beruhigend in den Armen. Dieser Wutanfall kam so plötzlich, so unerwartet. Ist das noch ihre liebevolle, anhängliche, muntere Clara? Dieses schreiende, tobende Etwas? Dieses Geschöpf mit dem vor unbändigem Zorn verzerrten Gesicht? Wie Rumpelstilzchen, fährt es Martha durch den Kopf. Die Wut scheint das Kind tatsächlich zu zerreißen.

Dieses Kind, nach dem sie sich immer gesehnt hatte und das - ist es tatsächlich erst wenige Monate her? - an der Hand von Anton über die Türschwelle trat, zögernd, aber nicht schüchtern, eher abwartend, skeptisch. Sie hatte im Flur gestanden in ängstlicher Erwartung. Der kleine Erich hatte sich mit einer Hand an ihren Rock gekrallt. Und lutschte am Daumen der anderen. Er spürte wohl die Anspannung der Mutter. Wie war ihr zugleich heiß und kalt geworden, vor Liebe und Zuneigung für das fremde Kind, das ja doch ihr eigenes war. Fremd und vertraut zugleich. In ihr tobte ein Sturm aus Angst, Mitleid, Scham, Schuldgefühlen und Freude. Sie gab dem plötzlichen Impuls nach, löste die kleine Hand Erichs von ihrem Rock und schloss dieses fremde eigene Kind fest in ihre Arme. Ohne ein Wort. Ihre Kehle war wie zugeschnürt. In ihrem Kopf brauste es. Was, wenn die Tochter sie ablehnte? Schließlich hatte sie sie weggegeben. Ihretwegen hatte das Kind leiden müssen.

Anton hatte ihr mit Sicherheit nicht alles erzählt, aber das Wenige genügte, um ihr ein Schreckensbild zu malen und ihre Schuldgefühle erneut anzufachen. Konnte sie das je wieder gut machen, was sie Clara angetan hatte?

Lange hielt sie die Tochter umschlungen, die sich nicht rührte, ihr nicht entgegenkam, sie aber auch nicht abwehrte. Noch immer erinnern sich ihre Hände an den knochigen Körper, spüren ihre Finger die Narbenwülste der Schläge unter dem dünnen Kleiderstoff, noch immer hat sie das Elend in der Nase, das Claras Haut und Haaren noch wochenlang entströmte, trotz häufigen Badens.

Erst als Erich anfing zu weinen, wurde sie sich ihrer selbst wieder bewusst. Sie schaute zu ihrem Mann auf und hauchte das „Danke“ mehr, als dass sie es sprach. Sie hatten sich angeschaut. Anton, der den inzwischen weinenden Jungen auf den Arm genommen hatte, nickte und sagte nur, das wird schon. Hab Geduld. Auch mit dir.

Das vergangene Jahr ist so rasch vergangen. Ein Tag, eine Woche, ein Monat, ein Jahr. Mutter und Tochter haben einander immer besser kennengelernt. Marthas Befürchtungen, Clara könne ihr Vorwürfe machen, erwiesen sich als überflüssig. Im Gegenteil. Von Anfang an suchte Clara ihre Nähe, strich um sie herum, berührte sie oft wie zufällig. Sie redeten viel miteinander, wenn Clara aus der Schule kam, in die sie schon eine Woche nach ihrer Ankunft ging. Clara erzählte von den kleinen Ereignissen in der Schule, von der Lehrerin, der neuen Freundin, die sie schon nach wenigen Wochen gefunden hatte. Clara lernte gern und rasch und ließ ihre Mutter an ihren Fortschritten teilhaben. Bald war die Tochter ihr eine unentbehrliche Hilfe im Haushalt. Und so liebevoll zu dem kleinen Bruder! Sie spielte mit ihm, schleppte ihn durch die Wohnung, bis er sich kreischend und strampelnd von ihr befreite. Martha hatte ein gutes Gefühl gehabt. Die Fremdheit zwischen Mutter und Tochter verschwand immer mehr. Täglich wuchs, so schien es Martha, das Vertrauen zwischen ihnen beiden.

Ja, sie waren zu einer Familie zusammengewachsen. So rasch, so unkompliziert. Immer öfter kam es vor, dass Clara ihr von sich erzählte, von der Zeit im Kinderhaus. Clara hatte eine ausschweifende Fantasie, so dass Martha manchmal nicht wusste, was wirklich passiert war und was das Kind sich nur ausgedacht hatte. Mit komödiantischem Talent machte sie die Saalschwester nach, die mit ihrer hohen Stimme mühelos auch den größten Lärm übertönt hatte, oder die Schulschwester, die einen kleinen Sprachfehler hatte und die Vokale in die Länge zog: „Grosssaaartich haaasst du daaasss gemaaacht, Kiiindchen." Ach ja, das war lustig und sie hatten zusammen gelacht. Mutter und Tochter. In solchen Momenten kamen ihr manchmal die Tränen vor lauter Glück.

Nur vor der Schwester Oberin musste Clara wohl Angst gehabt haben. Die machte sie nicht nach. Noch immer brannte der strenge, prüfende Blick dieser herrischen Frau in ihr. Dass sie die Kinder unnachgiebig zu unbedingtem Gehorsam und zu Ordnung und Sauberkeit anhielt, konnte Martha sich gut vorstellen. Dass bei Verfehlungen im Heim auch geschlagen wurde, erfuhr sie eher nebenbei. Das Kind wollte sich wohl seine Heile-Welt-Vorstellung bewahren. Darüber ist Martha froh. Ihre innere Stimme, die ihr immer noch Vorwürfe macht, weil sie das Kind weggegeben hatte, wird allmählich leiser. Vielleicht trifft mich auch keine Schuld? Martha möchte es gern glauben.

Was ihr allerdings Kummer bereitete, war, dass Clara gar nichts über ihre Zeit auf dem Kötterhof preisgab. Sie wagte nicht zu fragen. Und noch etwas beunruhigte Martha bis heute. Clara war ein aufgewecktes Kind. Wann würde sie die Frage nach ihrer Herkunft stellen? Manchmal meinte sie, eine Spannung zwischen sich und der Tochter zu spüren. Aber nichts passierte. Nun das.

Mit diesem Ausbruch hat sie nicht gerechnet. Ein rasendes Kind, das auf den Boden stampft, sie wüst beschimpft, sie anspuckt, nach ihr tritt. Maria, der Säugling, brüllt auf Marthas Arm aus Leibeskräften. Hilflos schaut Martha auf dieses Wesen, von dem sie geglaubt hatte, es zu kennen. „Warum darf ich keinen richtigen Vater haben?", tobt das Kind. „Warum erzählst du mir nichts von ihm? Ist es, weil ich ein Bastard bin und du eine Hure?" Bastard, sie spuckt das Wort verächtlich aus, „so hat der Pflegevater mich immer genannt. Deine Mutter ist eine Hure, ein Flittchen, die es mit jedem getrieben hat, hat er gesagt. Sind Erich und die da", Clara zeigt mit ausgestrecktem Zeigefinger auf Maria, „sind die was Besseres? Warum dürfen die einen Vater haben und ich nicht?" Das Kind ist völlig außer sich und hört gar nicht mehr auf, mit den Fäusten auf die Mutter einzuschlagen.

Martha wehrt sich nicht, versucht nur, den schlimmsten Schlägen auszuweichen und den Säugling auf ihrem Arm zu schützen. Hilflose Gesten. Jeder Versuch, auf Clara einzugehen, scheint deren Wut nur noch mehr anzufachen. Mit Maria auf dem Arm bleibt ihr nur eins, um sich vor den Tritten und Schlägen Claras zu retten. Sie flieht aus dem Zimmer. Clara folgt ihr nicht. Noch durch die geschlossene Tür hört Martha sie randalieren. Gegenstände fliegen anscheinend durch die Luft. Es poltert und kracht aus dem Nebenzimmer. Hoffentlich verletzt sie sich nicht. Dann ist es nebenan plötzlich still. Eine unheimliche Stille. Was Clara wohl macht? Martha wagt nicht, die Tür zu öffnen. Sie fühlt sich von diesem Ausbruch des Kindes überfordert. Was tun? Aber da ist noch Maria. Der Säugling auf ihrem Arm hat aufgehört zu schreien und nuckelt heftig an seinen Fingerchen. Maria hat Hunger.

Das Stillen, das gleichmäßige Saugen, das Schmatzen des Babys beschwichtigen Marthas inneren Aufruhr. Ihre Clara. So ein wunderbares Kind, so ein liebenswerter Charakter, lebhaft, aufgeschlossen, willensstark, aber auch impulsiv und ungeduldig. Gelingt ihr etwas nicht, flucht sie wie ein Kesselflicker. Ihr diesbezüglicher Wortschatz scheint unerschöpflich zu sein. Das kann sie nicht im Kinderhaus gelernt haben. Oder doch? So in Rage wie heute hat Martha die Tochter noch nie erlebt. Marthas Gedanken wandern im Kreis. Der Säugling schmatzt und saugt und schluckt und schmatzt und schluckt und stemmt seine Fäustchen gegen Marthas Brust. Was hätte sie tun können? Wie um Himmels Willen konnte Clara so ausrasten?

Clara und sie hatten gemeinsam den Säugling gebadet. Die Tochter hatte ihr den Waschlappen gereicht und zugeschaut, wie sie den kleinen Körper wusch. „Jetzt kommen die Zehen und die Fingerchen. Wie beim Papa. So schöne lange Fingerchen. Und nun das Gesicht, die Nase und der Mund und die Öhrchen. Ganz der Papa, findest du nicht auch?", hatte sie sich an Clara gewandt. Da erst bemerkte sie die Veränderung im Gesicht der Tochter. „Ganz der Papa. Und ich? Habe ich auch etwas von meinem Vater? Sehe ich ihm ähnlich?“, hatte sie gefragt. Die Aggressivität hinter den Worten war nicht zu überhören. „Clara, du weißt doch, ...“, hatte Martha vorsichtig angefangen. „Nichts weiß ich, nichts. Nicht, wer mein Vater ist, nicht, wie er aussieht.“ Und dann, plötzlich, ohne Vorwarnung, war die Situation außer Kontrolle geraten.

Martha ist ratlos. Das ist nicht nur Eifersucht auf das Neugeborene. Aber wie soll sie mit Clara über ihren Vater sprechen. Was soll sie ihr erzählen? Dass sie die Frucht einer Vergewaltigung ist? Allein die Beschimpfung als Hure aus dem Mund der eigenen Tochter hat Martha tief gekränkt, gleichzeitig all ihre Schuldgefühle gegenüber Anton und dem Kind hoch gespült. Sie hat sich wieder beschmutzt und unwürdig gefühlt. Sie will nicht, dass ihre Tochter dieselben Gefühle entwickelt. Sie kann doch nichts dafür. Nichts für die Vergewaltigung, aber auch nichts für die Schuldgefühle und die nagenden Zweifel ihrer Mutter.

Martha will Anton eine gute, eine vorbildliche Frau sein. Er würde, trotz all seiner Güte, jede Achtung vor ihr verlieren, wenn sie ihm ihr Innerstes öffnete. Da ist sie sich sicher. Er würde sich hintergangen fühlen. Als Mann und als Lebenspartner. Zu Recht. Anton ist ein liebevoller Gefährte und Ehemann, ein wunderbarer Vater, auch für Clara. Dafür ist sie jeden Tag dankbar. Aber etwas fehlt. Sie hat ihm damals von dem Kind, aber nichts von der Vergewaltigung erzählt und von ihren Zweifeln und wirren Träumen, in denen sie immer wieder Bernhard begegnet. Aus ihrem Alltag hat sie alle Gedanken an ihn verbannt. Wie könnte sie da mit Clara über ihren Vater reden?

Kapitel 24 - Bernhard, 1910

Bernhard steht vor einem Obststand. Seit die Tante gestorben ist, ist ihm das Einkaufen auf dem Markt am Domplatz zu einer lieben Gewohnheit geworden. Nach der letzten Schulstunde am Samstag hat er es immer eilig. Der Markt mit seinen vielfältigen Gerüchen nach Gewürzen, Obst, Gemüse, Blumen, Fleisch und Fisch, mit dem wuseligen Durcheinander von Hausfrauen und Dienstmädchen, den lauten Rufen der Marktbeschicker, die ihre Ware anpreisen, ist für ihn ein Ausgleich zu seinem sonstigen grauen Alltag. Bernhard hat sich in die Schlange vor dem Obst- und Gemüsestand eingereiht. Die Hausfrau vor ihm ist wählerisch und genau, prüft die Ware ausführlich, bevor sie sich zufrieden zeigt. Die Gemüsefrau bleibt zuvorkommend höflich. Bernhard fängt ihren Blick auf. Sie rollt die Augen. Er zwinkert ihr zu. Sie lächelt. Man kennt sich. Bernhards Gedanken driften ab. Eine Szene vor zwei Jahren.

Hier ist er auf sie gestoßen. Im wahrsten Sinne des Wortes.

„Hoppla." Zwei Körbe stoßen aneinander, Äpfel und Birnen und Pflaumen purzeln heraus und kullern hierhin und dahin, unter die Stände und zwischen die Beine der Marktbesucher. Der Zusammenprall mit der jungen Frau ist Bernhard peinlich. „Entschuldigung", murmelt er vage in ihre Richtung und bückt sich rasch, um die aufsteigende Röte zu verbergen. Sie hat ihn angelächelt. Wann hatte jemals eine junge Frau ihn angelächelt. Ungeschickt grapscht er nach den flüchtigen Früchten, spürt plötzlich den Hauch eines Parfüms. Die junge Frau hockt wie selbstverständlich neben ihm. „Zu zweit geht es schneller", sagt sie munter.

Als der Korb wieder gefüllt ist, stemmt Bernhard sich hoch. Nicht elegant und leicht, wie er es sich gewünscht hätte. Vom vielen Sitzen, besonders bei den Korrekturen, sind seine Gelenke schon ein wenig steif geworden. Vielleicht sollte ich doch einmal Sport treiben, schießt es ihm durch den Kopf. Er will der jungen Frau aufhelfen. Die aber ist schon längst aufgesprungen. „Henriette Bax", sagt sie fröhlich und streckt ihm die Hand hin. Ihm bleibt gar nichts anderes übrig. Er ergreift die Hand, widersteht dabei dem Impuls, sie vorher am Mantel abzuwischen, und nennt ebenfalls seinen Namen, stotternd, verlegen.

Wie sie vor ihm stand, in dem langen hellblauen Kleid mit dem Taillengürtel, ohne Hut, die braunen Haare locker zu einem Knoten gebunden. Frech, übermütig hatte sie auf ihn gewirkt. Gar nicht zurückhaltend, wie er es von einer jungen Frau erwartet hätte. Er schätzte sie auf höchstens 25 Jahre.

Jedes Detail ihrer Erscheinung hat sich ihm eingeprägt. Die Lachfalten um ihre Augen, die Haarsträhne, die sich aus dem Knoten gelöst hatte und ihr ins Gesicht fiel, als sie sich bückte. Ihre schlanken Finger, ihr langer Hals. Ihre warme Stimme.

„Der Herr wünschen?" Bernhard hat gar nicht mitbekommen, dass er an der Reihe ist. Die Marktfrau wartet lächelnd. „Äpfel", sagt er nach kurzem Überlegen, „ein Kilo, ein Pfund Kirschen und drei Birnen und ...", er lässt seine Blicke über den Stand schweifen. Er kann sich nicht entscheiden. Die Erinnerung an Henriette hat ihn ein wenig aus der Fassung gebracht. Bernhard reißt sich zusammen. „Danke, das ist alles. Oder nein, warten Sie. Die Pfirsiche. Kann man die schon essen? Sind die reif? Ich hätte gern einen zum Probieren." „Da, den schenk ich Ihnen. Wo Sie doch so ein treuer Kunde sind." „Oh, das ist, ja das ist ... nett, wirklich."

Während die Marktfrau das Obst abwiegt und einpackt, wandern Bernhards Gedanken wieder zurück zu Henriette. Plötzlich spürt er einen Stich in der Brust. Sein Herz beginnt zu stolpern, vergisst das Schlagen. Für einen Moment erfasst ihn ein Schwindel. Doch er fängt sich sofort wieder. Hört das denn nie auf? Fast immer, wenn er an Henriette denkt, und das tut er oft, passiert ihm das. Sein Herz beginnt zu rasen oder setzt aus. Sein Atem beschleunigt sich. Stiche in der Brust quälen ihn. Hastig bezahlt er und flieht vom Stand. Hoffentlich hat niemand etwas von seinem Zustand mitbekommen. Das wäre ihm nun doch zu peinlich!

Seine Erinnerungen überfallen ihn ohne Vorwarnung. Manchmal sogar im Unterricht. Schlimm das. Dann verliert er den Faden, beginnt zu stammeln. Die Jungen, egal welchen Alters, feixen. Diese jungen Leute. Er versteht sie immer weniger. Dagegen Henriette. Sie ging in ihrem Lehrerinnenberuf regelrecht auf. Und einen ganz besonderen Humor hatte sie. Allein, wie sie über ihre Schülerinnen redete, so Anteil nehmend, aber doch auch kritisch. Wie ihre Augen blitzten, wenn sie Anekdoten aus dem Schulleben zum Besten gab. Nie hatte er so oft und herzlich gelacht wie in der Zeit mit Henriette. Mit ihr schien ihm das Leben leichter. Probleme verflüchtigten sich allein dadurch, dass er mit ihr darüber sprach. In ihrer Gegenwart fühlte er sich manchmal fast unbeschwert.

Sie hatten sich von Anfang an gut verstanden. Dabei waren sie grundverschieden und durchaus nicht immer einer Meinung.

Alles hätte gut werden können. Henriette hatte all das, was ihm fehlte. Sie konnte amüsant plaudern und ernsthaft diskutieren. Sie hatte die Gabe, sich begeistert mit einem Problem auseinanderzusetzen, ohne verbissen zu wirken. Sie nahm das Leben leicht, ohne oberflächlich zu sein. Immer gab sie ihm das Gefühl, er sei für sie der wichtigste Mensch, auf seine Meinung komme es ihr an. Sie war fröhlich, gebildet, neugierig auf das Leben und strotzte vor Optimismus. Mit Studentinnen der Universität Münster war sie gerade dabei, einen Verein zu gründen, als er sie kennen lernte. Von Rückschlägen ließ sie sich keinesfalls entmutigen. Sie war überzeugt, dass Frauen, die in ein Frauennetzwerk eingebunden waren, größere Chancen hatten, sich an der Universität gegen die Männer zu behaupten. Ihr Ideal war die Gleichberechtigung von Männern und Frauen.

Während Bernhard seiner Wohnung zustrebt, merkt er, wie sehr Henriette immer noch sein Denken beherrscht, so wie sie in der gemeinsamen Zeit sein Leben mit Beschlag belegte. Bisweilen ertappt er sich sogar dabei, sich zu fragen: Was hätte Henriette dazu gesagt? Wie hätte Henriette das gefunden? Eine Episode fällt ihm ein.

Niemals, hatte sie in einem ihrer heiteren Gespräche lachend erklärt, könne sie sich vorstellen, ihren Beruf aufzugeben, höchstens um zu studieren. Eher würde sie nicht heiraten. Aber vielleicht muss man einfach die Gesetze ändern, hatte sie augenzwinkernd erklärt. Wenn erst einmal die Frauen etwas zu sagen hätten, was hoffentlich nicht mehr lange dauern werde, schafften sie wohl als erstes das Gesetz ab, dass Lehrerinnen, überhaupt alle angestellten Frauen, nicht verheiratet sein dürfen. „Gibt es einen einzigen Grund, warum Frauen ihren Beruf aufgeben sollen, wenn sie heiraten? Kinder kriegen kann doch nicht die einzige Bestimmung der Frau sein!“ Sie hatte dabei gelacht. Aber er wusste, wie ernst es ihr damit war. Er hatte ihr pro forma widersprochen. Frauen seien zu schwach an Geist und Gesundheit. *Im Hause walte die züchtige Hausfrau.* Das habe schon Schiller in der *Glocke* gesagt.

„Schau mal, Bernhard, warum darf eine Frau nicht ordentlich studieren? Würdest du sagen, dass ich dümmer bin als du?", versuchte sie ihn zu provozieren. „Durchaus", hatte er gekontert. „Da gibt es diese Theorie eines gewissen Herrn Möbius, der von der Gehirngröße die geistigen Kapazitäten ableitet. Der hat festgestellt, dass der Mann das größere Hirn hat und geschlussfolgert, dass die Männer mehr Verstand haben als die Frauen. Daran kannst selbst du nichts ändern, liebe Henriette", hatte er gefeixt. „Ha, Masse statt Klasse", hatte sie nur erwidert und war nicht weiter auf diese hirnrissige Schlussfolgerung dieses ‚Wissenschaftlers' eingegangen. Dass er ihr insgeheim zustimmte, musste er ihr ja nicht sagen. Sie sah so schön aus, wenn sie sich ereiferte. Er genoss diese Dispute, hütete sich aber, ihr das zu sagen.

Er liebte sie, gerade weil sie klug war und selbstständig dachte. Ihr konnte man nichts vormachen.

Bernhard beschleunigt seine Schritte. Der Himmel hat sich zugezogen, bald würde es regnen. Er hasst es, nass zu werden. An einen Schirm hatte er am Morgen, als er das Haus verließ, nicht gedacht. Da schien noch die Sonne.

Mit Wehmut erinnert er sich an die spontanen Aktivitäten, mit denen Henriette ihn aus dem Alltagstrott gerissen hatte. Sie machten Spaziergänge auf der Promenade, besuchten das Museum am Domplatz. Manchmal gingen sie ins Theater.

Mit ihr hätte er sich eine gemeinsame Zukunft vorstellen können. Er hatte sogar schon mit dem Gedanken gespielt, sie seinen Eltern vorzustellen. Die Eltern Henriettes hatte er ab und zu im Theater getroffen. Der Vater war Jurist und Freigeist, die Mutter eine üppige ältere Dame, die am liebsten über das Essen redete. Und über den Kaiser. Kaisers Geburtstag am 27. Januar sei für sie jedes Mal ein Festtag, hatte sie ihm in der Pause zwischen den Akten der Oper mit verschwörerischem Blick anvertraut. Rigoletto. Lug und Trug und Mord und Totschlag. Großes Theater. Das Theatralische in Henriettes Wesen ging eindeutig auf ihr Konto. Der Vater war eher nüchtern und schwer aus der Reserve zu locken. Er redete wenig. Aber was er sagte, hatte Hand und Fuß. Henriette war ihr einziges Kind, ein Glücksfall, wie Bernhard damals fand. Glück. Dass er zum ersten Mal in seinem Leben mit einem Menschen glücklich war, hatte Bernhard rasch begriffen und sich alle Mühe gegeben, dieses Glück festzuhalten. Es war ihm nicht gelungen.

Seit er wieder allein ist, ist sein Alltag eintönig, leer.

Die gewohnten Tagesabläufe sind das Einzige, was seinem Leben jetzt noch einen Halt, seinem Tun einen Rahmen geben. Zweimal in der Woche kommt die Zugehfrau, die er samt der Wohnung von seiner Tante geerbt hat. Sie putzt und kümmert sich um die Wäsche. Alles andere macht er selbst. Sogar kochen kann er ein wenig. Meist jedoch geht er mittags nach der Schule in seinen Lieblingsgasthof. Die üppig mit Delfter Kacheln gefliesten Gasträume und das viele dunkle Holz vermitteln eine unaufdringliche, gediegen-vornehme Atmosphäre. Stets isst Bernhard das Tagesgericht. Suppe ist immer dabei. Bernhard liebt Suppe. Im Gasthof fühlt er sich wohl. Den Gastwirt kennt er seit seiner Kindheit. Wenn die Eltern mit den Kindern einmal im Jahr nach Münster fuhren, kehrten sie hier ein. Der Wirt ist gleichbleibend freundlich und nimmt sich häufig Zeit für einen Schwatz mit ihm, selten über hohe Politik, häufiger über die Tagesereignisse in der Stadt.

Die Kellner respektieren ihn. Herr Studienrat hier und Herr Studienrat da. Er muss nicht mehr viel sagen. Sie wissen, was er mag. Manchmal streift ihn ein Gedanke, den er aber sofort wieder beiseite schiebt, dass dieser Gasthof für ihn so etwas wie ein Zuhause geworden ist. Wäre das eine Bankrotterklärung vor dem Leben?

Bernhards Tagesablauf ist immer gleich. Morgens um sechs klingelt der Wecker. Nach der Morgentoilette und einem kleinen Frühstück, Brot, Marmelade und einer Tasse Bohnenkaffee macht er sich auf den Weg zur Schule. Für ein ausführliches Studium der Tageszeitung reicht die Zeit nicht. Die Zeitungslektüre muss bis zum Nachmittag warten. Je nach Wetter und Laune braucht er ca. zwanzig Minuten. Pünktlich vor dem ersten Schellen ist er im Gymnasium.

Das Mittagessen nimmt er viermal in der Woche im Gasthof ein. Montags ist Ruhetag. Am Wochenende bereitet er sich selbst eine kleine Mahlzeit zu oder isst, was die Zugehfrau ihm freitags gekocht hat.

Freitagabends ist Schachabend. Das Treffen findet abwechselnd bei ihm oder dem Kollegen statt. Johannes AufderStroth ist der einzige Kollege im gleichen Alter und Junggeselle wie er, mit dem er sich unterhalten mag. Sie sind oft unterschiedlicher Meinung, besonders hinsichtlich der Kolonialpolitik des Kaisers. Der wachsende Nationalismus macht Bernhard Sorgen. Sein Schachfreund hingegen begeistert sich geradezu für die Ambitionen des Kaisers und hält Bernhards Sorgen für übertrieben. Die zum Teil hitzigen Auseinandersetzungen tun ihrer Freundschaft jedoch keinen Abbruch. Im Gegenteil. Sie genießen beide die Diskussionen bei Wein oder Cognac nach dem Schachspiel, sind sie sich doch ihrer gegenseitigen Wertschätzung gewiss.

Den Samstag verbringt Bernhard meist mit unterschiedlicher Lektüre. Manchmal muss er auch Klassenarbeiten korrigieren. Das ist die Arbeit, die ihm am wenigsten Freude macht. Fast möchte er verzweifeln wegen der Faulheit der Schüler, die wieder die Vokabeln nicht gelernt haben, über ihre Begriffsstutzigkeit, dass sie einen einfachen *AcI* oder *ablativus absolutus* nicht ins Deutsche zu übersetzen in der Lage sind. Doch freut er sich über jede gelungene Übertragung, die ihm zeigt, dass seine Bemühungen nicht ganz vergebens waren.

Am Sonntag geht er zur Messe in die St. Josephs Kirche, wenn er nicht auf dem Hof ist und mit den Eltern am Gottesdienst in der Dorfkirche teilnimmt. Die Kirche ist klein und gemütlich, der Geruch nach Stall und Heu der überwiegend bäuerlichen Gottesdienstbesucher weckt Kindheitserinnerungen an das Gerangel auf den niedrigen Bänken der Dorfjungen, an die erste Heilige Kommunion, an den strengen Blick des Pfarrers, wenn sie kicherten oder Blödsinn machten, statt gesammelt und ernsthaft dem Geschehen am Altar zu folgen.

Ein Tag ist wie der andere. Der Schulalltag bestimmt den Rhythmus des Tages und der Woche. Nur das Wetter und die Jahreszeiten wechseln, die kirchlichen Feiertage setzen Zäsuren.

Obwohl er nach der Trennung von Henriette sein altes Leben wieder aufgenommen hat, ein Leben mit klaren Regeln und Strukturen, das ihm einen Rahmen und damit Sicherheit gab, fühlt sich dieses Leben nun völlig anders an. Der geregelte Tagesablauf vermittelt nicht mehr Sicherheit, sondern lässt seinen Alltag langweilig und ereignislos erscheinen. Die Tage fließen dahin, ohne Sinn, ohne Ziel, scheint es ihm. Die Schule und seine Schüler sind sein einziger Lebensinhalt. Ist er deshalb so verletzbar, fühlt er sich deshalb den jungen Menschen immer weniger gewachsen, weil ihm so viel an ihnen liegt? Bernhard nimmt sich vor, in Zukunft innerlich mehr Distanz zu seinen Schülern zu halten, sich nicht jede abschätzige Bemerkung zu Herzen zu nehmen. Sie sind noch jung und meinen es wahrscheinlich gar nicht böse.

Obwohl die Wolken bedrohlich dunkel und tief hängen, hat es noch nicht zu regnen begonnen, als Bernhard vor dem Haus ankommt. Er kramt den Schlüssel aus seiner Hosentasche. Wie oft hatte er hier vor der Tür mit Henriette gestanden und so, wie jetzt, den Schlüssel ins Schloss gesteckt und umgedreht, ihr galant, zumindest für seine Verhältnisse, mit einer kleinen Verbeugung die Tür aufgehalten und gesagt: „Mademoiselle, darf ich bitten?“ Und sie war mit kokettem Augenaufschlag und einem angedeuteten, hoheitsvollen Kopfnicken an ihm vorbeigerauscht, wie eine Diva. Ein Spiel. Ihr Spiel. Wer war zuerst drauf gekommen? Er kann sich nicht erinnern. Spiele wie diese gaben ihrer Beziehung etwas Leichtes, Unbeschwertes. Bald spürte er noch eine andere Regung. Das Begehren machte ihn aber unsicher. Niemals seit dem Vorfall, wie er die Vergewaltigung immer noch bezeichnete, hatte er eine Frau angeschaut, geschweige denn angerührt. Nur einmal in all den Jahren hatte er seine Männlichkeit auf geschäftsmäßigem Wege testen wollen und all seinen Mut zusammengenommen. Er war zum Freudenhaus am Hafen gegangen. Er weiß es noch wie heute.

Es war an einem kalten, stürmischen Wintertag. Warum er ausgerechnet dieses unwirtliche Wetter für seine Exkursion gewählt hatte, ist ihm immer noch unverständlich. Er hatte einen Hut aufgesetzt, den er ständig festhalten musste, damit er nicht davonflog. Die Enden des Schals, den er um den Mantelkragen geschlungen hatte, peitschten bei jedem Windstoß sein Gesicht. Seine Füße waren schon kalt, bevor er am Ziel angelangt war. Nur Kälte, Nässe und Wind. Von Begehren keine Spur. Lange hatte er in einiger Entfernung von dem unscheinbaren Gebäude mit den roten Lampen gestanden. Er verlor jegliches Zeitgefühl, die Kälte kroch durch seinen ganzen Körper. Er ging mehrfach ein paar Schritte auf den Eingang zu. Jedes Mal verlor er wieder den Mut, bevor er in Reichweite der Glocke war. Nur zweimal hatte sie in der ganzen Zeit des Wartens angeschlagen, woraufhin sich die Tür geöffnet und den Besucher eingelassen hatte. Er beschimpfte sich selbst. Weichei, Memme, Feigling. Nichts half. Er fühlte sich einfach elend. Durchnässt und durchgefroren war er nach Hause geschlichen. Die anschließende heftige Erkältung, die ihn drei Tage aufs Krankenbett warf, hatte er als gerechte Strafe empfunden.

Als Henriette in sein Leben trat und wie die kullernden Äpfel sein Leben durcheinander wirbelte, fühlte er sich wie ein neuer Mensch, lebensfroh, optimistisch und konnte sich auf einmal vorstellen, dass ... Nein! Doch! Er hatte es sich vorgestellt, wieder und immer wieder und sich letztlich nicht getraut. Sein Begehren wuchs, seine Unsicherheit, wie er es anfangen sollte, auch. Er wollte alles richtig machen. Die Wochen zogen sich hin. Der neue Elan verebbte.

Schließlich war es Henriette, die ihn erlöste. So zumindest schien es ihm. Ihr war seine Gereiztheit aufgefallen. Wie gut sie ihn kannte! Sie hatte ihn nach dem Grund gefragt. Und er hatte es gesagt. Plötzlich war alles ganz leicht.

Sie hatte gelacht und angefangen, ihn anzufassen, zu streicheln, hier und da und dort und überall. Dann hatten sie sich Stück für Stück ihrer Kleider entledigt, sich dabei gegenseitig geholfen. Er hatte gestaunt, wie viele Kleidungsstücke eine Frau trug. Noch nie hatte er sich darüber Gedanken gemacht. Ein Korsett, so ein steifes Ding mit endlosen Schnüren, das von allein stand, wie er es einmal bei seiner Mutter gesehen hatte, trug sie jedoch nicht.

Die Nacktheit war für ihn ungewohnt, aber nicht unangenehm, wie er überrascht feststellte. Die Berührungen fühlten sich zunächst fremd an, so fremd, dass er sich fast gewehrt hätte. Dann aber konnte er es genießen, dieses Kribbeln unter der Haut, diese Zuckungen der Muskeln, wie kleine Stromschläge, dieses Ziehen im Bauch und in den Lenden, wenn sie zart über seinen Körper strich. Und dann hatte er sich selbst daran gemacht, ihre Arme, ihre Brüste, ihren Bauch, ihren Schoß zu erkunden. Sie nahmen sich Zeit. Seine Erregung wuchs, sie drängte sich ihm entgegen, er drang in sie ein. – Sie schrie.

Plötzlich war alles vorbei. Sein gerade noch lustvoll hartes Glied schrumpfte, Panik flutete seinen Körper, löschte alle Begierde. Er war aufgesprungen und ins Bad gerannt, hatte sich eingeschlossen. Henriette sollte nicht sehen, wie ein lautloser Weinkrampf ihn schüttelte. Er schämte sich unendlich und war verzweifelt.

Henriette rüttelte an der Türklinke. Er reagierte nicht. Er blieb, wo er war. Das Licht, das durch das kleine Badezimmerfenster fiel, wurde immer weniger. Irgendwann fiel die Wohnungstür ins Schloss. Als er es wagte herauszukommen, war es schon dunkel. Sein ganzer Körper fühlte sich taub an. Die Nacht und den ganzen nächsten Tag, einen Sonntag, verbrachte er im Bett, schlief nicht, aß nicht, trank nicht, fühlte sich in sich selbst fremd. Am Montag ging er wie gewohnt zur Schule.

Eine Woche nach diesem Vorfall schickte er ihr einen Brief. Lange hatte er überlegt. Kurz war der Brief. Er wollte nicht schwülstig klingen, von Liebe faseln, davon, wie er sie jetzt schon vermisste, dass er sich mit ihr ein gemeinsames Leben hätte vorstellen können, dass ihm sein Leben ohne sie leer und sinnlos erschien und dass er es zutiefst bereute, wieder einmal alles falsch gemacht zu haben. Schon gar nicht konnte er ihr den Grund für sein Verhalten erklären.

So schrieb er:

Henriette!

Es tut mir leid, ich habe dich nicht verletzen wollen. Nun ist es wohl vorbei mit uns beiden.
Danke für alles.

Bernhard.

Einige Tage später fand er eine Karte im Briefkasten.

Lass uns reden. Henriette.

Er hatte nicht geantwortet.

Kapitel 25 – Martha, 1912

Hertha, ruhig. Nun strampel nicht so. Du hast noch Zeit. Du kommst früh genug auf diese Welt. Wer weiß, was dir noch alles bevorsteht. Martha hält Zwiesprache mit ihrem noch ungeborenen Kind und wölbt schützend die Hände über ihren Bauch. Sie hat dem Kind schon einen Namen gegeben. Es wird ein Mädchen. Das weiß sie einfach. Keins ihrer Kinder war schon vor der Geburt so lebhaft wie dieses Kind. Die anderen Schwangerschaften waren problemlos, die Geburten leicht gewesen. Jedes Mal hatte sie in freudiger Ungeduld auf das neue Wesen gewartet. Diese Schwangerschaft ist anders. Die ersten drei Monate hatte sie fast nichts bei sich behalten können. Aber das ist es nicht allein. Tief in ihr, sie wagt es sich selbst nicht einzugestehen, lauert eine Angst, die sie nicht fassen kann, die ihr die Vorfreude auf das neue Kind trübt. Anders als die anderen tritt und strampelt es, dass es weh tut. Oft fühlt sie sich erschöpft. Nachts hat sie wirre, wiederkehrende Träume.

Die Mutter sitzt auf einem Schemel vor der Tür der Kate, im Schatten der Eiche, in der Hand ein Schälmesser. Sie schält Kartoffeln, unermüdlich, aber der Topf bleibt leer. Um die Mutter herum wächst ein Berg von Kartoffelschalen. Plötzlich wirbeln viele Messer um sie herum, ritzen ihre Haut auf, Blut tropft. Die Mutter schreit. Mári, Mári, hilf mir. Aber die Tochter rührt sich nicht, schaut nur, hält sich die Ohren zu. Ein ganzer Blutsee bildet sich plötzlich zu ihren Füßen. Darin liegt ein nacktes Baby.

Das Baby schreit und strampelt, glitscht aus der Blutlache heraus. Sie fängt es auf und legt es in einen Korb. Der Korb ist zu klein. Die Füße des Säuglings schauen heraus.

Es stürmt. Das Dach fliegt davon, nein, nur die Ziegel, die Balken stemmen sich schwarz gegen die jagenden Wolken. Im Haus ohne Dach wird gefeiert. Regen prasselt auf die Gäste hernieder. Martha versucht, mit einem Näpfchen die Regenfluten aufzufangen. Das Haus löst sich auf, die Gäste verschwinden.

Martha ist in einer großen Wohnung. Die Möbel sind ihr vertraut. Dennoch ist ihr unbehaglich zumute. Der Holzfußboden knarzt, während sie von Raum zu Raum schlendert. Sie hat das Gefühl, beobachtet zu werden. Eine große, schlanke Frau mit zerzaustem Haar schreit auf sie ein: Nimm dich in Acht, du Abschaum. Du hast mir meinen Mann genommen und das Kind. Sie schlägt Martha mit aller Kraft auf den Bauch.

Martha schreckt hoch. Ihr Leib ist hart und schmerzt. Ihr ist schlecht. Der Atem geht kurz und stoßweise. Martha versucht, ruhiger zu atmen. Um die Traumgespinste zur vertreiben, lenkt sie ihre Gedanken auf Naheliegendes.

Wenn die Hebamme richtig gerechnet hat, sind es noch fünf Wochen bis zur Geburt. Das reicht, um alles herzurichten. Die Wiege ist schon fertig, die meisten Sachen geflickt, gewaschen und gebügelt. Wie klein sie sind. Martha hält das Leibchen hoch, das sie hervorgeholt hat, um den ausgefransten Rand neu zu säumen. Fast hat sie vergessen, wie winzig ein Neugeborenes ist. Vier Jahre ist Maria schon. Erich kommt nach Ostern in die Schule. Die beiden freuen sich sehr auf den Familienzuwachs. Clara ist ihr bei den Vorbereitungen eine große Hilfe. Wie fürsorglich sie darauf achtet, dass sie nicht mehr schwer hebt. Gestern noch hat sie der Mutter den vollen Einkaufskorb aus der Hand gerissen. „Der ist viel zu schwer für dich", hatte sie halb im Spaß geschimpft. „Ab jetzt mache ich die Einkäufe.

Der Vater ist bestimmt einverstanden und lässt mich während der Arbeitszeit gehen, wenn du Hilfe brauchst. "

Vor einem Jahr hat Clara die Lehre im Geschäft des Vaters begonnen. Sie soll einen richtigen Beruf erlernen, auch wenn sie ein Mädchen ist, hatte Anton ihr beigepflichtet. So macht Clara eine Lehre als Verkäuferin im Laden des Vaters. Anton ist sehr zufrieden mit ihr.

Martha schaut in den Garten. Die Kinder spielen Fangen. Das bunte Herbstlaub spritzt unter ihren Füßen auf. Fröhliche, gesunde Kinder. Sie seufzt. Wenn da nur nicht dieses Unbehagen wäre. Sie schüttelt unwillig den Kopf. Keine dunklen Gedanken. Was will sie denn mehr? So viel Glück. Wie sich ihr Leben geändert hat, seit Anton in ihr Leben getreten ist. Wie hätte sie je hoffen können, dass sie, eine entehrte, ledige Mutter, einen Mann findet. Einen Mann, der sie achtet und liebt, der ihretwegen sein Wanderleben aufgibt und sesshaft wird. Einen Mann, der mit seinem Geschäft so viel Geld verdient, dass die Familie ohne Sorgen leben kann. Das größte Geschenk jedoch ist Clara. Mit der Tochter hat er ihr die Lebensfreude zurückgebracht. Mit Clara ist das Glück in ihr Haus gezogen. Anton, der Glücksbringer. Clara, die Glücksmarie. Zumindest meistens. In den vergangenen Jahren hat Martha gelernt, mit Claras gelegentlichen Zornesausbrüchen umzugehen, zumal sie sieht, dass die Tochter selbst darunter leidet. Ihr scheint, das auch Clara allmählich weiß, ihre Emotionen zu beherrschen.

Ahhh. Ein heißer, jäher Schmerz im Bauch reißt sie aus ihren Grübeleien. Sie legt die Näharbeit weg, die Hände auf den Leib und versucht, langsam und gleichmäßig zu atmen. Als der Schmerz abebbt, nimmt sie das Leibchen wieder auf.

Maria hat sie ihre zweite Tochter genannt, nach der schweigsamen Schwester. Was wohl aus ihr geworden ist? Sie hatte nie viel mit ihr anfangen können. Immer saß sie in der Küche, nah beim Ofen, mager, blaß, stumm, immer frierend, in eine Decke gehüllt, die über einen Mittelscheitel gekämmten langen, glatten Haare bedeckten fast das ganze Gesicht. Die Schwester hatte zarte Gesichtszüge und eine durchsichtige Haut. Man konnte das Blau der Adern sehen. Ganz anders waren die robuste, stämmige Anna mit ihren dicken, widerspenstigen Haaren und der draufgängerische Bruder Fritz, der nur ein Jahr jünger war als Anna. Wie es wohl den Eltern ging? Damals, als auf ihren Brief keine Antwort kam, hatte sie sich geschworen, niemals wieder von sich hören zu lassen. Das Gefühl, verstoßen zu sein, tat weh, glasglockenweh. Und Jupp. Als sie gehen musste, war er gerade einmal zwei Jahre alt. So viele Jahre! Tief in ihr rumort ein Schmerz und bohrt sich allmählich in ihr Bewusstsein. Ein Gefühl von Verlust, das das Leben mit Anton und ihren Kinder nur überdecken, aber nicht gänzlich auslöschen kann. Ein Heimweh, nach der Mutter, nach der Berührung ihrer abgearbeiteten, schwieligen Hände. Mutter!

Damals hatte sie sich wertlos und ungeliebt gefühlt, als die Eltern ihren Versöhnungsversuch mit Nichtbeachtung straften. Sie waren doch immer noch ihre Eltern. Sie war doch immer noch ihr Kind. Trotz allem. Der Wutausbruch Claras hatte sie mehr erschüttert, als sie sich selbst eingestehen wollte. Aber nie hätte sie aufgehört, dieses Kind zu lieben. Auch wenn es Tage gebraucht hatte, bis sie Clara wieder liebevoll begegnen konnte. Auch Clara hatte viele Tage einen Bogen um sie herum gemacht, wusste wohl auch nicht, wie sie sich der Mutter nach ihrem Ausbruch wieder nähern sollte. Schließlich hatte Martha den ersten Schritt getan: „Egal, was du tust, egal, was du sagst, du bist und bleibst mein Kind", hatte sie am vierten Tag der Tochter vor dem Schlafengehen gesagt. Worte, die sie sich damals auch von ihren Eltern gewünscht hätte. Clara war ihr schluchzend um den Hals gefallen und hatte Besserung gelobt. Sie hielt ihr Wort, auch wenn sie bisweilen rückfällig wurde, immer dann, wenn Martha eine Antwort auf die Frage nach ihrem Vater verweigerte. Trotzdem hakte die Tochter immer wieder nach. Beharrlich, stur. War das ein Erbe ihres Vaters?

Wenn Martha Clara anschaut, sieht sie Bernhards Gesicht. Seine hohe Stirn, die kräftigen Augenbrauen über tief liegenden Augen, nur, dass seine braun waren und Clara die blauen Augen der Mutter geerbt hat. Clara hat denselben breiten Mund, die leicht gebogene Nase und das Grübchen in der rechten Wange wie Bernhard. Durch Clara sind auch die Träume in ihr Leben zurückgekehrt. Dann ist sie Clara gegenüber unwirsch und ungerecht, fühlt sich schuldig. Immer drängender wird das

Gefühl, die Tochter endlich über alles aufklären zu müssen. Aber immer wieder schiebt sie die Aussprache auf, schimpft sich selbst feige, aber nein, sie kann nicht. Es ist zu schwer.

Martha spürt erneut schmerzhafte Stiche im Leib. Mit Anton, ihrem Mann und Freund und Ratgeber zu sprechen, wagt sie nicht. Was gesagt ist, ist gesagt und wirklich. Bernhard ist ein Phantom, er existiert nur in ihrer Vorstellung. Und da soll er bleiben.

Für Martha ist Clara wie ein Spiegel. Sie ist das Kind, das aus ihr hätte werden können, wäre sie unter anderen Bedingungen aufgewachsen. Clara ist wissbegierig, hat eine rasche Auffassungsgabe, lernt leicht und mit Freude und teilt Marthas Vorliebe für Geschichten. Seit sie entdeckt hat, dass Clara sich heimlich Bücher aus dem Vertiko holt, suchen sie Bücher aus und lesen sie gemeinsam.

Im Laufe der Jahre haben sich in Marthas Bücherschrank etliche Bücher eingefunden. Den Anfang der Sammlung machte ein kleines, braunes, unscheinbares Reclambüchlein. Ein Gedichtband von Rilke. Ein Buch, das ihr nicht einmal gehört. Sie hat es gestohlen. Es soll sie daran erinnern, dass sie sich niemals wieder so demütigen lassen wird wie von ihrer Herrschaft in Köln. Das Lesen der Gedichte in diesem Büchlein hat ihr oft über trübselige Tage hinweggeholfen. Die Gedichte haben ihren Sinn für Schönheit geweckt, die Hoffnung in ihr entstehen lassen, dass auch sie ein Recht auf ein Leben mit Liebe hat. Dennoch verknüpfen sich mit diesem braunen Bändchen auch unliebsame Erinnerungen, von denen Anton ebenfalls nichts weiß. Oft wollte sie, aber nie kam der richtige Moment, um ihm von diesem peinlichen Zwischenfall bei ihrer alten Herrschaft zu berichten. Noch immer steigt ihr die Schamröte ins Gesicht, wenn sie an den Mann der Hausherrin denkt und an das, was er von ihr verlangte.

Sie hatte sich angewöhnt, in den wenigen Momenten, in denen sie nicht arbeiten musste, heimlich an den Bücherschrank des Hausherrn zu gehen und sich ein Buch herauszunehmen. Um die Lücke zu verbergen, rückte sie alle Bücher etwas auseinander, merkte sich aber genau, wo das ausgeliehene Buch gestanden hatte. So konnte sie es an dieselbe Stelle zurück stellen. Eine Weile blieb ihr Tun unentdeckt. Eines Tages, als sie gerade den Bücherschrank schließen wollte, schaute sie auf, weil sie sich beobachtet fühlte und sah direkt in die Augen des Hausherrn. Der stand einfach so da, im Türrahmen, sagte nichts, legte den Finger auf die Lippen, ging wie in Zeitlupe auf sie zu, zog sie zu sich heran, löste die Schleife ihrer Bluse und hakte ihr Mieder auf. Sie stand starr vor Schreck, kein Laut kam über ihre Lippen. Sie wagte kaum zu atmen, als der Mann auf ihre entblößten Brüste starrte. Ihre Gedanken rasten. Was würde er tun? Über sie herfallen? Sie war doch schwanger. Ihre Augen flitzten durch den Raum. Konnte sie fliehen? Wie? Wohin? Sie machte sich auf das Schlimmste gefasst. Aber nichts geschah. Er stand nur da und schaute, gefühlt eine Ewigkeit. Er fasste sie nur mit Blicken an und verließ dann genauso leise den Raum, wie er gekommen war, zog sacht die Tür hinter sich ins Schloss. Als er weg war, rang sie nach Luft, hakte hastig und mit zittrigen Händen das Mieder zu und schloss ihre Bluse. Danach huschte sie rasch aus dem schon abendlich dämmrigen Raum durch den Flur in die Küche.

Am nächsten Tag, als die Hausfrau für einen Moment das Esszimmer verließ, flüsterte er ihr hastig zu: „Das hat mir gestern gut gefallen. Lass mich dich ab und zu anschauen. Dann darfst du so viele Bücher ausleihen, wie du willst." Das Angebot war zu verführerisch. Sie ließ sich darauf ein. Den Gedanken, dass dieses Verhalten unschicklich, gar unmoralisch war, verdrängte sie. Von da an musste sie in unbeobachteten Momenten vor ihm ihre Bluse öffnen. Nie hatte er sie angerührt. Immer nur geschaut. Das ging so eine Woche oder zwei. Schließlich ahnte die Frau wohl etwas. Sie ließ ihren Mann nicht mehr aus den Augen, schon gar nicht mit Martha allein in einem Raum, nicht einmal für Sekunden.

Als Martha die Herrschaft verließ, um ins Entbindungshaus zu ziehen, nahm sie das braune Büchlein mit den Rilke-Gedichten mit.

Seit damals blättert sie immer wieder in dem Gedichtbändchen, liest sich die Texte laut vor. Die Sprache klingt schön, der

Rhythmus weich. Oft erfasst sie beim Lesen der Gedichte ein wehmütiges Gefühl. *Oh Trauer ohne Sinn, oh Traum, oh Grauen, oh Tiefe ohne Grund.* Manchmal muss Martha weinen, ohne zu verstehen, warum. Anschließend fühlt sie sich seltsam getröstet.

Das Kind strampelt und tritt, in die Seiten, in die Nieren, unter die Rippen. In die Blase. Auf einmal ist da ein rotglühendes Ziehen Leib. Der Bauch ist bretthart, die Bauchdecke zum Zerreißen gespannt. Martha schnappt nach Luft. Ihr ist schwindlig. Sie legt das Leibchen beiseite.

Nur einen Moment ausruhen. Martha schleppt sich zum Sofa, legt sich hin, schließt die Augen. Der Schmerz explodiert. Mama, hilf mir, denkt es in ihr, bevor sie das Bewusstsein verliert.

Kapitel 26 - Erna, 1885

Erna hält sich den Bauch. Er ist ganz fest und tut weh. „Au“, entfährt ihr unwillkürlich ein Schmerzenslaut. Aber sie lächelt dabei. Dieses Kind wird kräftig, nicht so wie Mimi. Durch die offene Tür zum Gärtchen fällt das Sonnenlicht auf den gestampften Lehmboden bis zu dem Tisch, an dem Erna sitzt und Kartoffeln schält. Bald ist die Kartoffelmiete im Keller leer. Aber die Sommerkartoffeln sind noch nicht groß genug. Erna versucht, die schrumpligen Kartoffeln so dünn wie möglich zu schälen. Sie macht sich Sorgen und ist doch guten Mutes. Es wird reichen und wenn es nicht reicht, hilft die Bäuerin aus. Nicht, dass sie darum bitten müssten. Plötzlich steht sie da, mit einer Speckseite oder einem Sack Kartoffeln. „Ich dachte, ihr könnt es brauchen“, sagt sie dann mit einem Lächeln, wartet den Dank nicht ab und verschwindet wieder. So war es noch jedes Jahr. Nein, hungern müssen sie nicht. Doch vermisst Erna immer öfter die Freude in ihrem Leben, die sie im ersten Jahr mit Franz und dem Baby verspürt hat, die Hoffnung auf ein zwar bescheidenes, aber gemeinsames Leben in gegenseitiger Zuneigung und Achtung. So wie es am Anfang auch war. Längst hat das Glück sie verlassen. Oft scheint es ihr, als nehme der Mann ihr dieses Kind übel, Mimi. Sie ist so ganz anders als ihre Erstgeborene.

Sie schaut zu dem kleinen Mädchen hinüber, das auf dem Fußboden nahe dem Ofen sitzt und selbstvergessen mit seiner Lumpenpuppe spielt. Die wenigen aschblonden Haare sprießen in alle Richtungen und verdecken kaum die nach oben spitz zulaufenden Ohren. Das weite Kattunkleidchen lässt die Ärmchen und Beinchen noch dünner aussehen. Gerade erst hat es mit seinen fast zwei Jahren begonnen zu laufen. Manchmal brabbelt es vor sich hin, keine verständlichen Worte, es klingt eher wie Vogelgezwitscher.

Erna legt die Hände auf den Bauch, der schon wieder in Aufruhr ist. Mal kommt die Beule rechts unten, mal links oben. Nur noch wenige Wochen. Ob es wieder ein Mädchen wird? Oder doch endlich ein Junge? Erna weiß, dass er sich unbedingt einen Jungen wünscht. Wenn es doch endlich ein großer, kräftiger Junge würde! Darum zu bitten, zu Gott zu beten, wagt sie nicht. Zu oft ist sie von diesem Gott, an den sie immer weniger glauben mag, enttäuscht worden.

Ein heftiger, schmerzhafter Tritt unter den Rippenbogen reißt Erna aus ihren Betrachtungen. Sie schaut sich um. Wo ist Mári? Sie ruft das Kind, das Sekunden später fröhlich durch die Tür herein hüpft. Sie hat neben der Türschwelle gesessen und Blumen zu einem Strauß zu binden versucht. Bunte Wiesenblumen, die sie der Mutter nun hinhält. Unwillkürlich lächelt Erna ihre Große an. Mári ist ihr Ein und Alles, ihr Sonnenschein. Ohne Mári hätte sie schon längst allen Lebensmut verloren. Der Frohsinn dieses Kindes ist unwiderstehlich. Woher sie nur diese Lebensfreude hat? Mit ihrem Lachen kann Mári selbst den mürrischen Vater zum Lächeln bringen.

Ach ja, der Franz. Als sie ihn kennenlernte, war er ein lustiger Kerl, immer zu Scherzen und Schabernack aufgelegt. Damit hatte er ihr Herz gewonnen. Und aufmerksam und liebevoll war er. Manchmal brachte er aus heiterem Himmel eine Blume vom Feldrain mit, ein Haarband vom Krämer oder einen hübschen Stein, den er gefunden hatte. „Überraschung", rief er dann und hielt ihr die Augen zu. Diesen Franz vermisst sie sehr. Manchmal hatten sie Mári gemeinsam in den Schlaf gesungen und sich dabei angelächelt. Lang vorbei. Immer unnahbarer ist der Franz in den letzten Jahren geworden. Als nach den Fehlgeburten Mimi geboren wurde, dieses unscheinbare, leise Kind, hat er es gar nicht richtig angeschaut. Von Anfang an hat er seine zweite Tochter gemieden. Das Kind spürt seine Ablehnung anscheinend und gibt meist keinen Laut von sich, wenn der Vater in der Küche ist. Es tut Erna jedes Mal weh zu sehen, wie aufmerksam das Kind aus seiner Ecke heraus jede Bewegung des Vaters verfolgt, der es nicht wahrnimmt. Eine Träne rollt die Wange hinab und in den Kragen der Bluse.

„Mama?“ Mári steht erwartungsvoll vor ihr, den Strauß mit den Wildblumen in der Hand. Erna reißt sich zusammen. Ach ja, sie hatte das Kind gerufen. „Wir müssen die Bohnen im Garten pflücken, Mári. Hilfst du mir bitte dabei? Ich kann mich kaum noch bücken.“ Schwerfällig stemmt Erna sich aus dem Stuhl hoch, nimmt vom Beckenschelft eine große Blechschüssel und eine zweite, kleinere für Mári und geht zur Gartentür hinaus. „Nimm Mimi mit, damit sie auch an die frische Luft kommt“, ruft sie über die Schulter der Tochter zu, bevor sie sich daran macht, die grünen Bohnen zu pflücken. Mári ist dicht bei ihr, zu ihren Füßen pflückt sie die unten wachsenden Bohnen. Das Kind war von Anfang an pflegeleicht. Schlief und trank, beschäftigte sich mit seinen Händen und Füßen, wenn es wach war. Mári war ein zufriedenes Baby, weinte selten, außer, wenn sie Hunger hatte. Dann forderte sie sehr nachdrücklich mit durchdringendem Geschrei die Muttermilch. Davon bekam sie runde Bäckchen und stramme Beinchen, Ernas Brüste waren voll. Als es wärmer wurde, der Schnee nur noch in den Ecken am Haus ein kümmerliches Dasein fristete, hatte sie begonnen, hinter der Kate einen Gemüsegarten anzulegen. Ihre Kinder, sie wollten ja noch mehr haben, sollten nicht hungern. Kohl, Möhren, Erbsen, grüne Bohnen und dicke Bohnen, später die Kartoffeln. Im Mai kamen Salat und Radieschen dazu, die sie in einem Kasten mit Erde vorzog. Während der Gartenarbeit lag das Kind warm eingepackt im Korb und schlief. Meistens. Wenn es wach war, gab es leise glucksende Laute von sich. Immer wieder lief sie hin, um nach ihrem Kind zu schauen. Sie konnte sich gar nicht satt sehen an dem schönen, gesunden Baby.

Das erste Jahr mit Kind verging für Erna und Franz wie im Fluge. Es war ein glückliches Jahr. Alles gelang. Franz war jung und kräftig, arbeitete für den Bauern und ackerte auf dem eigenen Feld.

Erna erholte sich rasch von der Geburt. Die Arbeit ging ihr leicht von der Hand. Das Gemüse gedieh. Die Bäume auf der Obstwiese, die zur Kate gehörte, waren im Frühjahr mit Blüten übersät und versprachen eine reiche Ernte: Äpfel, Birnen, Pflaumen, Kirschen. Genügend zum Essen und zum Einmachen.

Als der warme Sommer in einen kühlen Herbst übergingen, füllten sich die Regalbretter. Zu Weihnachten verbreiteten Tannenzweige einen Geruch von Tannenwald. Hühnersuppe köchelte auf dem Herd, der, mit Holzscheiten gut gefüllt, behagliche Wärme abstrahlte. Das Kind krabbelte auf dem Fußboden. Weihnachten, Friede den Menschen. Alles war, wie es sich gehörte. So hätte es bleiben sollen.

Bei der nächsten Schwangerschaft war Erna von Anfang an schlecht, sie magerte ab, verlor Kraft, verlor das Kind. Kurz darauf machten sie sich erneut Hoffnung. Wieder verlor sie das Kind. Auf dem Acker, während der Kartoffelernte. Der Tag war nasskalt und windig. Da hatte sie schon keine Tränen mehr. Die beiden Fehlgeburten raubten ihr allen Lebensmut. Franz zog sich immer mehr zurück. Die Trauer machte ihn schweigsam. Jeder litt für sich. Miteinander über ihre Trauer zu reden, schien unmöglich.

Mit Mimi zogen neue Sorgen in die Kate ein. Dass sie nach den beiden Fehlgeburten wieder schwanger war, hatte Erna erst spät gemerkt. Zu sehr war sie noch in der Traurigkeit über den Verlust gefangen. Das Kind in ihrem Bauch hatte sich kaum bewegt, es schien sich geradezu versteckt zu haben. Nicht mal die Kleider waren ihr bis zum 6. Monat zu eng geworden. Erna befürchtete, dass mit dem Kind etwas nicht stimmte, als sie die Schwangerschaft endlich bemerkte. Doch die Hebamme hatte sie beruhigt: Das Herz schlägt kräftig, alles ist, wie es sein soll.

Mimi war bei ihrer Geburt winzig, hatte ein ganz ebenmäßiges Gesichtchen mit riesigen Augen. Mit ihren nach oben spitz zulaufenden Öhrchen und dem kleinen herzförmigen Mund sah sie aus wie eine Elfe.

Die Geburt war leicht gewesen. Erna hatte sich nicht anstrengen müssen. Das Kind war einfach so aus ihr herausgeflutscht. Das Neugeborene hatte nicht geschrien, nur leise gewimmert. Mit dem Stillen gab es Probleme. Die Milch wollte erst nicht einschießen und floss dann nur spärlich, bevor sie ganz versiegte. Die verdünnte Kuhmilch, die sie als Ersatz fütterte, spuckte Mimi oft wieder aus. Das Kind wuchs nur langsam, blieb zart und durchscheinend. Mickrig, sagte Franz bisweilen abfällig. Für ihn zählte diese Tochter nicht.

„Mama?" Mári steht vor Erna und hält ihr das volle Schüsselchen gepflückter Bohnen hin. „Oh. Danke! Du bist mir wirklich eine große Hilfe. Heute Abend gibt es Schnippelbohnensalat, den magst du doch so gern." „Au fein!" Mári hüpft vor Freude von einem Bein aufs andere und singt „Schnip-pel-boh-nen, Schnip-pel-boh-nen. Hei-ßa - es - gibt - Schnip-pelboh-nen." Erna lächelt. Mári, ihr Glückskind.

Kapitel 27 - Bernhard, 1912

„Na los, schlagen Sie mich doch." Rotzfrech hatte ihn dieses Bürschlein angeschaut und ihm dabei provokativ den Hintern entgegengereckt. Schlagen Sie mich doch. Bernhard schämt sich dieser Situation immer noch. Diese Demütigung. Dieser Rotzlöffel. Und er, er hatte nicht reagiert, hatte vor der Wucht der Unverschämtheit kapituliert. Wie sollte er je wieder unterrichten, je wieder mit der nötigen Autorität vor die Schüler treten können?

Wieder einmal hatte er eine Auseinandersetzung mit diesem Schüler gehabt. Der Vater war Oberamtmann und im Rat der Stadt.

Bisher hatte Bernhard das dreiste Auftreten des Schülers, der sich auf seine Herkunft so viel einbildete, Sohn eines angesehenen Bürgers, mit seiner Autorität als Lehrer parieren können. Das war nun vorbei. Das Schlimmste war, dass er sich von diesem Schüler durchschaut fühlte, seine Gutmütigkeit, seine Freundlichkeit in den Dreck gezogen sah. Kackfrech und selbstbewusst hatte sich der Bengel geweigert, den Text wie verlangt zu übersetzen. Wie üblich war er wohl nicht vorbereitet und wollte eine Schau abziehen. Das war ihm nur zu gut gelungen. Vergeblich versucht Bernhard sich mit seiner Lieblingslektüre von diesem schamvollen Ereignis abzulenken. Vergeblich. Wie einer dieser neumodischen Stummfilme läuft die Szene wieder und immer wieder vor seinem inneren Auge ab, versperrt ihm die Sicht auf den Text, den er in den Händen hält. Selbst sein Lieblingsplatz, der Ohrensessel, kann die trüben Gedanken, eine Mischung aus Wut und Zorn und Demütigung, nicht mindern.

Warum nur ist er so wenig schlagfertig. Dieser Horaz, mit welcher Eloquenz und Brillanz er formulierte. Horaz. Satiren. Wenn er doch nur die Gabe des Humors hätte. Der könnte ihm vielleicht helfen, die so unerfreulichen Ereignisse des Vormittags zu verarbeiten. Aber Humor, Bernhard macht sich nichts vor, Humor geht ihm völlig ab. Er nimmt alles ernst und alles schwer. Bernhard seufzt tief. Diskurse, ja, die kann er führen. Wissenschaftliche, leidenschaftslose Diskurse, nach allen Regeln der Kunst, sogar über den Humor. Aber Schlagfertigkeit in beiderlei Sinn war noch nie seine Stärke gewesen.

Deshalb hatte er den Schüler nur streng angeschaut, in der Hoffnung, dass dieser klein beigeben würde. Aber nein. Ganz im Gegenteil. Der schien die Situation regelrecht zu genießen. Gemächlich hatte er sich nach der Aufforderung, seine Hausaufgaben zu zeigen, aus seiner Bank hoch geschraubt, sich dabei umschauend, ob die Klassenkameraden auch ja alles mitbekamen und war nach vorn zum Pult geschlendert. Und dann war es zu dieser Szene gekommen, die ihm so schwer zu schaffen machte und ihn an sich selbst und seinen Fähigkeiten als Lehrer zweifeln ließ.

Die Schüler der Klasse hatten während der gesamten Situation in regloser Starre verharrt. Niemand hatte auch nur einen Mucks von sich gegeben. Alle warteten darauf, dass er den Schüler bestrafen würde. Als nichts passierte, hatte sich der Junge wieder aufgerichtet, war zu seiner Bank marschiert und hatte ihm über die Schulter spöttisch hingeworfen: „Ach, so einer sind Sie."

Daraufhin hatte Bernhard wortlos und mit steifen Knien den Klassenraum verlassen. Sobald die Tür hinter ihm ins Schloss gefallen war, hörte er drinnen erst lautes Kichern und Lachen und dann das Johlen der Klasse. Er war zum Direktor gegangen und hatte sich krank gemeldet.

Nun sitzt er hier und grübelt. Was ist das für eine Welt, in der der Respekt nichts mehr gilt? Aber hatte er nicht schon länger das Gefühl, dass die Welt allmählich aus den Fugen geriet?

Seine persönliche Welt ist erschüttert seit diesem einen Ereignis, das er nicht vergessen kann, das ihn als böse Erinnerung immer noch quält. Wenn er seine Blicke zu Stundenbeginn über die Sekundaner schweifen lässt, überfällt ihn gerade in letzter Zeit immer wieder der Gedanke: Da könnte auch dein Junge dabei sein.

Er zweifelt an seiner Berufung als Lehrer und Erzieher, wenn er erlebt, dass der Sportlehrer die Schüler exerzieren lässt. Gebellte Befehle schienen den Jungen zu imponieren. Der Gleichschritt in der Masse machte ihnen offensichtlich Spaß. Klar, nachdenken oder gar Verantwortung übernehmen für eigenes Denken und Handeln musste man da nicht. Kein Wunder, dass sie ihren Latein- und Griechischlehrer für ein Weichei hielten und ihn nicht mehr ernst nahmen. Immer wieder muss er mit anhören, wie aus dem Musikraum schmissige Kriegslieder schallen. Wenn Kollegen Bemerkungen über die Überlegenheit der weißen Rasse fallen ließen, würde er am liebsten dazwischenfahren. Aber er hält den Mund. Wozu sich mit denen anlegen. Das bringt doch nichts. Nur Ärger.

Die politische Welt scheint ihm nach der Demissionierung Bismarcks durch den Kaiser vor über zwanzig Jahren immer unberechenbarer und unsicherer geworden zu sein. Die Reichskanzler wechseln immer rascher. Mal sehen, wie lange es dieser Bethmann-Hollweg machte.

Seit Bernhard wieder allein ist, trifft er sich ab und zu mit seinem Bruder Otto. Otto ist Priester, zum Wohlgefallen des Vaters. Otto ist gegenüber der Amtskirche mittlerweile äußerst kritisch geworden. „Ich sehe zu viel Elend in den Häusern der Arbeiter, lieber Bruder. Was tut die Kirche? Nichts. Sie zieht sich auf Gott zurück. Nur, vom Glauben ist noch niemand satt geworden. Um die Armen und Benachteiligten müssen wir uns kümmern. Die Armen haben immer weniger zum Leben, während die Reichen immer mehr Geld und Besitztümer anhäufen. Es geht sehr ungerecht zu in unserer Gesellschaft, lieber Bruder." In diesem Punkt konnte Bernhard dem Bruder anfangs nur schwer folgen. Hatte es das nicht immer schon gegeben, arm und reich? Das war nicht seine Welt, mit der er sich täglich auseinandersetzen musste.

Hingegen war er sich mit seinem Bruder einig bezüglich des aufflammenden Antisemitismus, seit die Juden nicht mehr auf den Papst zählen konnten, nachdem Pius X. Theodor Herzl rundweg seine Bitte abgeschlagen hatte, in Palästina einen Judenstaat errichten zu dürfen.

„Die Juden erkennen unseren christlichen Gott und Jesus Christus nicht an und deshalb kann er als Oberhaupt der Kirche auch die Juden nicht anerkennen. So einfach. So fatal. So ein Blödsinn", hatte Otto gewettert. „Die Schimäre des Weltjudentums bekommt auf diese Weise immer neue Nahrung und setzt sich in immer mehr Köpfen fest."

„Es liegt nicht nur am Papst." Bernhard hatte dagegengehalten. „Was tut ihr denn, ihr Priester? Wie oft muss ich mir, nicht nur am Karfreitag und in der Ostermesse, anhören, wie der Pfarrer über Judas, den Verräter schimpft, die Juden als Jesusmörder brandmarkt. Ja glaubst du etwa, das bleibt nicht in den Köpfen der Leute hängen? " Bernhard redete sich zu seinem eigenen Erstaunen bei diesem Thema jedes Mal in Rage.

„Du hast ja recht", lenkte Otto ein. „Aber meinst du nicht, dass es noch viel banaler ist? Wie oft sagen die Leute: Der Jude ist schuld. Aber im Grunde ist er nur der Stellvertreter, der Sündenbock. Die Menschen suchen Schuldige für ihr eigenes Versagen, wenn sie mit ihrem Bestreben nach dem kleinen, privaten Glück scheitern oder sie neiden ihnen, was sie selbst nicht haben. Dafür ist nicht allein die Kirche verantwortlich."

„Aber sie sollte Vorbild sein und nicht noch Öl ins Feuer gießen, zumal die Kirche selbst sich so einiges vorwerfen lassen muss. *Sie tranken heimlich Wein und predigten öffentlich Wasser.* Heinrich Heine, Jude und Christ, lieber Bruder, hat es genau getroffen. Und hat sich seitdem was verändert? Solange die

Vertreter der Kirche nicht das tun, was sie predigen, sind sie in meinen Augen unglaubwürdig. Denk nur an unseren fetten Pfarrer. Meinst du, der fastet in der Zeit vor Ostern, wie er es von der Kanzel herab seinen Schäfchen predigt? Frag mal seine Haushälterin."

„Na ja, nicht alle leben und handeln nach der christlichen Lehre, zugegeben." Wieder war der Priesterbruder in der Defensive. „Natürlich gibt es auch schwarze Schafe in der Kirche. Papst Pius X. macht es uns da weiß Gott nicht leicht. Ist ja alles gut und schön, die Kirche nach innen erneuern zu wollen. Dass zum Beispiel keine Kastraten mehr singen dürfen, ist lobenswert. Aber der Antimodernisteneid für die Priester geht mir zu weit. Man kann doch nicht die gesellschaftliche Entwicklung bekämpfen, indem man die Priester zwingt, ihr abzuschwören. Reden müssen wir miteinander, reden, uns auseinandersetzen mit unseren unterschiedlichen Standpunkten. Die Welt ist heute nicht mehr so einfach, wie Papst Pius X. sie gerne hätte. Das mag ja für einen Landpfarrer noch durchgehen, aber nicht für das Oberhaupt der katholischen Kirche, nicht für den Stellvertreter Gottes. Aber lass uns nicht nur jammern und klagen. Es gibt doch auch Erfreuliches", brachte Otto das Gespräch auf die Familie.

Endlich hatte auch Elisabeth einen Stammhalter. Ernst-August. „Na klar, ein Doppelname muss sein", hatte Otto gelästert. Vier Jahre mussten sie warten. Elisabeth hatte einen wohlhabenden Kaufmann geheiratet. Mit dem Hof lief es immer besser. Selbst der Vater machte einen zufriedenen Eindruck. Hubertus hatte sich zu einem engagierten Bauern gemausert, wenn auch nicht ganz so, wie der Vater es sich vorgestellt hatte. Hubertus vergrößerte den Hof, kaufte und pachtete Äcker hinzu, schaffte moderne Maschinen an. So hatte Elisabeth ihren Ernst kennengelernt. Landmaschinenhandel Ernst Backmann aus Lünen. Schade, dass Heinrich diese Neuerungen nicht mehr miterlebt, hatten sie gemeinschaftlich geseufzt und sich zugeprostet. Bernhard hatte zur Feier des Tages eine Flasche Wein geöffnet. Als sie schließlich zu Bett gingen, war die Flasche leer.

Bernhard unterhält sich gern mit dem Bruder. Viel zu selten hat er die Gelegenheit, sich mit einem gleichwertigen Gesprächspartner auszutauschen. Nach den Besuchen des Bruders kommt ihm die Wohnung, in der er sich so heimisch fühlt, für eine Weile wieder leer und unwirtlich vor. Dann wird ihm jedes Mal schmerzlich bewusst, wie allein er lebt. Noch immer hat er den Bruch mit Henriette nicht überwunden. Er trauert um diese für ihn so einzigartige Beziehung. Ein Empfinden, das er vorher nicht kannte. Der einzige vertraute Mensch seit vielen Jahren ist die Zugehfrau. Aber sie ist schon alt und wird es nicht mehr lange bis zu ihm in den zweiten Stock schaffen, vom Arbeiten einmal ganz abgesehen. Bernhard nimmt sich vor, sich nach einer neuen Haushaltshilfe umzusehen.

Manchmal wacht er mitten in der Nacht auf und kann nicht mehr einschlafen. Sorgen um die Gesellschaft, um Deutschland plagen ihn. Diese unselige Kolonialpolitik des Kaisers, der sich wissentlich mit den Großmächten anlegt, allen voran mit den Engländern. Überhaupt, was mischte sich dieser Kaiser in die Politik ein? War das nicht Aufgabe der Politiker? Auch so eine Sache. Die zunehmende Militarisierung, der Ausbau der Flotte. Wo sollte das hinführen! Zwar sympathisiert Bernhard nicht wie Bruder Otto mit Karl Liebknecht, dem Sozi und erklärten Antimilitaristen. Der ist ihm zu radikal. Dafür ist er zu konservativ. Aber auch ihm ist das militärische Gehabe zuwider. Hatte sich nicht Wilhelm II. schon in seiner Neujahrsansprache zur Jahrhundertwende damit gebrüstet, den Ausbau der Marine vorantreiben zu wollen, um in der Welt *mit der Kraft des Schwertes* mitbestimmen zu können? Damals hatte er dem hochtrabenden Geschwafel des Kaisers von *Gottvertrauen* und *langersehnter deutscher Einheit* und *Hingabe an den Königlichen Dienst* und der *force des Schwertes* wenig Beachtung geschenkt. Mittlerweile fraßen die Investitionen in die Flotte sehr viel Geld. Geld, das man besser in soziale Projekte steckte. Das würde den sozialen Frieden stärken. Da hatte der Bruder recht. Stattdessen vergifteten Kaiser, Militärs und Deutschnationale die formbaren Hirne der Jugend mit militärischen Phrasen und fütterten sie mit nationalen Parolen. Keine Chance, mit Ovid und Horaz dagegen zu halten.

Über 40 Jahre war nun der letzte Krieg vorbei. Jahre, in denen einschneidende Änderungen in Industrie und Wirtschaft das

Leben der Menschen umgekrempelt hatten. Das Bürgertum wurde immer wohlhabender. Die Armen immer ärmer. Selbst vor dem Leben auf dem Land hatte der Fortschritt nicht Halt gemacht. Lange hatte sich der Vater gegen eine Dreschmaschine gesträubt, wie sie der Technik versessene Bruder Heinrich schon damals gefordert hatte. Kaum hatte Hubertus den Hof übernommen, begannen die Veränderungen. Er setzte Mineraldünger ein, um den Ernteertrag zu erhöhen, schaffte eine eigene Dreschmaschine an und eine Milchzentrifuge. Schulden? Er hatte es dem skeptischen Vater vorgerechnet. Schnelleres Arbeiten bedeutet mehr Ertrag. Mehr Ertrag bedeutet mehr Gewinn. Damit ließen sich die Kredite spielend abbezahlen. Rechnen kann er, der Hubertus, das musste man ihm lassen.

Als Bruder Otto ihm von den unsäglichen Verhältnissen in den Arbeiterfamilien berichtet hatte, fiel ihm wieder Jupp, der kleine Bruder Marthas, ein. Was wohl aus ihm geworden war? Das Schicksal der Heuerlingsfamilie ist immer noch ein Tabu in den Gesprächen auf dem Hof. Zu fragen wagt er deshalb nicht. Auch auf dem Land gab es viel Elend. Otto ist selbst schon zu lange weg und die Schwestern sieht er so gut wie nie. Bernhard erinnert sich an einen kleinen verrotzten Zweijährigen, der an der Schürze seiner Schwester hing und mit großen Augen aufmerksam schaute. Mit Augen, die durch ihn hindurchzusehen schienen. Martha und Jupp. Wie der Junge an ihr hing.

In der Sekunda hatte er zwei Kostgänger. Sie unterschieden sich in Kleidung und Haltung von den anderen Kindern aus gutbürgerlichen Verhältnissen. Und doch. Sie gehörten schon zu den Glücklichen, die sich aus ihrer Armut würden befreien können. Ob Jupp auch so ein Kostgänger war? Aber den Namen Gausehus hatte er an seiner Schule noch nie gehört oder gelesen. Das musste nichts heißen. Es gab ja noch weitere Lehranstalten.

Was für ein Widerspruch! Deutschland, ein reiches Land, das munter auf der Globalisierungswelle mitschwimmt, wie Otto einmal spöttisch bemerkte, das als Kapitalexporteur hinter England an zweiter Stelle steht, sehr zum Missfallen der Franzosen, lässt es zu, dass es ein Heer von Menschen gibt, arme Bauern, Heuerlinge, Tagelöhner, Knechte und Mägde, Arbeiter, die diesen Wohlstand mitbegründen, selbst aber im

Elend leben. Bernhard stellt fest, dass der priesterliche Bruder mit seiner Agitation bei ihm wohl ganze Arbeit geleistet hat. Fast schämt er sich manchmal, durch seinen Beamtenstatus so sorglos leben zu können. Seine dünkelhaften Kollegen hingegen scheinen das als selbstverständlich hinzunehmen. Ihr Hochmut und ihr Nationalismus beunruhigen Bernhard. Wie kann man die Waren aus den Kolonien kaufen und gleichzeitig auf die herabsehen, die sie produzieren? Wie kann eine ganze Gesellschaft mit solchen Widersprüchen leben?

Bernhard meidet das Lehrerzimmer, so oft es geht, um sich die markigen Sprüche seiner Kollegen zu ersparen. Der ‚weiße Mann' als der Überlegene. Der Deutsche als die Krone der Schöpfung. Was kommt als Nächstes? Immer häufiger trifft er auf Schüler, die den nötigen Respekt ihm, dem Lehrer gegenüber vermissen lassen. Den Unverschämtheiten der Schüler fühlt er sich nicht gewachsen. Solche Situationen wie heute machen ihm zu schaffen. Womöglich ist das nur eine Phase, versucht er sein Unbehagen zu beschwichtigen. Er jedenfalls wird alles daransetzen, dass die jungen Menschen gefestigt im Charakter, ausgestattet mit einer fundierten Bildung, die Schule nach dem Abitur verlassen werden. Bildung ist schließlich mehr als eine Anhäufung von Wissen.

Bernhard legt das Buch beiseite, das nutzlos und ungelesen auf seinem Schoß liegt, steht auf und geht in die Küche. Er holt ein kleines Päckchen aus dem Küchenschrank, öffnet es, atmet den betörenden Duft tief ein. Sein kleines, teures Laster. Echter Bohnenkaffee. Aus Kenia.

Kapitel 28 – Erna, 1906

Requiescat in pace. Der Pfarrer spricht noch einmal ein Gebet, bevor sich die bescheidene Trauergemeinde auflöst: nur die Kinder, der Mann, der Großknecht des Bauern und zwei Nachbarn. Kaum genügend Sargträger hat man gefunden. Von der Familie der Frau ist niemand gekommen. Der kalte Wind treibt den Anwesenden Tränen in die Augen. Mantel- und Jackenkragen, zum Schutz vor dem kalten böigen Wind hochgeschlagen, verstecken die Gesichter. Die fahle Mittagssonne wärmt nicht. Der Vater schaut auf seine Hände und dann auf die Tochter. Bei aller Trauer strahlt Anna ruhige Gelassenheit aus. Seit über einem Jahr ist sie bei einer Familie als Dienstmädchen in Stellung, träumt aber von Höherem, wie Jupp von ihr unter dem Siegel der Verschwiegenheit erfahren hat. Nach Erhalt des Briefes hatte sie sich sofort auf den Weg nach Hause gemacht und in ihrer zupackenden Art alles Nötige geregelt. Nach dem Bestatter geschickt, den Pfarrer informiert, die Kate geputzt. Sogar einen Kuchen hatte sie gebacken - für die Trauergäste. Die Zutaten hatte sie von ihrer Herrschaft mitbekommen. Jupp hatte sich gewundert und heimlich für die Mutter gefreut. So bekam sie doch noch eine würdige Beerdigung. Fritz war am Abend vor der Beerdigung gekommen, mit der Eisenbahn. Vor einem Jahr war der Bruder nach Essen gezogen, als Bergmann. Die letzten Kilometer vom Bahnhof zum Dorf war er gelaufen.

Fritz tritt von einem Bein aufs andere. Jupp ist der einzige, der einen kleinen Strauß Immergrün auf den Sargdeckel fallen lässt.

Der Totengräber steht am Rand des Grabes. Er murmelt Beileid und streckt dabei die Mütze vor. Einige wenige kleine Münzen hört Jupp in seiner Hosentasche klimpern, als er die Erde über den Sarg schaufelt. Beim Graben des Lochs muss er das schlichte Holzkreuz entfernen. Mimi Gausehus, 1883-1899.

Jupp mag nicht mit dem Vater und den Geschwistern zurückgehen. Er möchte noch ein wenig mit der Mutter allein sein. Zu lebendig sind noch die letzten Stunden der Mutter bis zu ihrem Tod. Es war, als hätte er in sie hineinsehen können.

Blaue Augen, kleine Hände, Mama, Mama. Ein Blatt von einem Baum, ein Stöckchen, schau mal, ein Käfer, ein Schmetterling. Bunte Farben wirbeln durcheinander. Sie lächelt.

Ich komme.

Sie fällt, fällt, bodenlos, tief, unaufhaltsam, ohne Furcht, ohne Widerstand.

Nein, sie fliegt, hoch oben, sieht die baufällige Kate, den Eichenbaum, der seine Krone wie schützend über das schadhafte Dach wölbt, sieht ihre Kinder, Anna, Fritz und Jupp. Sieht Martha, ihre Mári.

„Mári, Mári. Endlich. Da. Hier. Bei mir. Bleib. Geh nicht. Mári." Sie streckt die Arme aus, ruft noch einmal die Tochter, die sie jeden Tag in den letzten zehn Jahren vermisst hat.

Jupp berührt sie sacht an der Schulter.

„Weg. Weg." Sie schlägt nach der Hand, ruft „Mári, Mári", schließt die Augen.

„Mama! Mári ist doch fort, lange schon. Aber ich bin da, Mutter – Jupp!"

„Lass mich. Es ist genug." Ein letzter Atemzug. Vorbei.

Mit tränenlosem Blick hatte Jupp seine Mutter betrachtet. Wie schwer ihr die letzten Jahre geworden sind, weiß nur er. Nun hat sie ihre Ruhe. *Die ewige Ruhe und das ewige Licht leuchten ihr. Amen.*

Als der Vater mit dem Pfarrer ankam, war es schon zu spät für die letzte Ölung. Jupp beobachtete das feiste Gesicht des Geistlichen, der nur noch das Kreuzzeichen auf die Stirn der Toten machte. Was er wohl dachte? Sah er die Anspannung der ewigen Sorge im Gesicht der Mutter? Empfand er Mitleid mit dieser armen Frau, die da lag ohne Nachbarn. Einsam und verlassen noch im Tod. Jupp sah die starre Miene des Vaters, seinen stumpfen Blick. Er fühlte sich allein. Warum waren die großen Geschwister nicht da? Ein Tod ohne Tradition nach einem freudlosen Leben. Das ging doch nicht. Das Gesicht der Mutter wirkte verbraucht. Dabei wurde sie nur 43 Jahre alt. Zählten Jahre in Sorge und Armut doppelt?

„Mit Máris Weggang hat das Glück die Familie endgültig verlassen", hatte die Mutter oft und oft zu ihm gesagt. Alle glaubten, dass er damals noch zu klein war. Aber er konnte sich doch noch an die fröhliche große Schwester erinnern. Das Schweigen über ihr Verschwinden hatte sich über die Familie wie ein dicker, zäher Nebel gelegt, der alles Schöne, alle Freude fern hielt. Dabei wussten alle, was passiert war. Die Gerüchteküche hatte schon bald gekocht. Der Sohn vom Großbauern. Bankert. Hure. Hurenkind. Ehrlos. Die Kommentare hinter vorgehaltener Hand schwankten zwischen Häme und Mitleid für beide Seiten. Je älter Jupp wurde, desto mehr begriff er, dass das Schweigen über Mári die Eltern von innen her aufzehrte. Für die Kinder blieb nichts. Mimi hatte sich aus dem Leben gestohlen, Anna war früh aus dem Haus in Stellung gegangen und Fritz tat nur, was er wollte.

Mit der Zeit hatte sich die Familie völlig aus der kirchlichen Gemeinschaft zurückgezogen. Nur zur Kirche gingen sie regelmäßig, hoch erhobenen Hauptes, starren Blicks, unnahbar. Der Vater bestand auf der Einhaltung des Sonntagsrituals. Stur wie ein Esel. *Jesus, meine Zuversicht.*

In der fünften Reihe saßen sie immer. Der Vater, Fritz und er rechts, die Mutter mit Anna links vom Gang. Jupp spürte, dass die Mutter sich Sorgen um den Bruder machte. Er war ein Haudrauf, einer, der keiner Prügelei aus dem Wege ging. Der sich lieber mit Gesindel herumtrieb, als die Mutter bei der Arbeit zu unterstützen. Zum Glück hatte er die Lehrstelle beim Dorfschmied bekommen. Die Bäuerin hatte geholfen.

Arme Mutter. Wie verlassen musste sie sich gefühlt haben, als auch ihr Jüngster auszog. Er hatte keine Rücksicht genommen.

Der Anfang in der neuen Schule war schwer gewesen. Er lernte leicht, geriet bald in den Ruf eines Streber, wurde gehänselt und geärgert. Schmächtig wie er war, war er den Klassenkameraden körperlich unterlegen, wagte es nicht, sich zu wehren, wenn sie ihm böse Streiche spielten, seine Hausaufgaben zerstörten, Tinte über seine Bücher gossen, den Ranzen über einer Pfütze auskippten. Oft war er nahe daran aufzugeben. Aber er musste durchhalten, der Mutter zuliebe. Sie fragte ihn jedes Mal, wenn er nach Hause kam, ob er auch gut vorankomme, ob ihm die Schule und das Lernen Freude machten. Das konnte er bejahen, ohne zu lügen. Die vielen Gemeinheiten, die er ertragen musste, verschwieg er ihr wohlweislich. Sie hätte sich womöglich schuldig gefühlt.

Alle hatten die Mutter im Stich gelassen, der Vater, die Geschwister, er selbst, aber auch der Pfarrer, dessen Aufgabe es ja wohl gewesen wäre, sich um die Armen und Bedürftigen zu kümmern. Aber der scharwenzelte lieber um die reichen Bauern herum, ließ sich von ihnen zu den Festtagen einladen und schlug sich den Bauch voll.

Kapitel 29 – Martha, 1915

Martha fühlt, wie ihre Kräfte mehr und mehr schwinden. Kaum noch schafft sie es, das Bett zu verlassen. Sie strengt sich an, will für ihre Kinder da sein, vor allem für Erich. Erich scheint der Mutter die Krankheit übel zu nehmen. Er antwortet kaum noch auf ihre Fragen, schreit sie an, wenn sie ihn anspricht. „Lass mich in Ruhe. Du hast mir gar nichts zu sagen. Du kannst ja nichts. Nicht mal Essen kochen. Alles macht die Tante. Du liegst nur faul auf dem Sofa herum und liest und spielst die feine Dame." Einmal war es aus ihm herausgebrochen. Sie konnte sich nun denken, was die anderen Kinder in der Schule über sie tratschten, beziehungsweise, was die Eltern redeten. Sie ahnte, was in ihrem sensiblen Jungen vor sich ging, wenn er solche Bemerkungen hörte. Wie lange trug er das schon mit sich herum? Wieder etwas falsch gemacht. Sie hätte die Vorwürfe des Jungen ernst nehmen sollen, statt beleidigt zu sein. Schließlich war es, zumindest aus seiner Sicht, die Wahrheit. Äußerlich schien ihr nichts zu fehlen, was sie davon hätte abhalten können, wie andere Mütter für ihre Kinder zu sorgen. Diese umfassende, abgrundtiefe Müdigkeit konnte man ja nicht sehen. Irgendwie musste sie es schaffen, mit Erich einmal in Ruhe zu reden. Sie musste nur ganz genau überlegen, wie sie ihm erklärte, was ihr fehlte. Bald musste sie mit ihm sprechen.

Ihr bleibt nicht mehr viel Zeit. Das spürt sie. Immer öfter macht ihr die Atemnot zu schaffen. Dann fällt ihr das Sprechen schwer. Jede Bewegung wird zum Kraftakt. Immer häufiger bleibt sie den ganzen Tag im Bett. Clara scheint zu wissen, wie es um sie steht. Sie reden nicht darüber, aber sie liest die Sorge der Tochter in ihren mitfühlenden Blicken. Schon lange gelingt es ihr auch nicht mehr, ihren Zustand vor Anton herunterzuspielen.

Anton. Wie oft hatte er im Scherz gesagt: „Gut, dass ich so viel älter bin als du. Ein Leben ohne dich kann ich mir nicht vorstellen." Als sie ihn daraufhin einen Egoisten schalt, hatte er nur gelacht. „Frauen sind stärker als Männer. Du bist eine starke Frau. Schau Clara an. Sie ist dir ähnlich. Sie kann gut beobachten und weiß, was sie will. Außerdem ist sie intelligent und redegewandt, deine Tochter. Das hat sie von ihrer Mutter", hatte er zärtlich hinzugefügt.

Eines Tages brachte er ihr ein Büchlein mit. Geschenk einer Kundin. Für dich. Von der Autorin hatte sie noch nie gehört, Alice Salomon. Neugierig schlug sie das Buch an einer x-beliebigen Stelle auf und las:

Was eure Töchter auch wählen mögen, laßt sie ihren Beruf gründlich erlernen; laßt sie ebensoviel lernen wie eure Söhne, damit sie im Beruf vorwärts kommen.

Dieser Satz ging Martha zu Herzen. Genau so. Clara hatte eine Chance bekommen. Sie hatte eine Lehre gemacht und lernte nun die Buchhaltung bei ihrem Vater im Geschäft. Aber was war mit Anna, was mit den vielen Mädchen, deren Eltern es sich nicht leisten konnten, sie zur Schule zu schicken? Nicht nur in der Stadt, auch auf dem Land gab es Elend und Armut. Wer wüsste es besser als sie selbst. Konnte Bildung die Menschen, die Mädchen, aus ihrem Elend herausholen?

Wäre ihre Mutter ein anderer Mensch geworden, nicht so verhärmt, nicht so unterwürfig, nicht so abhängig von ihrem Mann, wenn sie hätte lesen und schreiben können? Hätte sie sich gegen die Zumutungen ihres elenden Lebens gewehrt, sich gegen ihren Mann behauptet, wenn sie ihr Schicksal nicht als unabänderlich, als Gott gegeben betrachtet hätte? Marthas anfängliche Verachtung der Mutter ist schon längst einem verzeihenden Verständnis gewichen. Selbst wenn Erna damals protestiert hätte, es hätte nichts geändert. Der Vater hatte das Sagen.

Sie ist dankbar, dass ihren Kindern ihr eigenes Elend erspart bleiben wird. Erich ist trotz seiner Verschlossenheit ein guter Schüler, Maria interessiert sich mehr für ihre Freundinnen als für das Lesen, Schreiben und Rechnen. Das kommt noch, beruhigt Anton sie immer wieder in seinem unerschütterlichen

Optimismus. Mit Clara hat sie Frieden geschlossen. Erleichtert hat Martha festgestellt, dass die Tochter nicht mehr nach dem Vater fragt. Nimmt sie Rücksicht auf ihre kranke Mutter oder hat sie akzeptiert, dass sie nicht über Claras Vater reden will? So lange hat sie eine Aussprache hinausgezögert. Noch ist es nicht zu spät. Vielleicht morgen? Ja, morgen. Heute ist sie zu müde, fühlt sich dem Ansturm der Gefühle nicht gewachsen. Wie wird Clara reagieren? Ist nicht kein Vater immer noch besser als einer, der der Mutter Gewalt angetan hat? Auch ist da immer noch diese Mischung aus Scham und Schuld, die ihr zu schaffen macht. Dein Vater hat mich vergewaltigt. Deinen Stiefvater liebe ich wie einen väterlichen Freund. Von deinem Vater träume ich, sehe seine große Gestalt mit den breiten Schultern auf mich zukommen, fühle seine Hände auf meinem Körper, spüre ihn in mir. Ich wehre mich und gebe mich ihm gleichzeitig hin. Verstörende Fantasien und – unmöglich, sie der Tochter zu erzählen. Aber sie könnte auch nicht nur die halbe Wahrheit sagen. Doch was ist überhaupt die Wahrheit? Je länger sie darüber grübelt, desto weniger ist sich Martha ihrer Gefühle gewiss. Sie schämt sich für ihre Träume. Die Schuldgefühle setzen ihr zu, Schuldgefühle gegenüber Anton – und gegenüber der Tochter.

Nein, sie kann nicht darüber sprechen, heute nicht, morgen nicht. Sie muss Clara schützen.

Es ist schlimm genug, dass ihr der Makel der unehelichen Geburt anhaftet, dass sie elf Jahre ihres Lebens von der Mutter getrennt aufwachsen musste, dass sie zwei Jahre in unerträglichen Verhältnissen lebte. Dafür fühlt sich Martha schuldig, auch wenn Anton versucht, ihr das auszureden. Claras Vorwurf, die Mutter raube ihr das halbe Leben, wenn sie ihr den Vater vorenthalte, trifft Martha besonders. Und dennoch. Besser ein halbes Leben als das Gefühl zu haben, gänzlich wertlos zu sein. Das Gefühl möchte sie Clara unbedingt ersparen. Dafür nimmt sie die Schuld des Schweigens auf sich.

Clara ist mit ihren achtzehn Jahren schon sehr erwachsen und verantwortungsbewusst. Die Stammkunden loben ihren Sachverstand und die gute Beratung. Maria liebt die große Schwester. Hertha. Dieses Kind lebt in seiner eigenen Welt. Es verträgt keine Veränderungen. Essen, trinken, spielen, schlafen gehen. Alles geschieht mit immer demselben Ritual zu immer derselben Zeit. Ausnahmen werden mit Quengeln und Geschrei quittiert. Hertha ist ein seltsames Kind. Am besten wird noch die Schwägerin mit ihr fertig. Ihre sachliche Art scheint dem Kind gut zu tun.

Das ehemals so friedvolle Familienleben ist seit Herthas Geburt völlig aus den Fugen geraten. Die Freude der Geschwister über den Familienzuwachs hatte sich schon bald in Ablehnung verwandelt. Statt eines süßen Babys, das man im Arm halten und knuddeln konnte, lag da in der Wiege ein schreiendes Bündel Mensch, das sich nur beruhigte, wenn die Amme es an die Brust legte. Hertha war von Anfang an kein hübsches Baby, ihr Körper war lang und dünn, das Gesicht breit und flach, der Mund klein, die Augen riesig, das rechte blau, das linke grün. Vergeblich hatte Martha gehofft, die Augenfarben würden sich noch angleichen. Ist Hertha wütend, verleihen die verschiedenfarbigen Augen ihrem Blick etwas Unheimliches. Dabei ist sie noch so klein.

Maria ist gutherzig, anhänglich und liebebedürftig und lässt sich leicht lenken. Im Streit mit dem Bruder gibt sie immer sofort nach, schenkt ihm ihre grenzenlose Bewunderung. Erich jedoch weist sie meist barsch zurück.

„Mama, Mama." Maria kommt weinend angelaufen. „Hertha hat meine Puppe kaputt gemacht. Schau." Anklagend hält das Kind den Rumpf der Puppe und die abgerissenen Beine hoch. Jäh wird Martha in die Gegenwart zurückgeholt. Sie reißt sich zusammen und wendet sich dem Kind zu. „Oh, das sieht ja wirklich schlimm aus. Ich fürchte, da müssen wir deine Anna zum Puppendoktor bringen. Gleich morgen werde ich Adele dorthin schicken." Martha nimmt das Kind tröstend in den Arm. Maria kuschelt sich an die Mutter, beruhigt sich. „Dann wird Anna wieder heil?" Martha verspricht es. Kurze Zeit später hört sie das Kind: „Anna, du musst nicht traurig sein. Der Doktor macht dich wieder ganz. Dann ist alles wieder gut. Hertha darf dich aber nie mehr anfassen." Die Welt der Sechsjährigen ist schon wieder in Ordnung. Martha ist beruhigt.

Plötzlich legt sich die Müdigkeit wieder wie eine schwere Decke über sie, nimmt ihr den Atem. Die Glieder fühlen sich schwer an. Sie hat das Gefühl zu fallen. Sie sinkt in einen unruhigen Halbschlaf. Erinnerungen tauchen auf. Die Fabrik, die gekrümmte Haltung vor der Nähmaschine, der unaufhörliche Lärm, die vor Staub flirrende Luft, der karge Lohn. Die Unfälle. Ein Finger, eine Hand. Das dunkle, feuchte Zimmer, im Winter mit Eiskristallen an der Wand. Das stinkende Plumpsklo auf dem Hof, die Scheißerei.

Die Sonntage am Rhein mit herausgeputzten Menschen. Familien mit Kindern, sie, auf einer Bank, mit einer Limonade in der Hand, ohne Kind, allein. Clara. Keine Freude. Keine Freundin.

Noch im Traum spürt Martha das tiefe Gefühl der Verlassenheit, als ihr klar wurde, dass Angela für immer verschwunden war. So oft sie auch in die kleine Kirche in der Nähe des Neumarkts ging, Angela tauchte nicht mehr auf. Wenn sie von einer vergeblichen Suche zurückkam, lag sie stundenlang im Bett, unfähig aufzustehen, gefangen in einer Trauer, die sie zerfraß. Sie aß nicht, sie trank nur Wasser, starrte auf ihren amputierten Finger, weinte. Um sich doch am Montagmorgen wieder aufzuraffen und zur Arbeit zu gehen. Immer wieder. Was blieb ihr übrig? Diese Arbeit. Ohne sie konnte sie nicht existieren, mit ihr nicht leben.

Der Staub im großen Nähsaal verstopfte die Nase, verklebte die Augen. Oft fiel ihr das Atmen schwer. Ein hartnäckiger Husten schüttelte sie bisweilen, besonders nachts, wenn sie zur Ruhe kam. Selbst in den zwei kurzen Pausen dröhnte der Lärm weiter in den Ohren. Die Pausen reichten für einen Gang auf die Toilette oder für einen hastigen Schluck aus der mitgebrachten Wasserflasche. Während der Arbeit zu essen war verboten. Das Nähwerk könnte schmutzig werden. Unfälle gab es häufig. Selbst schuld, hieß es dann. Musst halt besser aufpassen. Nicht alle hatten das Glück, einen so verständnisvollen Aufseher zu finden wie sie. Dass er in sie verliebt war, wie die Kolleginnen gutmütig stichelten, wollte sie nicht glauben.

Am Ende des Arbeitstages taten ihr der Rücken und die Schultern von der verkrampften Haltung an der Nähmaschine weh, manchmal bekam sie vom einseitigen Treten einen Wadenkrampf.

Nach der Schicht hielt sie bisweilen mit der ein oder anderen Arbeiterin vor dem Fabriktor noch einen kleinen Schwatz. Die Luft, egal bei welchem Wetter, war ein Labsal nach der staubigen, stickigen Luft in der Nähfabrik. In diesen Gesprächen erfuhr Martha von den schrecklichen Vorkommnissen in der Chemiefabrik. Von giftigen Dämpfen war da die Rede, von Säure, die Kleidung und Haut verätzte, von Gestank und lebensgefährlichen Verletzungen. Da hatte sie zum ersten Mal das Wort *Ausbeutung* gehört.

„Ich will Adele auf den Markt schicken. Soll sie dir ein wenig Obst mitbringen, Martha?“ Elisabeth steht in der Tür. Die Frage der Schwägerin reißt Martha jäh aus ihren Traumbildern. Sie weiß einen Moment nicht, wo sie ist, worum es geht. „Entschuldige, hab ich dich geweckt?“ „Schon gut.“ Martha kommt allmählich zu sich. „Was ist denn?“ „Soll Adele dir was vom Markt mitbringen, Obst vielleicht? Du siehst wieder so blass aus. Brauchst du sonst irgendwas?“ „Danke, nein, ich hab alles. Aber nett, dass du fragst.“ „Dann schick ich jetzt Adele los.“ Die Tür fällt geräuschvoll ins Schloss. Jetzt ist Martha endgültig wach.

Sie ist der Schwägerin nicht böse. Im Gegenteil. Martha findet, dass sie sich seit einiger Zeit bemüht, sie in die Entscheidungen über Haushaltsangelegenheit mit einzubeziehen. Offensichtlich hat Anton mit seiner Schwester geredet, nachdem sich Martha bei ihrem Mann über Elisabeth beschwert hatte. Martha legt sich erschöpft in die Kissen zurück. Kaum Luft zum Sprechen. Kaum Luft zum Leben. Lange wird es nicht mehr dauern.

Wenigstens hat sie für Adele das Mansardenzimmer herrichten lassen und verfügt, dass die Dienstmagd jeden Sonntag ab mittags frei hat. Die spitzen Bemerkungen der wenigen Bekannten, die sie noch ab und zu besuchen, sie verwöhne die Magd, sie solle nur aufpassen, lässt sie an sich abprallen.

Der Gedanke, dass sie ihre Kinder nicht aufwachsen sehen wird, zerreißt Martha das Herz. Dann hadert sie mit ihrem Schicksal und mit Gott. Sorgen macht ihr Erichs Kriegsbegeisterung, die Anton nicht recht ernst nimmt, wenn sie ihn daraufhin anspricht. Dabei ist der Junge ganz offensichtlich erfüllt von allem, was mit Krieg zu tun hat, liest ihr sogar die Kriegsnachrichten aus der Zeitung vor. Nicht mal die Hälfte davon versteht sie. Was machen um Himmels willen Australier in diesem Krieg? Wieso kämpfen sie in Gallipoli? Wo liegt das überhaupt? Was hat es mit diesem Giftgas auf sich? Sie ist nur froh, dass Anton nicht einberufen wurde. Aber er ist schon zu alt und hat einen Laden, der Uniformen führt. Kriegswichtig! Wider Willen muss Martha ein wenig lächeln. Wenn der Krieg nur nicht so schreckliche Folgen hätte.

Sie fühlt eine tiefe Dankbarkeit, dass sie in Anton einen Menschen gefunden hat, der sie vorbehaltlos angenommen und sie als gleichwertige Partnerin akzeptiert hat. Bis zu ihrer Krankheit haben sie gemeinsam alle wichtigen Alltagsfragen besprochen. Anton hatte sie auch in geschäftlichen Dingen immer wieder um ihre Meinung gebeten. „Ich vertraue auf deinen gesunden Menschenverstand", sagte er immer, wenn sie daran zweifelte, ob sie ihm überhaupt raten könne, unwissend, wie sie in geschäftlichen Dingen sei.

Sie wird ihre Kinder nicht aufwachsen sehen, aber sie kann Clara ein Vermächtnis mitgeben. Ein Vermächtnis, ein Vermächtnis. Clara und Maria und Hertha, alle Mädchen ... *Alice Salomon* ... Lesen ... Bildung ... für alle ... *Alice Salomon* ... selbstbestimmt ... Leben ... Die Mädchen, Clara ... Maria ... Hertha ... Alle –

Das Büchlein rutscht ihr aus den Händen, gleitet auf den Boden, unter das Bett. Martha seufzt ... noch einmal ... tief.

Kapitel 30 – Clara, 1915

Tränenlos blickt sie auf das Grab. Martha Westermann, 1880 – 1915 steht auf dem schlichten Grabstein. Noch immer bebt der Schock nach, der sie durchfuhr, als sie sich, wie üblich nach der Arbeit, neben die Mutter setzen und lesen wollte. Ganz friedlich hatte sie ausgesehen, nur der Unterkiefer war merkwürdig heruntergeklappt, als wolle sie besonders tief Luft holen. Aber da war kein Atmen mehr. Nichts. Die Hand der Mutter fühlte sich noch warm an, aber der Oberkörper blieb ruhig, ohne das regelmäßige Auf und Ab, das Clara kannte, wenn die Mutter schlief. Ihr erster Gedanke war, die Geschwister vom Wohnraum fern zu halten. Die Tante war schnell in Kenntnis gesetzt. Dann lief Clara rasch die Treppen zum Laden hinunter, fand zum Glück den Vater gleich, im Büro hinter dem Laden und raunte ihm zu: „Komm, schnell, die Mutter. " Der Vater begriff sofort, ohne allerdings wirklich zu verstehen. Beim Anblick der Toten brach er zusammen.

Hertha zerrt an Claras Arm. „Nach Hause. Lara. Jetzt. Kalt." Das Kind stampft mit dem Fuß auf. Hertha ist ein merkwürdiges Kind, anfällig für Erkältungen, dabei durchaus robust und kräftig gebaut. Von dem mageren Säugling ist nichts mehr zu erkennen. Manchmal bekommt sie Wutanfälle. Dann muss Clara aufpassen, dass sich das Kind nicht selbst verletzt. Clara versucht, die kleine Schwester zu beschwichtigen. „Nur noch einen Augenblick. Dann gehen wir, ja?"

„Jetzt. Nach Hause." Hertha zieht heftig an Claras Rock. „Mama, zu Mama." „Das geht nicht." Clara versucht, ruhig zu bleiben. Die Dreijährige begreift noch nicht, dass die Mutter tot ist, scheint aber zu spüren, dass etwas nicht stimmt. Plötzlich schreit das Kind laut und durchdringend. Wie sie es vom Tag ihrer Geburt an gemacht hat. Dass so ein Winzling eine so kräftige Stimme haben konnte, überraschte sogar die Hebamme. Hertha war ein lautes Baby. Sie schrie zu jeder Tages- und Nachtzeit, oft scheinbar ohne Grund. Sie war schwer zu beruhigen.

Die Mutter konnte das Kind nicht stillen. Sie hatte nach der Geburt zu viel Blut verloren, war kraftlos und schwach. Das Kind schrie Tag und Nacht vor Hunger. Das Zuckerwasser und die verdünnte Milch, die man ihm einflößte, spuckte es immer wieder aus. Schließlich hatte der Vater eine Amme für das Kind aufgetrieben. Ammen sind völlig aus der Mode, hatte man dem Vater auf seine Nachfragen erklärt. Letztlich war es ihm doch gelungen, eine Frau zu finden, unscheinbar, aber mit großen Brüsten. Sie hatte Zwillinge geboren, von denen einer zwei Wochen nach der Geburt gestorben war. Viermal am Tag kam die Frau zum Stillen. Sie ließ das Kind trinken, teilnahmslos und ohne Zärtlichkeit. War die Brust leer, hatte sie ihre Pflicht erfüllt und reichte der Mutter den Säugling, der bald darauf wieder schrie. Hertha war unersättlich und ließ sich nur kurzfristig durch einen mit Zuckerwasser getränkten Schnuller und süßen Tee besänftigen. Seit Herthas Geburt ist es vorbei mit dem ruhigen, trauten Familienleben, denkt Clara bitter.

Zwar hatte sich die Mutter nach dem hohen Blutverlust unter der Geburt ins Leben zurückgekämpft, war aber verändert. Sie wurde rasch müde. Alle Fröhlichkeit, alle Zuversicht, alle Energie schien mit dem Blut aus ihr herausgeflossen zu sein.

Für Clara war es selbstverständlich, die Rolle der Mutter im Haushalt zu übernehmen und die gerade begonnene Lehre beim Vater abzubrechen. Auf keinen Fall, hatten beide Eltern gegen ihr Angebot protestiert. Sie waren sich einig darin, dass Clara zuerst die Lehre als Verkäuferin beenden sollte. „Außerdem bist du jetzt schon meine rechte Hand“, hatte der Vater, halb im Scherz, hinzugefügt. „Du sollst einmal für dich selbst sorgen können. Auch als Frau brauchst du einen Beruf. Das kommt überhaupt nicht infrage, dass du den Haushalt führst. Wir finden eine andere Lösung.“

Clara ist froh, dass die Eltern ihr zugeredet hatten. Die Arbeit macht ihr Spaß. Sie liebt es, die Stoffe auszubreiten, ihre Qualität zu fühlen, mal rau, mal glatt, mal fest und robust, mal zart und durchscheinend. Sie liebt die Schubladen mit den vielen unterschiedlichen Knöpfen in allen Farben, Größen und Formen. Am meisten gefällt ihr der Umgang mit der Kundschaft. Manche sind hochnäsig und von oben herab, manche reden gleich vertraulich mit ihr. Fast immer gelingt es Clara, bei den Kundinnen den passenden Ton zu finden. Erst seit der Vater auch Soldatenuniformen ins Sortiment aufgenommen hat und sie es nicht mehr ausschließlich mit weiblicher Kundschaft zu tun hat, ist ihr manchmal etwas unbehaglich. Meist weicht sie den Blicken der jungen Männer aus und holt rasch den Vater, der das Gewünschte sachkundig und geschäftig herbeiholt. Mit dem Vater als Lehrherrn und Arbeitgeber verstand sie sich von Anfang an gut. Er behandelt sie wie eine Angestellte, mit allen Rechten und Pflichten.

Clara spart einen Großteil des Lohns. Rücklagen sind immer gut. Sie hört auf den Rat des Stiefvaters. Er ist ein umsichtiger, kluger Geschäftsmann, tolerant und weitsichtig, findet Clara. Er ist ihr Vorbild. Sie liebt ihn wie einen Vater. Der Haken ist, er ist es nicht. Clara wird plötzlich bewusst, dass mit dem Tod der Mutter ihre Hoffnung, doch noch etwas über ihre Herkunft zu erfahren, endgültig dahin ist. Die Sorge um die Gesundheit der Mutter hatte Claras Wunsch nach Aufklärung über ihren Vater in den Hintergrund treten lassen. So hab ich mit der Mutter nun auch den Vater verloren, den ich nie hatte. Clara schluchzt einmal laut auf. „Lara, Lara, nicht." Hertha plärrt. Das Kind hatte sie ganz vergessen. Die Dreijährige erträgt es nicht, wenn jemand in der Familie weint. Sie weint dann ebenfalls, mit einem hohen, dünnen Stimmchen, das eher wie das Fiepen eines kleinen Hundes klingt. „Hertha. Schau. Ich hör schon auf." Clara versucht ein Lächeln, um das Kind zu überzeugen. Sie hat Glück, die Kleine hört auf zu winseln.

Als die Mutter sich so gar nicht erholen wollte, holte der Vater die Tante, damit sie die Mutter unterstützte – vorläufig. Drei Jahre sind seitdem vergangen. Drei Jahren schon führt die Tante das Regiment. Die Kinder sind ihre Soldaten. Selbst der Vater kuscht und traut sich nicht, mit der Schwester über ihre Erziehungsmethoden zu sprechen. Clara spürt, wie allein bei dem Gedanken an diese Person Wut in ihr hoch steigt. „Fehlt nur noch, dass wir im Gleichschritt gehen müssen", beschwert sich Clara immer wieder beim Vater. Selbst ihr, obwohl fast erwachsen, mache die Tante ständig Vorschriften und kommandiere sie herum. Der Vater jedoch meint, sie müsse auch lernen, sich unterzuordnen, gerade jetzt in den schwierigen Zeiten. Und außerdem brauche man die Tante. Also solle sie sich zusammenreißen und den Kleinen ein gutes Vorbild sein. Der Stiefvater hat gut reden.

Tante Elisabeth ist eine herrische Frau und sehr pedantisch. Tüchtig, sagt der Vater, aufopfernd, sagen die Leute. Nicht so einfach, einen Sechspersonenhaushalt mit drei minderjährigen Kindern zu führen. Clara zählt sie nicht mit. Sie tue es gern, sagt die Tante immer wieder. Für Gotteslohn, betont sie jedes Mal, wenn sie gefragt wird. Manchmal auch, wenn sie keiner fragt.

Es stimmt. Satt und sauber. Das ist das Beste, was man über die Tante sagen kann, denkt Clara. Satt und sauber sind die Kinder.

Tante Lisbeth. Elisabeth. Nichts hat sie von der Warmherzigkeit und dem Mitgefühl ihrer Namenspatronin. Kein gutes Wort, kein Lächeln. Das Lachen hat sich aus der Familie davongestohlen. „Macht nicht solch einen Lärm. Die Mutter braucht Schonung“, mahnt sie unentwegt. „Hier geht es sittsam und anständig zu. Hier wird nicht gerannt, nicht geschrien oder laut gesprochen. Das gehört sich nicht.“ Selbst dem Vater, der die meiste Zeit im Geschäft steht, ist schon aufgefallen, wie ruhig es im Haus geworden ist.

Die Mutter war Claras Zuflucht. Oft lag diese auf dem Sofa und las. Manchmal gab sie Clara ein Buch. Hier, für dich. Das wird dich interessieren. Clara merkte, dass die Mutter stolz war auf ihren Leseeifer. Man kann in den Büchern neue Gedanken kennenlernen und völlig andere Welten erleben. „Was hältst du davon, wenn wir ab und zu zusammen ein Buch lesen“, hatte sie eines Tages gefragt. So hatten die gemeinsamen Lesestunden begonnen. Sie gaben Clara die Kraft, die Auseinandersetzungen mit der Tante auszuhalten.

Als hätten sich Schleusen geöffnet, las Clara alles, was sie im Bücherschrank der Eltern fand. Liebesromane von Hedwig Courths-Mahler, die Gesellschaftsromane der Eugenie Marlitt mit ihren Heldinnen. Besonders berührte sie *Das Gemeindekind* von Marie von Ebner-Eschenbach. Das Buch hatte sie gemeinsam mit der Mutter gelesen. Wie gut konnte sie den armen Jungen verstehen, der lieber alle Schlechtigkeit zugab, als sich zu verteidigen. Allerdings hatte sie die Schläge des Pflegevaters und die Beschimpfungen der Pflegemutter mit einer Art hochmütigem Trotz hingenommen, nicht aus Gleichgültigkeit sich selbst gegenüber wie der arme Peter. Ich weiß, dass ich nicht so bin, wie ihr sagt. Ich bin besser als ihr. Das Gemeindekind hatte ihr geholfen, der Mutter endlich von ihrer schlimmen Zeit auf dem Kotten zu berichten. Manches hatte ihr wohl auch der Stiefvater schon erzählt. Seitdem hat sich in Claras Kopf einiges zurecht gerückt. Der Makel, der ihr anhaftet, ist nicht der ihre, sondern einer, der ihr aufgezwungen wurde. Von den gehässigen Pflegeeltern und auch im Kinderhaus war sie im Streit von den älteren Kindern als Bastard, Bankert oder Wechselbalg beschimpft worden. Als sie noch klein war, hatte sie nicht verstanden, was die Größeren damit meinten und in aller Unschuld nachgefragt. Nicht nur, dass man sie auslachte, nein, von da an wusste sie auch, dass es sich dabei um ganz üble Schimpfwörter handelte, die nicht nur sie selbst, sondern auch die Mutter in den Schmutz zogen. Sie hatte sich zutiefst geschämt und war tagelang allen Kindern aus dem Weg gegangen. Dann aber hatten Trotz und Wut die Oberhand gewonnen und sie hatte sich gegen die Erniedrigung zur Wehr gesetzt, mit Fäusten und Fußtritten.

Die Menschen in Wuppertal kennen sie nur als Tochter von Anton und Martha Westermann. Ihre Vergangenheit spielt keine Rolle. In der Schule hatte der Vater sie gleich als seine Tochter angemeldet, obwohl das Adoptionsverfahren noch nicht abgeschlossen war. Merkwürdigerweise fragte nie jemand nach, warum sie erst so spät angemeldet worden war. Sie war einfach Antons Tochter.

Manchmal schnappte Clara sich auch das kleine braune Inselbuch mit den Rilke-Gedichten. Wenn sie sich die Gedichte vorliest, wird sie ein anderer Mensch, besser, aber auch verletzlicher. Eines hat sie auswendig gelernt. Mit seinem wiegenden, sanften Rhythmus weckt es eine Sehnsucht in ihr, die sie nicht benennen kann.

Wie soll ich meine Seele halten, daß sie nicht an deine rührt? Wie soll ich sie hinheben über dich zu anderen Dingen? Ach gerne möcht ich sie bei irgendetwas Verlorenem im Dunkel unterbringen an einer fremden stillen Stelle, die nicht weiterschwingt, wenn deine Tiefen schwingen Doch alles, was uns anrührt, dich und mich, nimmt uns zusammen wie ein Bogenstrich, der aus zwei Saiten eine Stimme zieht. Auf welches Instrument sind wir gespannt? Und welcher Geiger hat uns in der Hand? O süßes Lied.

Leise flüstert sie die Verse vor sich hin, merkt nicht, wie Hertha an ihr zupft und zerrt, fühlt nur einen bohrenden Schmerz über einen unbestimmbaren Verlust. Fühlt sich verloren. „Lara, Lara, komm.“ Hertha quengelt wieder, laut, fordernd. „Gleich, gleich. Nur noch ein paar Minuten. Warte.“ Clara kramt in ihrer Manteltasche und fördert ein eingepacktes Bonbon zutage. „Hier.“ Hertha grapscht nach der Süßigkeit und ist erst einmal mit dem Auswickeln beschäftigt.

Ach Mutter. Wie sollte sie nur ohne ihre Liebe weiterleben? Wohl ist der Stiefvater liebevoll und freundlich. Aber zur Mutter hatte sie eine besondere Bindung. Ihr Tod hinterlässt in ihrer Seele eine Lücke, die der Vater, der Stiefvater, so lieb er ist, nicht füllen kann. Hinzu kommt, dass er sich immer mehr aus dem Familienleben zurückgezogen hat, seit die Tante da ist.

Clara kann die Tante nicht ausstehen. Nicht ihre Pedanterie, nicht ihr bigottes Getue. *Prick* hatte alles zu sein, wie geleckt. Und wehe, ein Dreckkrümelchen verirrt sich in den Wohnraum. Die jüngeren Geschwister gehen nur noch auf Zehenspitzen und unterhalten sich flüsternd.

Die Tante hat sich als glühende Patriotin entpuppt. Mit dem Satz: „Und führe unsere Soldaten bald zu einem glorreichen Sieg über unsere Feinde", beschließt sie seit Kriegsbeginn jedes Gebet, sogar das Tischgebet. Für Erichs Kriegsführung im Kinderzimmer bringt sie ein gewisses Wohlwollen auf und hat damit seine Zuneigung gewonnen. Wenn sie ihm eine Aufgabe überträgt, steht er wie ein kleiner Soldat vor ihr, das Kinn vorgereckt, die rechte Hand zackig an der Schläfe, aufrecht, die Hacken zusammengeschlagen. „Jawohl, Tante", und erwartet ihre Anordnungen. Clara muss sich dann immer sehr beherrschen, um nicht dazwischen zu fahren.

Die Tante führt ständig den Herrn im Munde, nicht nur bei den Gebeten zu den Mahlzeiten. Lob sei dem Herrn für seine Gnade. Lob und Dank dafür, dass wir alle ein Dach über dem Kopf haben, dass wir täglich satt werden, dass er für uns sorgt. Preis und Dank, dass wir keine Not leiden. Clara möchte nicht den lieben Gott für alles Gute, auch nicht für alles Schlechte verantwortlich machen. Sie fühlt sich erwachsen und ist dem Kinderglauben längst entwachsen. Nur heute sehnt sie sich nach einem tröstlichen Gebet. Nur heute wünschte sie ihn sich noch einmal zurück, ihren lieben Gott der Kindheit. Dann könnte sie glauben, dass alles gut und richtig ist und die Mutter für einen höheren Sinn gestorben ist.

Stattdessen steht sie hier am Grab, mit einem quengelnden Kleinkind an der Hand und weiß nicht, wie es weitergehen soll. Nun hatte die Mutter auch noch die Antwort auf die eine, die drängendste Frage, mit ins Grab genommen.

Wer ist mein Vater? Woher komme ich? Was ist mit deiner Familie, Mutter? Deinen Eltern, deinen Geschwistern? Die Mutter war diesen Fragen immer ausgewichen, später, wenn du besser verstehst, ich kann noch nicht. Ich weiß nicht. Wenn du größer bist. Wenn die Zeit gekommen ist. Aber die Zeit kam nicht. Nun ist es zu spät.

In den ersten Wochen und Monaten nach ihrer Heimkehr hatte die Freude, einander gefunden zu haben, überwogen. Clara hatte die Zärtlichkeiten der Mutter genossen, sich geborgen und geliebt gefühlt. Ein neues, ungewohntes, wunderbares Gefühl. In den ersten Wochen war sie ihrer Mutter wie ein Hündchen überall hin gefolgt, konnte gar nicht genug bekommen von ihrer Nähe. Sie wollte sie mit allen Sinnen in sich aufnehmen. Sie vergrub ihre Nase in der Halsbeuge der Mutter, abends, beim Zubettgehen, fasste sie tagsüber ständig an, strich ihr über den Arm und die Haare, rieb ihre Wange am Handrücken der Mutter. Bis dann diese Frage kam, wie aus dem Nichts. „Wer ist mein Vater?" Clara hatte sofort gespürt, wie ihre Mutter sich veränderte. Sie rückte von ihr ab, drückte ihren Rücken durch, ihre Augen wurden dunkel, ihre Lippen waren fest aufeinander gepresst. „Frag nicht, später vielleicht", hatte die Mutter abgewehrt. So hatte es angefangen.

Clara konnte nicht anders. Immer wieder musste sie die Frage stellen. Immer wieder hörte sie dieselben Antworten. Immer wieder geriet sie wegen der Ausflüchte der Mutter in Rage. Manchmal umkreisten Mutter und Tochter einander, zugleich angezogen und abgestoßen von der anderen. Jede Berührung, jede Umarmung bekam dann einen Doppelsinn. Je öfter die Mutter sich der Frage entzog, desto mehr verbiss Clara sich in den Gedanken, herausfinden zu müssen, wer ihr Vater war.

Nachts träumte sie von ihm. In ihren Träumen war er groß, schlank, hatte dunkle, weiche Augen, eine gerade Nase, volles braunes Haar, glatte Wangen, einen großen Schnäuzer und eine sanfte Stimme. Hartnäckig versuchte Clara, das Traumgebilde in den Alltag hinüberzuziehen. Ihre Unwissenheit begann sie zu quälen, fachte den Zorn in ihr an. Dieser jähe Zorn machte sie wehrlos. Sie verlor den Boden unter den Füßen. Schon im

Kinderhaus hatte sie ab und zu dieses Gefühl der ohnmächtigen Wut überwältigt. Dann war sie außerstande, sich zusammenzureißen. In sich spürte sie einen ungeheuren Zerstörungsdrang. Dann schlug sie um sich, kratzte, biss, wenn jemand sie festhielt. Sobald der Wutanfall vorbei war und sie sich wieder beruhigt hatte, schämte sie sich. Häufig, wenn die Mutter ihren Fragen auswich, spürte sie wieder die Wut wie eine Welle in sich aufsteigen, spürte die Lust, die Mutter zu treten, zu beißen, ihr die Haare auszureißen, wie beim ersten Mal, kurz nach Marias Geburt. Das kann sie sich bis heute nicht verzeihen. Damals hatte sie sich geschworen, ihren Jähzorn zu bändigen, ihn nicht mehr herauszulassen. Seitdem richtete sie die Wut meist gegen sich selbst, verkroch sich in einem dunklen Winkel, biss sich in die Finger, kniff sich in die Arme und Beine, bis Blut kam. Manchmal, wenn sie sich gar nicht anders zu helfen wusste, schnitt sie sich mit einem Messer in die Wade, wo es keiner sehen konnte. Der scharfe, stechende Schmerz brachte sie zur Besinnung.

Lebt der Vater noch? Oder ist er tot? Wie die Mutter. Vielleicht ist er Soldat und im Krieg? Nie wird sie erfahren, warum die Mutter ihr nicht von ihrem Vater erzählen wollte. War er so ein schrecklicher Mensch?

Plötzlich wird Clara bewusst, dass das Kind neben ihr nicht mehr schreit, nicht mehr an ihrer Hand oder ihrem Rock reißt. Erschreckt schaut sie sich um, sieht, wie Hertha in einiger Entfernung den Weg hinunter energisch vor sich hin stapft. Clara löst sich aus ihrer Erstarrung. Die Kiefermuskeln tun ihr weh und ihre Füße sind eiskalt. Jetzt erst nimmt Clara den eisigen Novemberwind wahr. Mit steifen Beinen rennt sie hinter der kleinen Schwester her, die gerade um eine Ecke biegt.

Kapitel 31 – Bernhard, 1916

Es ist vorbei. Die letzten Gäste haben sich verabschiedet, der Lärm von klirrenden Gläsern und Tassen und den Gesprächen der Trauergemeinde ist abgeebbt. Wie immer auf Beerdigungen war das Gespräch der Anwesenden nach einiger Zeit aufgelebt, es wurde gelacht und gescherzt. Hubertus als der Älteste hatte in einer kurzen Rede noch einmal der Mutter gedacht, jeder wusste eine Geschichte über die Verstorbene zu berichten.

Die Bedienung eilt geschäftig hin und her, räumt Tassen und Teller, Gläser und Besteck, Kuchen- und Schnittchenteller von den langen Tischen. Trotz des Krieges gibt es hinreichend zu essen, Brot mit westfälischem Knochenschinken von Hubertus und den üblichen Beerdigungskuchen: Streusel- und Zuckerkuchen, wenn auch nicht mit Butter gebacken, geschmeckt hatte er trotzdem. Sogar echten Bohnenkaffee hatte Elisabeth aufgetrieben. Sie war in solchen Dingen sehr geschickt.

Eine schöne Beerdigung, eine der Mutter würdige Beerdigung. Darin sind sich die Geschwister einig. Dass so viele ihr das letzte Geleit geben würden, hätten sie nicht gedacht, so zurückgezogen, wie die Mutter die letzten Jahre gelebt hatte. Etliche Trauergäste hatten ihren Beileidsbekundungen noch das ein oder andere Wort hinzugefügt. So eine feine Frau, Ihre Mutter. So hilfsbereit, so gütig. So mitfühlend. So freigiebig. So eine tapfere Frau. Ich werde sie vermissen. Fast jeder wusste ein Lob auszusprechen. Den Geschwistern hatten die Ohren geklingelt. War ihre Mutter eine Heilige gewesen? Was hatten sie nicht mitbekommen? Hubertus war nichts aufgefallen, außer, dass die Mutter regelmäßig die Frühmesse besuchte und sonntags meist eine Stunde mit dem Pfarrer verbrachte. Der Pfarrer. Auch er hatte in seiner etwas gestelzten Sprache die Vorzüge dieser Frau, die sich eine wahre Christin nennen durfte, besonders hervorgehoben. Sie war so leise und still gegangen, wie sie die letzten Jahre gelebt hatte. Alvine konnte keine Kinder bekommen. Keine Kinder, kein Hoferbe. Ohne Hoffnung auf Enkel auf dem Hof wurde ihr das Leben ohne Sinn und Zweck wohl eine Last, die sie schließlich ohne Aufhebens abstreifte. Die Küchenmagd hatte sie tot im Bett gefunden.

Der Bestatter zog der Mutter ihr schwarzes Hochzeitskleid an, das sie ein Leben lang begleitet hatte, dessen vorsorglich eingenähte Abnäher alle paar Jahre, den körperlichen Veränderungen entsprechend, ausgelassen wurden. In den letzten Jahren allerdings war ihr das Kleid zu groß geworden. In den

Händen hielt sie einen Rosenkranz. *Wie im Leben, so im Tod.* Ihr Gesicht hatte friedlich ausgesehen. Als sein Bruder Hubertus ihm die Todesnachricht überbrachte – er war extra nach Münster gefahren – überkam Bernhard ein schlechtes Gewissen. Hätte er sich mehr um die Mutter kümmern müssen? Sie hatte sich nie beklagt, dass er seit einigen Jahren immer seltener zu Besuch kam. In der Familie sprach man nicht über persönliche Befindlichkeiten.

Die Geschwister sitzen am Familientisch, Bernhard zwischen Hubertus und den Schwestern. Otto fehlt. Ob ihn die Nachricht vom Tod der Mutter überhaupt schon erreicht hat? Der Bruder ist im Feld. Sein erster und bislang einziger Brief seit seiner Flucht an die Front kam aus Flandern. In dem Brief verhehlte Otto seinen Widerwillen nicht gegen die, wie er schrieb, sinnlose Vergeudung von Menschenleben. Dennoch schwang in seinen Worten eine gewisse Befriedigung mit, an der Front gebraucht zu werden, wenn schon nicht Lebenssinn, so wenigstens den Soldaten einen gewissen Halt in und durch Gott vermitteln zu können.

Das Wichtigste ist schon geregelt. Hubertus als Hoferbe hat den Geschwistern ihr Erbteil auszuzahlen. Bleibt der Haushalt der Mutter: Das Familienservice, das Silberbesteck, die leinene Bettwäsche und die Damasttischdecken mit dem Monogramm der Mutter, zwei ineinander verschlungene Buchstaben, H und A, Hermine Aschoff, einige schöne alte Eichenholzschränke, ein Sekretär und die Hochzeitstruhe der Mutter.

Den Schmuck teilen sich die Schwestern. Das Service und das Besteck haben sie Bernhard gegen seinen Willen aufgeschwatzt. Die Möbel sind rasch verteilt. Das Meiste bleibt auf dem Hof. Hubertus hat schon eine Verwendung für die Truhe. In ihr wird er künftig alle Hofunterlagen verstauen. Eiche. Hält trocken und schützt vor Ungeziefer.

Die Schwestern sind vollständig eingerichtet. Auch Bernhards Wohnung ist komplett. Nur den Sekretär der Mutter möchte er mitnehmen. Aus Nostalgie und weil er ihn für seine Stundenvorbereitungen und Korrekturen brauchen kann. So voll gestellt mit Möbeln die Wohnung der Tante ist. Einen Sekretär hatte sie nicht.

Elternlos. Plötzlich steht das Wort im Raum. Beide Eltern sind nun tot. Die Beerdigung des Vaters noch zu Friedenszeiten war mit allem Pomp begangen worden, wie es einem Schulzen und ehemaligen Bürgermeister gebührte. Die Vorsitzenden der unterschiedlichen Verbände, in denen der Vater aktiv gewesen war, waren gekommen, die Bürgermeister der umliegenden Dörfer, fast alle Bauern der Gemeinde hatten dem Vater die letzte Ehre erwiesen. Der Jagdverein hatte am Grab das Halali geblasen. Jagd vorbei. Ruhe in Frieden. Der Pfarrer hatte die Verdienste des Verstorbenen in seiner Predigt mit den üblichen Phrasen beschrieben: weit blickender und engagierter Bürgermeister zum Wohle der Gemeinde, großzügiger Spender für die Kirche, gradliniger Christ und Familienvater ... Die Dorfkirche hatte nicht alle Trauernden aufnehmen können. Viele mussten draußen stehen. Zum Glück spielte das Wetter mit. Die Sonne strahlte von einem fast wolkenlosen Sommerhimmel. Der kleine Friedhof hinter der Kirche konnte die Massen kaum fassen. Der Saal des Gasthofes war bis in den letzten Winkel gefüllt. Es mussten noch zusätzlich Stühle herbeigeschafft werden. Es gab die übliche Rinderbouillon mit Einlage, Tafelspitz mit Zwiebelsauce und Kaffee und Kuchen. Damit schloss sich der Kreis von der Hochzeit zur Beerdigung. Alle Trauergäste hatten reichlich zugelangt.

Die Inschrift auf dem Grabstein hätte den Vater gefreut:

Friedrich Schulze-Brockhoff
1840-1913

stand da in schnörkellosen Lettern auf Havixbecker Sandstein. Der Schulze war ihm immer so wichtig gewesen. Nun mussten die Daten der Mutter in die noch freie Fläche gemeißelt werden.

Hermine Schulze-Brockhoff, geb. Aschoff
1842-1916

Elternlos. Ein Gefühl der Verlassenheit überwältigt Bernhard inmitten seiner Geschwister. Mühsam hält er die Tränen zurück.

Weinen vor den Geschwistern, gar in der Öffentlichkeit vor anderen? Das wäre ihm unangenehm. Bernhard schnäuzt die aufkommenden Tränen in sein Taschentuch. Neidisch schaut er auf seine Geschwister. Hubertus, nicht glücklich, aber immerhin verheiratet. Luise scheint das große Los mit ihrem Dietrich gezogen zu haben. Zumindest turteln sie sogar, wie peinlich, in der Öffentlichkeit. Dabei sind sie schon mehrfache Eltern. Ihre Kinder, zwei Jungen und ein Mädchen, strotzen vor Energie und führen abwechselnd das Wort am Kindertisch, sogar der Kleine, der Nachkömmling. Wie hieß er gleich? Friedrich, genau. Elisabeth. Else. Sie hat sich seit der Heirat vor acht Jahren am meisten verändert. Wie immer modisch gekleidet, sogar jetzt im Krieg, erzählt sie von Kaffeekränzchen mit ihren Freundinnen und redet viel oberflächliches Zeug. Ständig singt sie das Loblied ihres einzigen Sprösslings. So ein intelligentes, so ein kluges Kind. All ihren gesellschaftlichen Ehrgeiz scheint sie schon jetzt auf diesen armen Vierjährigen zu projizieren. Der wirtschaftliche Erfolg ihres Mannes ist ihr offensichtlich zu Kopfe gestiegen. Kriegswichtig. Nicht einmal an die Front muss er. Der Junge sitzt mit den anderen Cousins und Cousinen am Nachbartisch, schielt ab und zu herüber und schneidet Grimassen.

Bernhard steht auf. Er muss Abstand schaffen. Plötzlich erträgt er die Nähe seiner Geschwister nicht mehr. Sie stehen alle mitten im Leben. Und er? Als Gymnasiallehrer hat er zunehmend das Gefühl, vor einer Wand zu sprechen. Die Jungen machen aus ihrem Desinteresse für Grammatik und Syntax im Lateinischen und Griechischen keinen Hehl. Ihre Gespräche kreisen um den gegenwärtigen Krieg und nicht um das Gedankengut antiker Schriftsteller und Philosophen. Manchmal schämt er sich fast, nicht eingezogen worden zu sein. Aber Lehrer sind ausdrücklich vom Kriegsdienst befreit.

Wenn er nachmittags nach Hause kommt, schreit ihn die Stille seiner Wohnung an. Dann vergräbt er sich in die Schriften seiner Lieblinge. Oder liest sich durch die Bücherwand seines Onkels. Bis zu seinem Tod hatte dieser anscheinend Wert darauf gelegt, literarisch auf dem neuesten Stand zu bleiben.

Bernhard liest Kafka und Schnitzler und Hofmannsthal und Fontane und sogar Karl May, obwohl der ihn mit seinen weitschweifigen Darstellungen bisweilen langweilt. Er liest die Bücher, weil sie ihm fremde Länder nahebringen, in die er nie fahren wird. Er liest sie, weil sie ihn ablenken von der Tristesse seines Alltags, von den Zumutungen der offensichtlich immer wieder geschönten Kriegsnachrichten. Da sind ihm die Scharmützel zwischen Indianern und Weißen lieber.

Die Romane von Dickens und Dostojewski lassen ihn Teil haben an einer fremden Welt voller Armut und Schlechtigkeit, aber auch voller Herzensgüte, eine Welt, die er nie erlebt hat und die er nie kennenlernen wird. Das sind die Lebensumstände, in denen die Kostgänger seiner Klasse aufwachsen, glaubt er – ohne es je zu überprüfen – das ist das Leben, das wohl auch Martha führt. Diese Vorstellung weckt in ihm jedes Mal Schuldgefühle. Er liest Zola. Er liest über Armut und Elend und Alkohol und Schläge und Verzweiflung und Aussichtslosigkeit. Und denkt dabei an Martha. Immer noch und immer wieder bedrängt ihn seine Erinnerung. Martha und Henriette. Nie wieder wird er sich einer Frau nähern.

Die scharfsichtigen, auch boshaften Darstellungen von Charakteren in der *Comédie humaine* von Balzac hingegen bereiten ihm ein ungeahntes Vergnügen. Der mitleidlos scharfe Blick auf die menschlichen Abgründe amüsiert ihn. Einen Band nach dem anderen verschlingt er an vielen langen Winterabenden. Seine papierene Welt.

Bernhard steht ohne Mantel vor dem Gasthof. Der Wind ist böig, die Luft kalt. Es ist ihm gleichgültig. Er weiß nicht mehr, was dieses Leben soll. Er weiß nicht, wie er dieses Leben aushalten soll. Wenn wenigstens Otto da wäre.

Kapitel 32 – Clara, 1917

Geschützdonner, Heulen, Zischen, Jaulen und Krachen von Granaten. Qualm und aufspritzende Erde, zerrissene Leiber. Schreie. Ein Gestank von verwesenden Leibern, Menschen und

Pferden. Seit Tagen tobt die Materialschlacht in Flandern. Die Soldaten sind zu Tode erschöpft.

Selbst hinter der Front ist das Schlachtgetöse noch zu hören. Die Säle des provisorischen Lazaretts, in dem Clara seit Wochen arbeitet, sind hoffnungslos überfüllt. Es ist zum Verzweifeln. Kaum Betten, wenig Decken. Die meisten Soldaten liegen da in voller Montur. Drinnen ist es fast so kalt wie draußen. Wegen der Kälte ist wenigstens der Gestank von Eiter, Kotze und Kot erträglicher. Viele liegen im Sterben.

Direkt neben dem provisorischen Eingang liegt so einer. Auch so ein armes Schwein. Beide Beine bis weit über den Oberschenkel zerfetzt. Die Operation ist wohl geglückt, aber er hat viel Blut verloren. Auch scheint ihn das Wundfieber gepackt zu haben. Kein Wunder, bei den hygienischen Verhältnissen. Aber Desinfektionsmittel gibt es kaum noch, die Narkosemittel gehen zur Neige. Gut, dass viele bei der Operation durch die Schmerzen in eine gnädige Ohnmacht fallen. Sie geht zu ihm, schaut nach ihm. Clara tastet nach seiner Hand, hält sie fest, schaut ihn an. Seine Hand ist trocken und heiß. Seine Augenlider zucken. Hat er sie angeschaut? Sie lächelt. „Schsch, alles gut." Eigentlich hat Clara keine Zeit, aber zu diesem Menschen fühlt sie sich hingezogen. Er liegt da auf der Pritsche, so allein, so Gott verlassen, so ruhig, fast friedlich. Nur ab und zu hört sie ihn stöhnen. Haben sie nicht gesagt, als sie ihn hereintrugen, er sei Geistlicher?

Vielleicht verleiht ihm sein Glaube die Kraft, in Frieden zu sterben? Sie wünscht es ihm. Zu oft hat sie Soldaten in ihrem Todeskampf gesehen, die sich trotz schwerster Verletzungen gegen den Tod aufbäumten, heulten, tobten. Bei manchen dieser armen Menschen dauerte der Todeskampf Tage, bei manchen Stunden. Nur wenigen gelang es, in Frieden zu sterben. Dieser hier liegt ganz ruhig, als erwarte er den Tod als Gast. Ein Namensschild an seiner Pritsche hielt man nicht mehr für nötig. Das lohnt nicht mehr bei dem. Der stirbt ja doch, je schneller, desto besser. Solche Bemerkungen versetzen Clara jedes Mal einen Stich in die Brust. Noch immer nicht hat sie sich an den rauen, zynischen Ton gewöhnt, mit dem im Lazarett über Leben und Tod gesprochen wird.

Clara lässt die Hand des Feldgeistlichen nicht los, schaut in sein hageres Gesicht, betrachtet seine widerborstig abstehenden Haare, die eingefallenen Wangen mit den dunklen Bartstoppeln. Die Augen liegen tief in ihren Höhlen. Ab und zu öffnet er den Mund, als wolle er etwas sagen, oder als spräche er mit jemandem. Liebend gern würde sie wissen, was hinter der Stirn dieses sterbenden Menschen vor sich geht. Sie meint, die Andeutung eines Lächelns in seinem Gesicht zu sehen.

Die geschlossenen Lider flattern. Clara achtet nicht auf die Zeit und bemerkt erst, als sich seine Züge entspannen und die Kinnlade herunterklappt, dass seine Hand auf einmal schlaff und schwer ist und sich gar nicht mehr so heiß anfühlt. Wieder einer. Wieder ein Opfer dieses grausamen Krieges. Claras Augen brennen, Tränen hat sie schon längst nicht mehr. Dafür lodert in ihr ein Zorn, der ihr die Kraft zum Weitermachen gibt. Sie kann das Elend nicht verhindern, die endlosen Kämpfe, das Warten, das Elend, den Tod. Aber sie kann ein wenig Menschlichkeit in diesen sinnlosen Krieg tragen. Nicht nur Soldaten, auch Zivilisten müssen dran glauben. Menschen wie dieser namenlose Feldgeistliche. Nichts lässt der Krieg übrig von den Menschen. Nur Tote und Krüppel. Körperlich wie seelisch. Die stumpfen Blicke der Soldaten verfolgen Clara bis in ihre Träume. Helfen ist so schwer. Helfen wollte sie, als sie sich nach dem Tod der Mutter zur Krankenpflegerin ausbilden ließ. Sie wollte helfen, ja. Aber sie wollte auch fliehen. Vor der Verantwortung für die Geschwister, vor allem vor der Trauer des Vaters. Der Tod der Mutter hatte ihn schwer getroffen. Er verlor seine optimistische Haltung. Oft fand sie ihn vor sich hin starrend, den Stift nutzlos in der Hand, im Kabuff hinter dem Laden über den Kassenbüchern sitzen. Es rührte sie, ihn so verloren zu sehen. Aber sie konnte ihm nicht helfen. Die Stimmung in der Familie war gedrückt und wurde für Clara immer unerträglicher.

Sie setzte ihren Kopf gegen den Stiefvater durch. Ihr schlechtes Gewissen der Familie gegenüber beschwichtigte sie mit dem Argument, dass die Tante ihre Hilfe im Haushalt ohnehin nicht wollte. Die herrschte lieber allein. Es wäre auch nicht gut gegangen. Nie hätte sie sich der Tante untergeordnet. Wie sehr die Mutter, trotz ihrer Schwäche, immer wieder ausgleichend gewirkt hatte, merkte Clara, als sie nicht mehr da war. Um die Geschwister machte sie sich nur wenig Gedanken. Marie lebte mit ihren acht Jahren in ihrer Puppenwelt. Zu dem verschlossenen Erich hatte sie sowieso keine Beziehung. Er kapselte sich ganz von der Familie ab. Zu Hertha hatte die Tante ohnehin den besten Zugang. Außerdem war da noch Adele, die Dienstmagd.

Nach sechs Wochen Ausbildung konnte sie ihre erste Stelle als Krankenpflegerin antreten, zunächst im Kinder-Hospital in Wuppertal. Die Arbeit befriedigte sie mehr, als sie erwartet hatte. Clara fühlte sich gebraucht und in ihrem Tun wichtig und anerkannt. Aber sie wohnte immer noch zu Hause.

Dann hatte sie die Plakate gesehen, die für einen Einsatz als Krankenschwester an der Front warben. Ein verletzter Soldat in einem sauberen Bett, gut versorgt, der vertrauensvoll zu einer Krankenschwester aufschaut, die sich lächelnd zu ihm herabbeugt. Vielleicht konnte sie den Soldaten an der Front helfen und so dem häuslichen Elend entfliehen? Sie meldete sich freiwillig beim Deutschen Roten Kreuz. Seitdem ist sie umgeben von unfassbarem Leid. Manchmal glaubt sie, es nicht mehr aushalten zu können. Aber wie kann sie die anderen Schwestern im Stich lassen? Ohnehin sind sie viel zu wenige. Und die Not wird von Tag zu Tag größer. Gut, dass der Vater nicht weiß, wie sehr sie ihre Entscheidung bereut. Der Stiefvater, den sie voller Zuneigung von Anfang an Vater genannt hatte. Sie hat ihn im Stich gelassen, obwohl sie ihm so viel zu verdanken hat.

Ganz versunken ist sie in ihre Gedanken, merkt nicht, dass sie immer noch die Hand des Priesters hält.

„Clara?“ Ein Sanitäter hat den Krankensaal betreten. Sie schaut auf. Fragender Blick. „Wieder einer“, sagt sie und faltet die Hände des Toten über seiner Brust.

Kapitel 33 – Joan, 1918

Das Pferd schnauft, röchelt. Es hat sich an die Gasmaske gewöhnt, aber das Atmen fällt ihm schwer. Auch Joan zieht die gefilterte Luft tief in die Lungen. Das Pferd dampft, seine Flanken zittern. Ruhig, ganz ruhig. Weg von diesem grauenvollen Feld führt er sein Pferd hinter den Schützengraben in den Bunker, wo auch die Ställe sind. Er hat während des Ritts versucht, nicht genau hinzuschauen. Wollte nicht die vielen Toten sehen, den Todeskampf von verwundeten Menschen und Tieren. Hatte die Ohren verschlossen vor ihren Schreien, ihrem Röcheln. Wollte nicht mitbekommen, wie die toten Pferde ausgeweidet und in Stücke gehackt wurden. Einmal hatte er Kameraden Pferdefleisch essen sehen. Seitdem ernährt er sich nur noch von Maisbrot und Dörrgemüse. Wenn es das gab. Oft dämpft er den Hunger auch mit einer Zigarette. Wie alle Soldaten hat Joan sich das Rauchen angewöhnt. Er beeilt sich, zurück in den Schutz der Gräben und Unterstände zu gelangen. Nicht nur das Pferd ist am Ende seiner Kräfte. Die letzten Kilometer im Galopp über das offene Feld, über Leichen und Pferdekadaver und aufgerissene Erde hinweg haben ihn alle Energie gekostet.

Er nimmt dem Pferd den Sattel ab, streicht Salbe auf die Geschwüre, die sich darunter gebildet haben.

Wieder einen Tag überlebt. Trüber Himmel, klebriger, schwerer Boden. Von Granaten und Kanonenkugeln zerfetzte Bäume ohne Laub. Dabei hatte der Herbst gerade erst begonnen. Die Landschaft wie gelähmt. Einzig ein Schwarm Krähen hüpft krachzend zwischen den Leichen umher, pickt hier, zupft da. Sonst kein Leben. Nach dem Geschützdonner dröhnt die Stille Joan in den Ohren.

Weg hier. Weit weg. Nein. Er kann das Pferd nicht allein lassen. Zu oft hat er mitansehen müssen, wie brutal manche Kameraden mit den Pferden umgingen. Das sind doch Lebewesen, nicht Kriegsmaterial, das man abstellen und hervorholen kann. Wer Tiere so schlecht behandelt, mit dem will er nichts zu tun haben. Joan spricht mit dem Pferd, streichelt seine Flanken. Er ist empört. Über die Abgestumpftheit und Gleichgültigkeit der Soldaten. Reden tut er mit ihnen nur das Nötigste. Insgeheim verachtet er sie alle. Wie sie in den Gefechtspausen dumpf und stumm auf ihren niedrigen Pritschen liegen. Manche sitzen zusammengesunken und rauchend auf den roh gezimmerten Bänken vor den Unterständen. Andere lesen. Kaum jemand unterhält sich. Lachen, scherzen? Fehlanzeige. Höchstens mal im Offizierskasino.

Selbst als Obdachloser in Dortmund hatte er noch das Gefühl, ein Mensch zu sein. Aber hier? In dieser braungrauen schlammigen Weite? Nur Dreck und Läuse und Wanzen und schimmeliger Fraß. Und Ratten und Kälte und Nässe und Langeweile und Gleichgültigkeit und Schützengräben, endlos. Immer muss man in gebückter Haltung laufen. Wohin, wozu? So hat er sich den Krieg nicht vorgestellt, nicht so, so ... entmenschlichend.

Manchmal gibt es einen Angriff. Dann tobt der Himmel, zischt und jault und bringt tödliche Luft. Wer nicht schnell genug seine Gasmaske überstülpt, ist verloren. Dem Pferd nimmt Joan die Maske nur noch ab, wenn es frisst. Wenigstens das Tier soll überleben. Es kann ja nichts dafür. Dieses Vaterland ist Joan längst schnuppe. Nur für die Pferde, für sein Pferd, fühlt er sich verantwortlich.

Hätte er das gewusst. Das Vaterland, die Heimat. Patrioten kämpfen für das Vaterland. Held sein. Ein Held wollte er gar nicht werden, aber ein guter Patriot sein. Damals, 1914 hatte er sich zurückgesetzt gefühlt, als sie ihn nicht genommen hatten. Wegen seinem Fuß, weil er ein Krüppel war. Ha, Krüppel. Da war er nichts wert. Und jetzt? Jetzt brauchten sie ihn doch. Plötzlich war sein kaputter Fuß unwichtig. Ja klar. Als Meldegänger musste man reiten, nicht laufen. Wenn er nur vorher gewusst hätte, was ihn erwartete. Joan lehnt sich an die Flanke des Pferdes. Die Wärme des Tiers beruhigt ihn ein wenig.

Seit dem Gestellungsbefehl vom 23. August 1917 ist er Soldat. Aufgabe: Meldereiter bei der Artillerie. Acht Monate sind seitdem vergangen. Ostern ist gerade vorbei. Es kommt ihm wie eine Ewigkeit vor.

Stolz war er gewesen und glücklich, doch noch Soldat werden zu dürfen. Zwölf Jahre war er nach jenem Frühling mit dem Brandanschlag durch Norddeutschland geirrt, von Hof zu Hof, von Dorf zu Dorf. Die Städte hatte er gemieden. Er lernte, mit Maschinen umzugehen, sie zu reparieren. Er war geschickt. Es fehlte ihm nicht an Aufträgen. Für seine Arbeit verlangte er oft nur Kost und Logis. Zu essen gab es auf dem Land auch im Krieg genug. Anders als in den Städten, wo sich die Not des Krieges bemerkbar machte. Vom Steckrübenwinter hörte Joan. Die Frauen standen oft in langen Schlangen vor den Geschäften. Für ein Brot, einen Klumpen Fett. Wie Heuschrecken schwärmten sie aufs Land, auf die Höfe. Immer auf der Suche nach etwas Essbarem. Joan fiel auf, wie sich die Stimmung änderte. Die Kriegsbegeisterung der ersten Kriegsmonaten war weg. Die Frauen, die auf die Höfe kamen, wirkten grau und kraftlos. Der Hunger machte sie schwach und missmutig. Dafür lebten die Bauern gut.

Die Leute mochten ihn. Nach dem Brandanschlag hatte er nie wieder einen Tropfen Alkohol angerührt. Warum? Er wusste es selbst nicht. Er führte ein gutes Leben. Einerseits. Andererseits spürte er eine Unruhe in sich, die ihn immer weiter trieb. Dann hatte ihm jemand erzählt, dass sie in der Artillerie Leute brauchten, die mit Pferden umgehen konnten. Er hatte sich sofort gemeldet.

Als er in der Kaserne das erste Mal den Pferdestall betrat, fühlte er sich, als sei er nach Hause gekommen. Er verstand plötzlich. Seine Bestimmung waren die Pferde, nicht die Maschinen. Die waren nützlich, aber ohne Seele. Die Ruhelosigkeit fiel von ihm ab, wenn er die Wärme der Tiere fühlte, ihr Prusten und Schnauben an seinem Hals spürte. Zuneigung. Bilder kommen hoch. Die Abende im Sommer vor der Tenne. Lachen und Scherzen mit dem Gesinde. Schwalben im Tiefflug. Mückenschwärme in abendlichen Sonnenstrahlen. Ab und zu das Poltern der Pferde. Nach getaner Arbeit stellte er sie in ihre Boxen ein. Sicherheit. Ruhe. Fröhlichkeit. Mári. Ihr Lächeln. Nach dem Brandanschlag glaubte er lange, die Erinnerung an sie begraben zu haben. Seit er in dieser Hölle lebt, denkt er wieder häufiger an sie. Sie besucht ihn in seinen Träumen. Er will sie festhalten, aber immer entgleitet sie ihm. Joan steigt der süßliche Geruch von Verwesung in die Nase. Es schüttelt ihn. Was für ein Leben. Kein Leben.

Plötzlich eine heftige Detonation. Steine, Erde, Holz wirbeln durch die Luft, prasseln auf ihn und das Pferd nieder. Das keilt aus, steigt. Er lässt die Zügel los. Eine zweite Detonation, direkt neben ihm. Er verliert das Bewusstsein.

Teil 2

Kapitel 34 - Clara, 1918

Claras Kopf dröhnt, der Hals schmerzt. Reibeisenschlucken. Nur widerwillig hat sie dem Drängen Eberhards nachgegeben. Nun ist sie froh, dass Eberhard sie überredet hat, einen Spaziergang an der Wupper zu machen. Sie kennt den jungen Mann noch nicht lange. Doch gleich bei ihrer ersten Begegnung im Krankenhaus hat sie sich zu ihm hingezogen gefühlt.

Nach ihrem Zusammenbruch und der Rückkehr in die Heimat noch vor Kriegsende hat Clara eine Anstellung als Krankenschwester auf der Wöchnerinnenstation gefunden. Dort haben sie sich kennengelernt. Eberhard besuchte seine Schwester, die gerade entbunden hatte. Sie hatte ihm zur Vaterschaft des strammen Jungen gratuliert und damit heiteres Gelächter ausgelöst. „Ja, hätte sein können. So ein hübsches Kind hätte ich auch später gern. Aber leider, leider, bin ich nur der Bruder", hatte er sie aufgeklärt und sie dabei so angegrinst, dass sie rot wurde. Oh, war ihr das peinlich gewesen. So peinlich, dass sie aus dem Zimmer gestürzt war. Er war hinterhergekommen, um sich zu entschuldigen. Sie hatte ihn angeschaut. Er meinte es ehrlich. Und da hatte sie sich Hals über Kopf in diesen attraktiven jungen Mann mit dem spitzbübischen Grinsen verliebt.

Seitdem gehen sie fast täglich an der Wupper entlang spazieren, ungeachtet des feuchtkalten Wetters. Clara ist bedrückt. Die Kopfschmerzen haben sie fest im Griff. In der Nacht, nachdem sie endlich eingeschlafen war, schreckte sie mehrfach aus angstvollen Träumen hoch. Wieder einmal hatten sie im Traum die Bilder aus dem Krieg gequält. Wenn sie nur wüsste, wie sie diese Albträume abstellen konnte!

Der Winter läuft gerade zur Hochform auf. In einigen Nächten hat es schon geschneit. Aber der Schnee bleibt noch nicht liegen. Ein kalter und böiger Wind fegt durch das nackte Geäst der Bäume. Clara hat eine Wollmütze auf dem Kopf und sich einen dicken Schal um den Hals gewickelt. Nicht sehr kleidsam, aber warm. Eitel ist sie nicht. Wenn sie beim Sprechen nicht gerade gestikuliert, was sie oft und gern tut, vergräbt sie die Hände tief in den Manteltaschen. Sie blinzelt in die blasse Wintersonne und beschattet ihr Gesicht mit der Hand. Selbst die fahle Helligkeit blendet sie.

Eberhard schaut sie besorgt an, fragt, sie wiegelt ab. Er besteht auf einer Antwort, liebevoll, nachdrücklich. So sehr die Albträume sie quälen. Bislang hat Clara nicht gewagt, jemandem von ihren Kriegserlebnissen zu erzählen. Wer hätte ihr zugehört? Der Vater? Die Tante? Wie auch soll sie Worte finden für das Grauen, das sie erlebt hat? Werden die heraufbeschworenen Bilder sie nicht überwältigen? Aber die martern sie ja sowieso. In ihren Träumen. Ist Eberhard nicht in den wenigen Wochen ihrer Bekanntschaft zu einem Freund geworden? Ein Freund, der auch zuhören kann? Plötzlich brechen die Erinnerungen mit Macht hervor, die nächtlichen Bilder, die ihren Kopf zerquälen, drängen heraus. Wie ein Sturzbach quellen die Worte hervor, das unsägliche Elend der Verletzten, das endlose Sterben, die stumpfe Hoffnungslosigkeit der gerade so Davongekommenen. Wie sie all das nicht mehr ausgehalten hat, die Sinnlosigkeit des Krieges, die Vergeblichkeit ihrer Arbeit. Was konnte sie schon tun? Trost spenden? Leben retten? Den Verletzten helfen? Dazu war weder Zeit noch Material vorhanden. Verwaltung des Elends. Wie viele Mullbinden haben wir noch, Schwester, wie häufig können wir die Verbände wechseln, gibt es noch Morphium, wenigstens für die ganz schweren Fälle? Nein? Dann eben nicht. Ihre Ideale, zerstört. Florence Nightingale war ihr Vorbild gewesen. Ein Engel in Schwesterntracht.

Da musste sie durch, das musste sie aushalten. Das hielt sie nicht aus. In all diesem Elend hatte sie nur selten das Gefühl, zu etwas nutze zu sein, so wie bei dem Pferdemann.

Seine Geschichte war so rührend wie schrecklich. Clara erlebt alles noch einmal, während sie Eberhard erzählt. Sie spricht stockend, mit vielen Pausen, schluckt immer wieder die aufsteigenden Tränen hinunter, ringt um Worte. Das Sprechen fällt ihr schwer. Alles ist wieder gegenwärtig.

Da erwacht jemand aus dem Koma, seine Beine sind bis zu den Oberschenkeln zerfetzt und sein erster Gedanke gilt seinem Pferd, nicht ihm selbst! Aufstehen wollte er, nach dem Pferd sehen. Sie wollte ihn hindern, seine Hände nehmen und festhalten. Sie war nicht schnell genug. Bevor sie noch reagieren konnte, hatte er die graue Decke zurückgeschlagen. Und dann ... geschrien, geschrien.

Tagelang hatte der Pferdemann geschrien und geheult, geflucht und geschimpft, ja sogar gebetet. Nichts half. Er war außer sich. Nur wenn sie an seine Pritsche trat und seine Hand fasste, wurde er ruhiger. „Der schmachtet dich an wie ein Liebhaber", hatten die anderen Krankenschwestern in den seltenen Pausen gespottet, in denen sie mal beisammen sitzen konnten. Meist waren sie jedoch zu müde und ausgelaugt von ihrer schweren Arbeit, von dem Elend, das sie täglich verkraften mussten. Dann saßen sie nur stumm da und rauchten, bevor sie sich wieder zur Arbeit schleppten. Niemals hatte sie sich vorgestellt, wie müde ein Mensch sein konnte. Tagsüber vermochte sie kaum die Augen aufzuhalten, nachts, wenn sie schlafen wollte, hielten die Bilder der Verstümmelten, der Entstellten und der Toten sie wach. Eines Morgens hatte sie dagestanden, unfähig, sich zu bewegen. Sie hatte am ganzen Körper gezittert und dann einen Weinkrampf bekommen. Mit dem nächsten Krankentransport schickte man sie nach Hause. Da war der Pferdemann schon weg. Sie wusste nicht einmal, ob er noch lebte. An einem Morgen war seine Pritsche leer.

So sei sie im Sommer noch vor dem Kriegsende wieder zurückgekehrt, beendet Clara ihren Bericht. Eberhard drückt mitfühlend ihren Arm. Schweigend gehen sie weiter. Claras spürt ihre Kopfschmerzen nur noch als dumpfes Pochen. Der Druck in ihrer Brust ist weniger geworden. Kaum hat sie bemerkt, dass es schon dunkel wird. Die untergehende Sonne färbt den Himmel glutrot und die Spitzen der kahlen Bäume zartrosa. Wie eine Eingebung überkommt es sie. Mit diesem jungen Mann möchte sie den Rest ihres Lebens zusammen sein.

Kapitel 35 - Joan, 1919

Joan rollt mit seinem Rollbrett auf dem Gehweg. Klackklack, Klackklack. Die quadratischen Platten sind uneben, machen das Vorwärtskommen noch mühseliger. Er muss aufpassen, dass er mit den kleinen Rädern nicht in einem der Schlaglöcher hängen bleibt und womöglich das Gleichgewicht verliert und vom Brett kippt. Das ist ihm anfangs einige Male passiert. Dann lag er da wie ein Maikäfer auf dem Rücken, unfähig, sich selbst zu helfen, angewiesen auf die mitleidige Hilfe von Passanten, wildfremden Menschen. Joan konzentriert sich, legt alle Wut in die Kraft seiner Hände und Arme, mit denen er sich vorwärtsstößt.

Über die Hände hat er alte Lederriemen gebunden. So sind sie ein wenig geschützt, wenn er sich mit den Fäusten voranstemmt. Sie hätten ihn besser unter dem Schutt und Dreck und den Trümmern des Unterstandes verrecken lassen sollen. Joan schnaubt. Das hier ist doch kein Leben. Abhängig zu sein von anderen, selbst bei den einfachsten Verrichtungen. Nicht einmal scheißen kann er ohne fremde Hilfe. Gut, dass der Bär so stark ist. Allein käme er nie die Treppe zum Klo runter, geschweige denn, aufs Klo drauf. Seine Zimmergenossen helfen ihm, selbst arme Säue. So viele Blindenhunde gibt es in ganz Deutschland nicht, wie jetzt gebraucht werden. Und der Zitterer. Wenn mal aus Versehen die Tür zu laut ins Schloss knallt, ist mit ihm nichts mehr anzufangen. Er zappelt dann wie ein Aal auf dem Trockenen.

Auf diesem blöden Rollbrett zu sitzen, die kurzen Beinstümpfe notdürftig bedeckt, sich mit den Händen vorwärts zu rollen, ist so demütigend. Er kommt sich vor wie der letzte Dreck. Immer muss er hoch schauen. Oft genug wird er angerempelt. Selten entschuldigt sich jemand. Alle haben es eilig. Das Leben nach dem Krieg. Eilig, geschäftig. Für Kriegskrüppel ist da kein Platz. Die sind nur peinlich und überflüssig, erinnern an die Schmach des verlorenen Krieges. Es geht ihm schlecht. Mit den andern beiden Kriegskrüppeln haust er in einem heruntergekommenen Zimmer. Statt Kriegshelden und Patrioten, die ihr Vaterland verteidigt haben, sind sie nun Almosenempfänger. Und Deutschland ist kein Kaiserreich mehr, sondern eine Republik.

Das historische Ereignis hat er ja leider verpasst. Der Kaiser weg und die Republik ausgerufen, gleich zweimal, einmal von Philipp Scheidemann, einmal von Karl Liebknecht. Wer war denn nun der Revolutionär?

Aber eigentlich ist es ihm egal. Monarchie oder Republik, die Menschen bleiben doch dieselben. Die sind ja wohl kaum ausgetauscht worden. Joan amüsiert sich bei der Vorstellung, wie die Pickelhauben zur Tür hinaus marschieren, auf der *Monarchie* steht, und dieselben Gesichter mit Kappe wieder zur anderen Tür hereinkommen mit der Aufschrift *Republik*.

Damals, als er noch Bergmann war, wollte er in die SPD eintreten. Hatte es dann aber doch irgendwie verbaselt. Ging auch ohne. Lange her. Ob Republik oder Monarchie. Auf den Ämtern gab's auch nur Wiedergänger. Zackig, Haltung, Mensch, sei ein Mann. Fast hätte er salutiert. Aber dann wär' er umgekippt. So ganz hatte er den Dreh mit dem Gleichgewicht immer noch nicht raus. Dieses Geschwafel von eisernem Willen, mit dem man die Behinderung beherrschen sollte. Dem Doktor im Krankenhaus, der ihm was von Prothesen erzählt hatte und der Macht des technischen Fortschritts, hätte er am liebsten vor die Füße gespuckt. Die Verletzungen der Kriegskrüppel sind viel schlimmer als eine Behinderung. Was wusste denn der? Behinderung, das war sein kaputter Fuß gewesen. Na, wenigstens den war er los.

Er fühlt sich nicht mehr als Mensch. Jeder Tag bringt neue Demütigungen. Joans Zimmergenossen geht es ähnlich. Ist es nicht demütigend, eine Kriegsrente zu erhalten, die gerade für das Nötigste reicht? Leben jedenfalls kann man von den paar Kröten nicht. Ist es nicht demütigend, dass die Menschen wegschauen, wenn sie einen sehen? Oder noch schlimmer, einen mitleidig anschauen wie ein krankes Tier, das nicht mehr zu retten ist. Na, zumindest war der Bär, blind wie er ist, gefeit vor solchen Blicken. Dafür hatte er ein feines Gehör. Er meinte, das sei noch schlimmer. Weggucken geht, weghören ist schwieriger. Da mag er recht haben. Ist es nicht demütigend, für den Rest seines Lebens auf die Hilfe anderer angewiesen zu sein? Ha, Leben! Und wofür hat man Leib und Seele verletzt? Etwa für das Vaterland? Joan hat sich angewöhnt, das Wort Vaterland wie ein Schimpfwort auszusprechen.

Trotzdem. Bei der Ausrufung der Republik wäre er gern dabei gewesen. Aber zu der Zeit lag er ja noch in dem großen Krankenhaus in Dortmund. Dahin hatten sie ihn gebracht, ihn und die vielen anderen Halbtoten – oder Halblebendigen? – die der Krieg als unbrauchbar ausgespuckt hatte.

Am liebsten wäre er im Lazarett geblieben, Krieg hin oder her. Diese junge Krankenschwester hatte es ihm angetan. Sie war die erste, die er sah, als er aus dem Koma auftauchte. An ihr Gesicht kann er sich nicht mehr erinnern. Aber an ihre Augen. So blau. Und an ihre Stimme. Es war wie streicheln, wenn sie mit ihm redete.

Sein erster Gedanke nach dem Aufwachen galt damals dem Pferd. Aber davon wusste sie nichts, schaute ihn nur an, mitfühlend, wie ihm schien. Da war ihm ganz komisch geworden. Sein Körper. Er fühlte sich nicht so an wie sonst. Er wollte sich aufstemmen, die kratzige Decke zurückschlagen. „Nicht", hatte sie geflüstert, „nicht" und hatte seine Hand genommen. „Sie müssen jetzt ganz tapfer sein." Ein Pochen in den Beinen und ein unerträglicher Schmerz nahmen ihm plötzlich den Atem. Dann begriff er. Er hatte mit einem Ruck die Decke zur Seite geschleudert. Die Beine gesehen, vielmehr, sie eben nicht gesehen und begriffen und geschrien. Und geschrien. Dann, als ihm die Kraft ausging, nur noch gewinselt. Über Stunden, Tage. Und immer, wenn er glaubte, es gar nicht mehr aushalten zu können, war sie wieder da. Oft nur kurz. Doch jedes Mal fühlte er sich durch ihre Anwesenheit getröstet.

Wie hieß sie noch? Seit er verschüttet worden war, ist sein Gedächtnis ganz schön schlecht geworden. Er weiß noch, dass ihr Name ihn an klares Quellwasser erinnerte. Völlig bekloppt in dem ganzen Dreck und Gestank um ihn herum. Clara. So. Das war ihr Name. Wo sie jetzt wohl war?

Jeden Tag aufs Neue hadert Joan mit seinem Schicksal. Eine Granate hat seine Beine zerfetzt. Im Lazarett konnten sie seine Beinstümpfe nur unzureichend flicken. Es gab kaum noch Verbandsmaterial, wenig Medikamente. Die Stümpfe entzündeten sich, der Phantomschmerz machte ihn rasend. Wie konnte etwas so höllisch weh tun, das gar nicht mehr da war?

Sobald er transportfähig war, hatten sie ihn mit all den andern Schwerverletzten in einem Viehwaggon nach Dortmund verfrachtet, in das große Krankenhaus mitten in der Stadt. Nicht groß genug für die Aberhunderte, ach was, Tausende von Kriegsverletzten. Überall lagen sie, auf den Fluren, in den Gängen, die Zimmer waren so voll, dass die Schwestern sich in den schmalen Gängen zwischen den Pritschen kaum bewegen konnten, ohne jemanden anzurempeln oder über ein Bein oder irgendwelche Klamotten zu stolpern. Schon an der Front hatte es ihm zugesetzt, dass er nur selten allein war. Der Stall und sein Pferd waren seine Zuflucht gewesen.

Aber im Krankenhaus gehörte alles allen, alle nahmen teil, am Gestank, am Stöhnen, am Kotzen, am Scheißen, am Heulen, am irren Lachen, am Schnarchen, am Singen, am Schimpfen. Und dann diese Verletzungen. Was er in den Wochen im Krankenhaus gesehen hatte, verfolgt ihn. Er kriegt die Bilder dieser Kriegsgespenster einfach nicht mehr aus seinem Kopf. Aufgerissene Gesichter, löchrige Schädel, leere Augenhöhlen, breitschultrige Männer, bis auf die Knochen abgemagert, die sich an Krücken mühselig dahin schleppten. Nicht nur in seinen Träumen hört er sie schreien. Joan hat es satt.

Kapitel 36 – Clara, 1919

„Du kannst dir nicht vorstellen, welches Gefühl das war, in diese Wahlkabine zu gehen und die Kreuzchen zu machen." Clara strahlt Eberhard an, der schweigend neben ihr hergeht. Clara sind die gemeinsamen Spaziergänge mit Eberhard zur lieben Gewohnheit geworden. Wenn sie am Ufer der Wupper entlang laufen, fühlt sie sich frei, unbeschwert, trotz der anstrengenden Arbeit im Hospital.

„Stundenlang hab ich angestanden, bis ich endlich in der Wahlkabine war. Beinahe wäre ich gleich wieder davongerannt. So viele Zettel, so viele Kreuze, die man machen konnte. Das hat mich richtig verunsichert. So hab ich gewählt, was mir vertraut war. *Deutsche Frauen wacht auf! Tut eure Pflicht … Helft retten.* Dieser Wahlspruch gefiel mir. Seine Pflicht tun, retten helfen." „Was, du hast die Deutschnationalen gewählt?", unterbricht Eberhard seine Freundin. „War das falsch? Sag, bin ich eine dumme Gans?" Clara schnieft. Sie ist den Tränen nah. Ihr Stolz, mit ihrem Kreuzchen an der Wahl beteiligt gewesen zu sein, fällt in sich zusammen.

„Tut mir leid. Ich wollte dir keinen Vorwurf machen und dich schon gar nicht kränken." Eberhard legt den Arm um ihre Schultern. „Du wusstest es ja nicht besser. Dabei gibt es die Frauenbewegung schon lange. Das Wahlrecht war überfällig." „Erzähl!" Clara schneuzt sich noch einmal und schaut Eberhard erwartungsvoll an.

Und Eberhard erzählt. Von den Anfängen der Frauenbewegung in Amerika und England, von den starken Frauen in Deutschland, *Rosa Luxemburg, Clara Zetkin,* aber auch Frauen wie *Alice Salomon,* deren erklärtes Ziel es war, die Gleichberechtigung von Mann und Frau durchzusetzen, gleiches Recht auf Ausbildung und Arbeit, auf Studium und Beruf. Clara hängt gebannt an seinen Lippen. Vergessen die Enttäuschung über die verpatzte Wahl. Hier tut sich für sie eine neue Welt auf.

Eberhard erzählt mit Begeisterung. Kälte und Wind scheinen ihm nichts auszumachen. Er hat nicht einmal seinen viel zu dünnen Mantel ordentlich zugeknöpft. Die Mantelschöße flattern im Wind, der auch seine dichten kurzen Locken zerzaust. Sein Gesicht mit der herausstechenden Nase ist vor Eifer gerötet. Eberhard ist nicht zu bremsen, er nennt Namen, Jahreszahlen, Zusammenhänge. Clara scheint es sogar, als habe er sie ganz vergessen. Sie läuft frierend neben ihm her, bemüht sich, mit seinen raumgreifenden Schritten mitzuhalten. Ihre Mütze hat sie weit über die Ohren gezogen, die Hände in den Manteltaschen tief vergraben. „Bewegung hält warm", hört sie plötzlich die keifende Stimme ihrer Pflegemutter. „Beweg dich, dann frierst du auch nicht."

„Findest du nicht auch?" Eberhards Frage holt sie in die Gegenwart zurück. „Was ist? Wieso guckst du so verwirrt? Rede ich zu schnell? Verstehst du nicht, was ich sage?" „Nein, nein. Nicht böse sein. Aber gerade im Moment musste ich an früher denken. Das hat mich abgelenkt. Verzeih." „Ach was, du hast ja recht. Ich rede schon viel zu lange".

In der Tat brummt Clara der Schädel. Die vielen Namen schwirren in ihrem Kopf wie Fliegen umher. Sie fängt einen ein. *Alice Salomon.* Den Namen hat sie schon mal gehört, oder gelesen? Aber wann, wo?

Sie hat noch nicht genug. Sie will mehr wissen. „Ach bitte, eine Frage noch. Wer ist Clara Zetkin? Erzähl mir von ihr." Eberhard lässt sich nicht lange bitten. Clara hört in seiner Stimme die Bewunderung für diese Frau, die schon früh politisch aktiv war und mit dem Kommunisten Ossip Zetkin zwei Kinder hat. Er fasst ihren Lebenslauf kurz zusammen und zählt ihre wichtigsten Aktivitäten auf. Dass sie 1915 in Bern eine *Internationale Konferenz sozialistischer Frauen gegen den Krieg* organisierte und Herausgeberin der Zeitschrift *Die Kommunistin ist.* Und dass sie zu den ersten weiblichen Abgeordneten *der Verfassunggebenden Landesversammlung Württembergs* gehört.

Clara ist doppelt beeindruckt. Von dem umfangreichen Wissen Eberhards und von dem mutigen und konsequenten Einsatz dieser Namensvetterin, die sich nicht um Konventionen schert und kompromisslos für ihre Überzeugung und ihre Ziele einsteht. Vielleicht sollte sie Eberhards kürzlich ausgesprochene Einladung, zu einer Versammlung der Kommunisten mitzukommen, annehmen? Sie muss sich überhaupt Gedanken machen, wie es in ihrem Leben weitergehen soll.

Die Situation zu Hause wird immer unerträglicher. Der Vater hat sich ganz zurückgezogen, brütet immerzu in seinem Kabuff hinter dem Laden über den Kassenbüchern. Erich ist Clara ganz fremd geworden mit seinem ersten Flaum auf der Oberlippe und seiner tiefen Stimme, die so gar nicht zu seinem noch kindlichen Körper passt. Er macht, was er will, lässt sich weder vom Vater noch von der Tante etwas sagen, treibt sich mit seinen Freunden bis in die Nacht herum. Der großen Halbschwester begegnet er mit offensichtlicher Feindschaft. Maria ist lieb, aber in ihrer Anhänglichkeit ungemein anstrengend. Clara würde so gern die Mutter ersetzen, aber sie kann nicht. Manchmal, wenn sie Maria wieder einmal schroff abgewiesen hat, hat sie Gewissensbisse. Sie kann es selbst nicht erklären. Aber irgendetwas sträubt sich in ihr, sobald Maria mit ihr kuscheln will. Neid? Eifersucht? Aber die Mutter ist doch tot.

Und dann Herta. Als Clara nach Hause kam, war die Halbschwester der größte Schock für sie. Keiner hatte sie auf den Anblick einer halbseitig gelähmten, vor sich hin sabbernden Schwester vorbereitet. Die Folgen des Hungerwinters. Durch die Mangelernährung hatte sich ein Tumor im Kopf gebildet, den die Ärzte trotz der vorhersehbaren Komplikationen operiert hatten. Die Folgen waren verheerend. Herta kann seitdem nicht mehr laufen und sprechen. Clara erträgt ihren Anblick kaum. Sie bewundert immer mehr die Tante, die mit einer stoischen Gelassenheit die Wutausbrüche, das Schreien und Toben Herthas hinnimmt.

Clara fühlt sich der Situation zu Hause immer weniger gewachsen. Dazu kommt, dass ihr der Beruf der Krankenschwester mittlerweile mehr Pflichterfüllung als Freude bedeutet. Das macht sich in ihrer Arbeit bemerkbar. Erst kürzlich hat die Oberschwester sie abgekanzelt: „Reißen Sie sich zusammen. Ihre privaten Befindlichkeiten behalten Sie bitte für sich. Die gehen niemanden etwas an. Die Kranken haben ein Recht auf eine freundliche, fröhliche Pflegekraft." Am liebsten würde sie den ganzen Bettel hinwerfen. Sie hat auch schon eine Idee: Hebamme. Das wärs! Kinder ins Leben holen. Freude erleben! Ach ja. Ganz in der Nähe des Hospitals ist die Hebammenschule Wuppertals. Ob sie da einfach mal hingeht. Ob sie sie nehmen? Einen Versuch wäre es wert. Und dann könnte sie sich sogar selbstständig machen. Eine Frau sein, die ihr Leben in die eigene Hand nimmt, unabhängig ist. Ganz im Sinne dieser Frauenbewegung. Wieso hat sie vorher noch nie etwas davon mitbekommen? *Alice Salomon.* Wo zum Teufel ...

„Jetzt hab ich's." Clara schreckt mit ihrem lauten Ausruf Eberhard auf. „Was? Was hast du?" „Ich weiß jetzt, woher ich den Namen Alice Salomon kenne. Nach dem Tod meiner Mutter habe ich beim Aufräumen ein kleines Heft, halb versteckt unter ihrem Bett, gefunden. Ich habe es achtlos zu den anderen Büchern gepackt und dann vergessen. Aber auf dem Titelblatt stand: Alice Salomon. Das ist mir gerade eingefallen." „Na gut, dann hast du ja hinreichend Lektüre für die nächste

Zeit", brummt Eberhard. „Pass nur auf. Du wirst auch noch eine Frauenrechtlerin." „Du sollst mich nicht verspotten", widerspricht Clara halb im Scherz, knufft Eberhard in die Seite: „Wer erster ist, dahinten am Baum!", und rennt los. Eberhard folgt ihr lachend.

Clara und Eberhard treffen sich immer zum Spazierengehen. Noch möchte Clara den Freund nicht ihrer Familie vorstellen. Sie hat Angst, dass er sich von der freudlosen Atmosphäre im Hause Westermann abschrecken lässt. Aber auch er macht keinerlei Anstalten, sie mit nach Hause zu nehmen. Er wohnt wie Clara noch bei den Eltern. Als Gelegenheitsarbeiter kann er sich kein eigenes Zimmer leisten.

Mal schlendern sie am Ufer der Wupper entlang, über sich das Wunderwerk der Schwebebahn, mal laufen sie durch die bürgerlichen Wohnviertel in der Nähe des Krankenhauses. Clara genießt das Beisammensein. Sie mag Eberhards raue und tiefe Stimme, sie mag seine Engagement für ‚seine Leute', wie er immer sagt.

Eberhard ist Kommunist, wie sein Vater, der sich schon früh in der Maschinenfabrik für die Rechte der Arbeiter einsetzte. Eberhard redet gern und viel, ist dann kaum mehr zu bremsen. Auch dieses Ungestüme, Kompromisslose in seinem Wesen mag Clara. Sie hört ihm gern zu.

„Die Erlebnisse im Krieg und die große soziale Ungleichheit, die Rechtlosigkeit der Arbeiter, haben ihn zum Kommunisten werden lassen", beschreibt Eberhard der Freundin seinen Vater. „Seit er kaputtgeschossen aus dem Krieg zurück ist, erhält er eine Verstümmelungsrente." Eberhards ironischer Ton ist unüberhörbar. „Das Geld reicht nur, weil die Mutter mit Heimarbeit hinzuverdient. All diese Not, all dies Unrecht. In der Nachbarschaft ist erst letzte Woche ein Kind gestorben. Verhungert. Du hast ja keine Ahnung, wie elend es in den meisten Arbeiterfamilien zugeht. Ich rede von den Alten, den Frauen und Kindern, die hungern, ein Leben in Not und Elend führen, das nicht aufhört, außer du stirbst, wie dieses Kind letzte Woche."

Clara schmiegt sich ohne etwas zu sagen enger an den Freund, der sich nach diesem Ausbruch nur allmählich beruhigt. Sie versteht Eberhards Verbitterung und seinen Zorn, auch wenn er das nicht glaubt. Er hält sie für ein privilegiertes, verwöhntes Bürgerkind. Aber noch ist nicht die Zeit, über ihre Vergangenheit zu sprechen. Stattdessen setzt Eberhard seinen Monolog fort.

„Ständig habe ich Auseinandersetzungen mit meinem Vater, weil ich keine richtige Arbeit habe, nur gelegentlich auf dem Bau aushelfe. Er hält mich für einen Drückeberger – und Faulpelz. Er nimmt mir übel, dass ich im Krieg nur hinter der Front als Schreiber eingesetzt war. Schon in der Rekrutenausbildung hatte sich nämlich gezeigt, dass ich als Soldat nicht taugte. Ich konnte nicht einmal das Gewehr richtig halten. Ich war die Lachnummer in der Kompagnie. ... Na ja, ein bisschen nachgeholfen hab ich schon." Eberhard grinst Clara unvermittelt an. „Aber es gab anfangs genügend Kameraden, die darauf brannten, an der Front zu kämpfen. Später habe ich mich in der Schreibstube unentbehrlich gemacht. Das war mein Glück. Manchmal habe ich ein schlechtes Gewissen gegenüber denen, die gefallen sind oder als Krüppel aus dem Krieg zurückkehrten wie mein Vater."

„Ich bin froh, dass du in der Schreibstube überlebt hast. Feige finde ich das nicht, eher vernünftig." Clara gibt Eberhard einen Kuss. „Ich finde, dein Vater kann stolz sein auf seinen klugen Sohn."

„Das ist es ja gerade. Als er mir zum Abitur gratulierte, hatte er Tränen in den Augen und meinte: ‚Dafür haben sich alle Entbehrungen gelohnt, mein Sohn. Zeig es ihnen allen. Du bist ein Arbeiterkind und du wirst Karriere machen.' Das ist sein Traum. Ich soll Karriere machen, wohlhabend sein. Ich hingegen will nur eins: Journalist werden. Ich will die neue Gesellschaft herbeischreiben. Eine Gesellschaft, in der alle Menschen gleiche Rechte haben, Arme und Reiche, Frauen und Männer."

„Und warum tust du es dann nicht?", fällt Clara ein. „Du weißt so viel und kannst so wunderbar erzählen. Du wirst bestimmt ein guter Journalist." „Tja", erwidert Eberhard zynisch, „ich hab' ja auch viel Zeit zu lesen. Aber du hast recht. Ich sollte mich tatsächlich umhören. Vielleicht bei der *Bergischen Arbeiterstimme* in Solingen nachfragen. Möglicherweise haben die ja Verwendung für mich. Und wenn ich erst mal Geld verdiene, werden wir heiraten." Übermütig schwenkt Eberhard die verdutzte Clara im Kreis. „Dazu musst du mich aber erst mal fragen“, sagt sie atemlos, als er sie wieder absetzt. „Schließlich hab ich da auch ein Wörtchen mitzureden.“

Kapitel 37 – Joan, 1920

„Hü, mein Pferdchen, Hü.“ Joan schnalzt mit der Zunge. Das Pferdchen trabt schneller. Joan schwingt die Peitsche. „Schneller, schneller, du lahmer Gaul. Soll ich dir Beine machen!“

„Nun rast doch nicht so. Wir kommen zum Warten in der Schlange noch früh genug an.“ Der kleine Mann keucht hinter dem Gespann her.

„Immer musst du uns den Spaß verderben.“ Joan sagt es halb im Scherz zum Zitteraal. „Das Leben ist beschissen genug. Da können wir doch wenigstens ein wenig Blödsinn machen.“

„Genau“, brummt der Bär, verlangsamt aber schon seine Schritte.

Der Bär, Joan und der Zitteraal sind auf dem Weg zum Amt. Sie müssen ihre Kriegskrüppelrente abholen.

Den Spaß mit dem Pferdchen hat sich Joan ausgedacht. Auf längeren Strecken war das Rollbrett zu langsam, zu mühselig, zu umständlich. Wenn der Bär ihn zog, hielt das Brett die Spur nicht, der Blinde auch nicht, weil er keine Orientierung hatte. Also hat Joan einen Bollerwagen organisiert, die Deichsel repariert, die Räder geschmiert und ein Geschirr mit Zügeln gebastelt. Das legt er dem Blinden um und kann ihn damit lenken, während der den Bollerwagen zieht.

Aus einer Notgemeinschaft ist Freundschaft geworden. Sie haben sich zusammengerauft. Jeder hat seine Besonderheiten. Der Bär ist zwar blind, aber groß und stark. Der Zitteraal ist ein spillriges Männchen, hat aber richtig was auf dem Kasten. Dem macht auf dem Amt so schnell keiner was vor. Der findet den Fehler. Der hakt nach. Das hat ihnen schon so manche Mark extra eingebracht. Joan ist richtig stolz auf seinen neuen Freund. Er selbst ist der Praktiker. Er kann alles reparieren, aus allem etwas basteln. So haben die drei ihr Zimmer nach und nach wohnlich eingerichtet. Aus Armeebeständen hatten sie alte

Decken bekommen. Die schmücken als Vorhang die Fenster und halten im Winter die Kälte ab. Joan hat einen Tisch repariert. Nun steht er wieder auf vier Beinen. Zu einer Kommode, in der eine Schublade fehlte, hat er aus Brettern eine neue getischlert, so dass jetzt jeder ein Fach hat, um seine wenigen Habseligkeiten abzulegen. Er näht und stopft ganz geschickt. Alle drei sind sich einig. Niemals möchten sie so tief sinken, dass sie in Lumpen gehen. Zum Glück sind die Stoffe der ehemaligen Armeeuniformen haltbar. Drei Stühle, eine Herdplatte, Kochgeschirr, für jeden ein Teller und eine Tasse und Besteck vervollständigen die Einrichtung. Der Zitteraal ist fürs Einkaufen zuständig und für alles, was mit Geld zu tun hat.

Es herrscht ungemütliches Wetter. Viel Wind, ab und zu Regen. Ein kühler Frühlingstag. Die drei sind dennoch gut gelaunt. Ein Schreiben vom Amt hatte sie informiert, dass der Eingabe des Herrn Lothar Gerhard stattgegeben worden sei. Lothar Gerhard, alias Zitteraal. So nennt Joan ihn und der Freund lässt es sich gefallen. Für jeden von ihnen sollte es ab dem nächsten Ersten mehr Rente geben. Und der nächste Erste ist heute.

Wie immer haben sich lange Schlangen vor dem Amt gebildet. Mütter, die ihre Kriegswitwenrente abholen mit quengelndem Kleinkind auf dem Arm und verrotzten Blagen am Rockzipfel, Alte, Schwache und Krüppel, so wie sie, das ganze Panoptikum, das der Krieg produziert hat.

Die drei vertreiben sich die Zeit mit dem Erzählen von Geschichten. Immer wieder fallen ihnen neue ein. Am liebsten erzählen sie sich gegenseitig von ihrer Kindheit. Da ist noch kein Krieg, kein Elend, kein Hunger. Klar war keiner von ihnen auf Rosen gebettet. Aber trotzdem. Der Zitteraal hatte seine, wie er jedes Mal betont, glückliche Kindheit in einer kleinen Stadt am Rande des Ruhrgebiets verbracht. Er schwärmt von Abenteuerausflügen in den nahen Wald, vom Angeln am Bach, von den langen lauen Sommerabenden, in denen die Fledermäuse den Kirchturm umkreisten, von den Kartoffelfeuern im Herbst und dem Schlittschuhlaufen auf dem zugefrorenen Teich im Stadtpark. Der Bär ist ein Großstadtkind. Sein richtiger Name ist Willi Stahnke, Sohn des Wilhelm Stahnke, Stahlwerker in Dortmund-Hörde, Hoesch. Willis Geschichten handeln von

Bandenkriegen, endlosen Sommern an irgendwelchen Tümpeln und der stinkenden Emscher, von Kälte und wenig Brot. Ruhe macht ihn immer noch nervös. Er ist von klein auf den Lärm des Stahlwerks gewöhnt. „Mein Vater war immer auf Maloche. Meine Mutter ..." Der Bär bekommt einen verträumten Ausdruck, wenn er von ihr spricht, „die hatte so lange, seidige Haare." Er deutet mit seinen Händen bis zum Po. „Und ich durfte sie jeden Abend bürsten. Rapunzel, Rapunzel, lass mir dein Haar herunter. Das Märchen hat mir meine Mutter immer erzählt." Willi gerät ins Schwärmen.

Dass Joan kaum jemals eine Geschichte beisteuert, fällt den beiden andern nicht auf. Joan ist froh darüber. An eine Kindheit kann er sich nicht erinnern. Er hat immer gearbeitet, schon als kleiner Junge. In die Schule ist er nur kurz gegangen. Er wurde zu Hause gebraucht. Seinen Namen kann er schreiben und den Buchstabensalat der vielen Parteien entziffern, die mit Plakaten ständig um Wähler buhlen. Wahl des Reichstags, Wahl des Stadtrats, Wahl hier, Wahl da. DDP und SPD und KPD und USPD und wie sie alle hießen. Was sind schon Buchstaben? Bei den vielen Wahlen und der unübersehbaren Zahl der Parteien hat Joan längst den Überblick verloren. Sollen doch die anderen wählen. Er hat schon längst gewählt. Nämlich den BVB. Das ist sein Verein.

Als sie endlich an der Reihe sind und die Amtsstube betreten, rollt Joan, nun auf seinem Brett, auf das ihn der Bär gesetzt hat, hinter seinen Kumpeln her in das Büro. Ein neues Gesicht erwartet sie. Ein Mann mit freundlichem Blick fragt sie doch tatsächlich, was er für sie tun könne. Da ist der Zitteraal in seinem Element und spult seine Sprüchlein ab. Der Mann hört geduldig zu, bittet sie, einen Moment zu warten und händigt ihnen nach kurzem Suchen die Umschläge mit ihren Rentenbeiträgen aus.

Kein Gezeter, keine Ermahnung, kein abschätziger Blick, einfach ein freundliches *Guten Tag* und *Auf Wiedersehen.* Und sogar *bitte* hat er gesagt! Die drei können es nicht fassen. „Den Namen dieses Sachbearbeiters müssen wir uns merken", sagt Joan, als sie wieder draußen sind. Josef Manker, steht auf dem Schild vor der Tür. Josef Manker. Joan schüttelt den Kopf. Nie gehört, den Namen. Wieso aber kommt ihm das Gesicht bekannt vor?

Kapitel 38 - Clara, 1924

Clara hält das Kind an den Füßen und gibt ihm einen kleinen Klaps. Wartet. Noch einmal. Dann ein zartes Fiepsen. Dann ein dünner Schrei. Die Mutter des Kindes, noch völlig erschöpft von der Geburt, lächelt. Es war ihre fünfte Schwangerschaft, es ist ihr drittes Kind, das sie zur Welt bringt. Zwei sind vorzeitig noch im Mutterleib gestorben. Mangelernährung. Clara wickelt das Neugeborene in ein warmes Tuch und reicht es der Mutter. Sofort sucht der Mund des Kindes die Brust. Da ist noch nichts. Keine Vormilch. Nichts. Trotzdem, Clara will es versuchen. Muttermilch ist so wichtig für das Überleben, gerade bei geschwächten Säuglingen wie diesem, die schon im Mutterleib zu wenig bekommen. Clara beschließt, die Arbeiterwohlfahrt einzuschalten. Die Frau braucht genügend zu essen und Milch und Brot für die Kinder. Die Familie lebt nun zu Fünft in einer Zweizimmerwohnung ohne Bad und Toilette. Der Mann hat die Arbeit verloren, die Inflation hat die wenigen Ersparnisse aufgefressen. Die Einführung der Reichsmark kam für die Familie zu spät.

Clara erinnert sich an ihre eigene Schwangerschaft, die unerwartet und ungeplant in ihre Beziehung mit Eberhard hereinbrach. Sie wussten beide nicht, wie es gehen würde, waren jedoch entschlossen, die Herausforderung zu dritt zu bewältigen. Auch wenn sie nicht auf die Hilfe der Familien hoffen konnten.

Die erste Begegnung Claras mit Eberhards Eltern war gleichzeitig auch die letzte. Der Vater hatte beide unter wüsten Beschimpfungen aus dem Haus geworfen. Als Verräter an den Zielen der KPD hatte er seinen Sohn beschimpft und Clara als bürgerliches Flittchen, das wohl nur aus purer Sozialromantik meinte, sich einen Arbeitersohn angeln zu müssen. Alle gegenteiligen Äußerungen wären reine Heuchelei. Seinen ganzen Hass auf alles Bürgerliche hatte der alte Mann über den beiden ausgeschüttet. Eberhards Mutter saß während dieser langen fünfzehn Minuten mit gesenktem Kopf schweigend da. Der schon eingeschenkte Kaffee wurde kalt, der Kuchen, den sie extra gebacken hatte, wurde nicht angerührt. Das tat Eberhard im Nachhinein besonders leid, weil er wusste, dass sie sich die Zutaten dafür mühsam zusammengespart hatte. Clara hingegen war, bei aller Empörung über die schlechte Behandlung, erstaunt, wie gewählt sich dieser einfache Arbeiter ausdrücken konnte, sogar wenn er wütend war. „Das ist gar nicht so verwunderlich“, erklärte ihr Eberhard. „Mein Vater ist zwar arm und Arbeiter, aber sehr belesen. Arm heißt ja nicht zwangsläufig dumm und ungebildet“, hatte er ein wenig vorwurfsvoll hinzugefügt. „Mein Vater hatte nie die Chance auf eine geregelte Schulbildung, hat aber immer die politischen Broschüren gelesen und sich überall Bücher zusammengebettelt. Ihm war früh klar, wie wichtig Bildung ist. Deshalb hat er auch sofort zugestimmt, dass ich zum Gymnasium gehe, als der Lehrer mich für ein Schulstipendium vorschlug. Im Grunde nimmt er es dir übel, dass du als Frau eine bessere Ausbildung hast als er. Er ist kein schlechter Mensch, aber verbittert und deshalb oft ungerecht.“

Der Besuch in der Familie Westermann verlief ähnlich katastrophal wie in der Familie Pott. Hertha hatte schon vorher die Unruhe, die dem Besuch des Paares vorausging, gespürt und war unleidlich. Sobald sie Eberhard sah, begann sie zu schreien, bis die Tante sie in den Rollstuhl packte und mit ihr vor die Tür ging. Erich tat alles, um den zukünftigen Schwager mit einer ausgesuchten Rüpelhaftigkeit zu beeindrucken. Maria hingegen ließ ihre Puppen im Stich und machte Eberhard schöne Augen, was diesen peinlich berührte. Der Vater floh vor diesem ganzen Familientheater in sein Büro. Schließlich saßen Clara und Eberhard allein am Kaffeetisch und wussten nicht, ob sie weinen oder lachen sollten. Nur eins war gewiss. Von keiner der beiden Familien war in irgendeiner Weise Hilfe zu erwarten, wenn das Kleine da war. Es musste eben so gehen. Das Dringendste war, eine Wohnung zu finden, denn im Schwesternheim des Hospitals konnte Clara nicht bleiben. Seit einem Jahr wohnte sie da. Mit schlechtem Gewissen und dem Gefühl, die Familie im

Stich gelassen zu haben. Aber sie hatte die triste Atmosphäre nicht mehr ausgehalten.

Sie hatten Glück. Ein Freund erzählte ihnen von den neuen Wohnungen in Barmen. „Da wird in der Nähe vom Sedansberg eine ganz neue Siedlung gebaut. Zwei Zimmer, Küche, sogar mit Bad. Ganz modern." Sie bewarben sich und durften kurz vor Helenes Geburt einziehen. Nach einem Trauschein hatte niemand gefragt, nur nach dem Einkommen. Kurz vor der Entbindung heirateten sie kurz entschlossen noch. Clara konnte Eberhard überzeugen, dass es für das Kind besser war, in geordneten Verhältnissen aufzuwachsen. Ein Bastard, auch wenn die Eltern zusammenwohnten, hatte nun mal nicht dieselben Rechte wie ein ehelich geborenes Kind. Außerdem, wer wusste schon, wie lange es noch dauerte, bis die Gesellschaft ein solches Kind genauso behandelte wie ein ehelich geborenes.

In der Schwangerschaft musste sie mit ihren Kräften haushalten, wollte sie dem Kind nicht schaden. Mit der Ausbildung zur Hebamme und der Arbeit im Krankenhaus hatte sie mehr als genug zu tun. Ohne dass sie darüber geredet hätten, nahm Eberhard ihr immer mehr Pflichten im Haushalt ab. „Denk an unser Kind", sagte er nur, wenn sie schwach protestierte und meinte, sie habe ja kaum noch etwas zu tun.

Wenn Clara an die letzten Jahre denkt, ist sie voller Dankbarkeit.

Bald nach dem Einzug hatte Clara Sophie kennengelernt, die mit einem Kuchen in der Hand und einem Lächeln im Gesicht eines Tages vor der Wohnungstür stand. Auf gute Nachbarschaft. Dass Sophie auch wie eine zweite Mutter für ihre Tochter sein würde, konnte sie bei diesem ersten Besuch noch nicht ahnen.

Clara wollte so rasch wie möglich nach der Entbindung wieder arbeiten und vor allem ihre Hebammenausbildung zu Ende bringen. Eberhard fühlte sich von Anfang an mit verantwortlich für das Kind. „Wir teilen uns die Arbeit. Pass auf, wir werden noch eine richtige Vorzeigefamilie", hatte er gewitzelt, so richtig emanzipiert. Der Mann als *E-mann-z*. Ja, warum nicht? Ja, ja. Auch Männer können sich emanzipieren, von ihrer Herrschaft über die Frauen nämlich. Ach. Mit Eberhard wurde alles leicht. Seine Fröhlichkeit war so ansteckend, dass auch Clara schließlich lachen musste. Erst als sie beide keine Luft mehr bekamen, hörten sie auf. „Ein Heimchen am Herd wäre mir gar nicht recht“, hatte er noch atemlos gekeucht, sie dabei angegrinst. „Schließlich soll unser Kind eine kluge, selbstständige Mutter als Vorbild haben.“

Die beiden Frauen hatten sich rasch angefreundet. Sophies Mann war Unterbezirkssekretär in der SPD der Stadt. Sophie diskutierte leidenschaftlich gern. Trotz aller Widerstände hatte sie es geschafft, Mitglied des preußischen Landtags zu werden. „Glaub nicht, dass das ein Zuckerschlecken ist“, hatte sie mit bitterem Lachen erklärt. „Als Frau bist du in dieser Männerriege ein Nichts, allenfalls geduldet, solange du den Mund hältst. Deine Rede, sofern man dir das Rederecht überhaupt gewährt, wird ständig unterbrochen. Zwischenrufe, Gelächter, Herabsetzungen sind an der Tagesordnung. Der Mann hat die Macht, weil er ein Mann ist. Die Frau ist machtlos, abhängig von der Gnade des Mannes. Aber nicht ohnmächtig, soweit es mich betrifft. Ich habe gelernt, mich durchzusetzen. Meine Stimme ist dabei ein wichtiges Instrument. Frauenstimmen werden bei Aufregung oft hoch und schrill. Ich habe meine Stimme trainiert. Mit Erfolg. Zumindest manchmal hört man mir jetzt zu. Pass auf.“

Clara musste lachen, als die Freundin ihr in übertriebener Weise ihre Landtagsstimme vorführte. Aber sie gab ihr recht. Die Stimme klang fest, sicher, hatte einen sonoren Klang. Sehr angenehm. Obwohl die Freundin dreizehn Jahre älter war, strahlte sie jugendliche Kraft und Energie aus, wusste zu überzeugen. Clara war von Anfang an von ihr fasziniert.

Oft sitzt sie mit der Älteren am Küchentisch der Wohnung und dann verändern sie die Welt. Sie lesen sich gegenseitig aus den Schriften von *Alice Salomon* oder *Helene Stöcker* vor, eine Wuppertalerin wie Sophie, zwei Frauen, die jede auf ihre Weise für das Recht der Frauen streiten. Für Clara bedeutet Alice Salomon so etwas wie das Vermächtnis ihrer Mutter, eine Verpflichtung, sich für die Verbesserung der Lage der Frauen einzusetzen. Einen Satz hat sie sich herausgeschrieben und an den Küchenschrank gehängt.

> *Auch die soziale Arbeit kann zu einem Mittel werden, durch das wir das Ziel der Frauenbewegung verwirklichen: die Entwicklung jeder einzelnen Frau zu einer selbständigen, verantwortlichen, wertvollen Persönlichkeit. Wenn wir dahin bei der sozialen Arbeit streben, dann werden wir nicht nur bessere soziale Zustände herbeiführen helfen, sondern auch die Gegenwart für uns und unsere Geschlechtsgenossinnen erhellen und verklären.*

Dieser eine Satz enthält alles, wonach auch Clara strebt. Ihren Beruf als Hebamme übt sie mit Leidenschaft aus, sieht ihre Aufgabe vor allem auch darin, die Frauen aufzuklären, sich in der Schwangerschaft so gut wie möglich zu ernähren, dem Mann, wenn es sein muss, auch mal das Bett zu verweigern. Nicht immer trifft sie mit ihrer Mission auf offene Ohren. Aber sie gibt nicht auf. Der Armut und Unwissenheit etwas entgegenzusetzen, ist ihre Motivation, die sie trotz aller Rückschläge und Enttäuschungen weitermachen lässt. Wie gut Kinder bei hinreichender Pflege und Zuwendung gedeihen, sieht Clara täglich an ihrer eigenen Tochter. Helene ist ein hübsches, lebhaftes Kind mit Pausbacken. Seit sie sprechen kann, fragt sie ohne Unterlass. Besonders Eberhard beantwortet alle Fragen des Kindes mit einer, wie Clara findet, engelsgleichen Geduld.

Wenn Clara mit ihrer Freundin eine Welt entwirft, in der Frauen und Männer gleich gestellt sind, denkt sie auch an die Zukunft der Tochter. Sie soll zur Schule gehen, eine Ausbildung machen oder sogar studieren. Denn alle Bildungswege sollen den Frauen offen stehen, auch die Universität. Die Frau hat in der erdachten Welt dasselbe Mitspracherecht wie der Mann, außerhalb und in der Ehe. Das gilt besonders für das Kinderkriegen. Die Frau soll selbstbestimmt entscheiden dürfen, ob und wenn ja, wie viele Kinder sie bekommen will. Eine Frau darf arbeiten, wenn sie es möchte, ohne den Mann zu fragen. Frauen- und Männerarbeit werden gleich entlohnt.

Manchmal kommt Eberhard zu den Gesprächen dazu, nickt zustimmend und bringt eigene, neue Ideen ein. Der Frau solle, so meint er, auch derselbe Respekt entgegengebracht, dieselbe Würde zugestanden werden wie dem Mann.

„Was nützen den Frauen dereinst all eure so fein ersonnenen Rechte, wenn die Männer sie weiter wie Hausmütterchen mit niederem Verstand behandeln? Nicht wahr, Sophie“, hatte er sich an die Nachbarin gewandt und ihr zugezwinkert.

Seit sie Eberhard kennt, ist Claras Leben so viel bunter, fröhlicher, aufregender geworden und sie selbst ruhiger und gelassener. Ungeduldig ist sie nach wie vor. Ihren Jähzorn hat sie im Griff. Ganz selten einmal, wenn sie müde und überarbeitet ist, die Frauen sich allzu begriffsstutzig und stur anstellen, aufgebrachte Männer in ihre Praxis stürmen und sie zur Rede stellen, verliert sie die Fassung. Eberhard hat ihr Tipps gegeben, wie sie ihr aufbrausendes Wesen zähmen kann. „Zähl bis zehn und denk an was Schönes, zum Beispiel an mich“, hatte er geflachst. Diese Vorstellung hatte sie zunächst amüsiert, aber in kritischen Situationen hilft sie tatsächlich.

Anfangs nahm Eberhard Clara zu Versammlungen der KPD mit. Das Meiste, was dort geredet wurde, verstand sie nicht. Es war zu neu, zu kompliziert. Aber sie erlebte, wie erwachsene Menschen heftig und hart miteinander diskutierten, die Meinung der anderen anhörten und ernst nahmen. Selbst Oppositionelle durften reden. Die Diskussionsfreudigkeit mancher Sitzungen in dieser ersten Zeit der KPD gefiel Clara sehr. Gegensätzliche Meinungen und Argumente prallten aufeinander, wurden zerpflückt, auf den Prüfstand gestellt, neu zusammengesetzt. Bei aller Unerbittlichkeit in der Auseinandersetzung war ein Grundverständnis spürbar und gegenseitiger Respekt. „Wenn du wissen willst, wie Demokratie funktioniert. Hier kannst du es erleben“, sagte Eberhard stolz nach einem dieser Treffen.

Clara begriff in diesen Sitzungen, warum Eberhard sich so für die Partei einsetzte. Doch zögerte sie nach wie vor, der KPD beizutreten. Manche Genossen waren ihr zu fanatisch, zu ideologisch. Mit Begriffen wie Revolution, Konterrevolution und Weltrevolution, Proletariat, Imperialismus und Kapitalismus konnte sie wenig anfangen. Auch störte sich Clara daran, dass zu den Versammlungen fast ausschließlich Männer kamen.

Sie fühlte sich als Außenseiterin. Sie war eben keine Clara Zetkin. Eberhard verstand sie und drängte sie nicht weiter, ihn zu begleiten. Aber sie spürte seine Enttäuschung. Seit der Geburt des Kindes geht Eberhard allein zu den Versammlungen. Der jungenhafte Optimismus, den Clara so unwiderstehlich fand, scheint ihm allerdings in letzter Zeit abhanden zu kommen. Zumindest erzählt er nur ab und zu noch von den Versammlungen, ist öfter schweigsam und in sich gekehrt. Clara macht sich Sorgen.

Kapitel 39 – Joan, 1925

Dieser Kerl hatte wirklich was auf dem Kasten. Klein und schmächtig von Statur, mit schon schütteren strapsigen Haaren, straßenköterfarben hatte der Zitteraal sie mal genannt, machte er rein gar nichts her. Nee, Staat machen konnte man mit dem nicht. Wenigstens nicht mit seinem Äußeren, nicht auf den ersten Blick. Dem musste man in die Augen schauen. Blau und tief wie Bergseen. Ungewöhnliche Augen, von denen Joan sich sofort durchschaut fühlte. Was wussten diese Augen über ihn? Warum überfiel ihn immer wieder das Gefühl, diesen Menschen zu kennen? Nachts, wenn er nicht schlafen konnte, weil seine appen Beine sich mal wieder schmerzhaft meldeten, grübelte er darüber. Aber er kam nicht drauf.

Der erste Eindruck damals hatte nicht getäuscht. Dieser Josef Manker, den sie schon seit längerem freundschaftlich Jupp nennen dürfen, ist was Besonderes. Die drei sind sich einig.

„Ja, der Jupp, bisschen mickrig, aber 'n feiner Kerl“, sagt Joan. „18“, sagt der Zitteraal und macht sein Pokergesicht. „20“, zieht Joan mit. „Passe“. Nervös befummelt der Bär die Karten in seiner Hand. Er hat ein schlechtes Blatt, macht jetzt schon ein griesgrämiges Gesicht, was er selbst aber nicht merkt. Joan und der Zitteraal können in seinem Gesicht lesen wie in einem offenen Buch. Sie spielen Karten. Skat.

Lange haben sie gebraucht. „Mensch, wir sind doch zu dritt, 'ne richtige Skatrunde, das wär doch was“, hatte der Bär in seiner Naivität eines Tages vorgeschlagen. „Na toll. Und wie willste die Karten lesen, du Döskopp? Kannste hellsehen oder hastes in den Fingern?"

„Nee." Der Bär war enttäuscht. Die Sache mit den Fingern war bei Joan hängen geblieben und schließlich hatte der Jupp die rettende Idee, als sie bei einem ihrer Besuche das Problem ansprachen. Es gibt doch eine besondere Schrift für Blinde, hatte der gesagt. Die müsst ihr nicht kennen, aber das Prinzip der Brailleschrift könnt ihr übernehmen. Braille, hatte Joan dabei gelernt, war der Typ, der die Blindenschrift mit diesen fühlbaren Punkten entwickelt hatte. Die las man dann wie Buchstaben. Sie konnten die Karten präparieren. Jede Farbe kriegte in einer Ecke eine fühlbare Markierung. Karo, Herz, Pik, Kreuz. Der Wert der Karte wurde in die Mitte gepiekst. Dünnes Blatt dahinter, damit auf der Rückseite nichts zu sehen war. Doppelblatt.

Joan machte sich an die Arbeit.

Bei 32 Karten hatte das ein Weilchen gedauert. Aber er hatte ja Zeit. Das Mischen allerdings wurde jedes Mal zu einer Herausforderung. Kartenkunststückchen, wie der Zitteraal sie ab und zu gern vollführte, waren da nicht drin. Alles Gewöhnungssache. Jetzt also Skat.

Sie spielen, was das Zeug hält. In jeder freien Minute. Am Anfang hatte der Bär immer verloren. Er brauchte ein Weilchen, um die Regeln zu kapieren und dann noch mal ein Weilchen, um sie auch anzuwenden. Joan und der Zitteraal waren geduldige Lehrmeister. Was blieb ihnen auch anderes übrig, wenn sie einen dritten Mann brauchten. Und der war nun mal der Bär. Manchmal lassen die beiden ihn gewinnen. Mittlerweile hält der Bär große Stücke auf seine Kartenspielkünste.

Jupp hatten sie es zu verdanken, dass der Zitteraal Arbeit gefunden hat, auf dem Amt, im Archiv unten im Keller, wo sonst. Da war die Gefahr, dass mal eine Tür laut ins Schloss fiel oder Lärm gemacht wurde, denkbar gering. Joan sitzt am Wochenende beim BVB an der Kasse. Er ist ein richtiger Fußballfan geworden. „Ist ja auch quasi um die Ecke, von wo wir wohnen", hatte der Bär gebrummt, „und du bist ja jetzt auch ein richtiger Dortmunder geworden". Dabei hatte er mit seiner Pranke Joan so fest auf den Rücken geschlagen, dass dieser beinahe vom Stuhl gekippt wäre.

Fast jedes Wochenende verbringt Joan auf dem Platz, seit er seine Liebe zum Fußball, zum BVB entdeckt hat. Da kann er diskutieren und schwadronieren, sich mit den anderen Fans freuen über den ersten Platz in der 1. Kreisliga, schimpfen über den Schiri und über die Niederlage gegen den Hauptgegner Schalke 04. Das fühlt sich an wie eine große Familie. Joan hat seinen Platz gefunden. Seit er einen Rollstuhl hat, ist er auch beweglicher und nicht mehr nur auf die Hilfe seiner Freunde oder anderer Menschen angewiesen. In übermütigen Minuten denkt Joan sogar über Prothesen nach. Die Erklärungen des Arztes damals im Krankenhaus spuken immer mal wieder in seinem Kopf herum. Wenn da nicht die Kosten wären.

Der Bär kommt meist mit zum Fußballspiel. Da er nichts sieht, erzählt ihm Joan, was auf dem Platz passiert. Er erhebt die Stimme zum Fortissimo oder senkt sie fast bis zum Flüstern, schreit, tobt, feuert an, stöhnt, jault, heult. Wenn ein Pass verpatzt oder der Ball vom Gegner ergattert wird, wenn die anderen foulen oder der Schiri eine Fehlentscheidung trifft, oder, Jubel, wenn der BVB ein Tor schießt. So ist Joan auch noch Kommentator. Alle in der Kurve kennen ihn. Er gehört dazu.

Mit dem Einkommen vom Zitteraal können sie sich inzwischen eine richtige Wohnung leisten. Das große Zimmer hat der Hauptverdiener gekriegt, die beiden Kammern sind für den Bär und für Joan. Dem ist es recht. Er braucht nicht viel Platz. Sie haben es geschafft. Nach der Währungsreform geht es nicht nur mit Deutschland aufwärts, sondern auch mit dem Kleeblatt. Äußerlich. Keine Armeedecken mehr, keine gestopften Klamotten. Der Zitteraal hat sich neulich sogar einen Anzug gekauft, mit Hemd und Schlips. Richtig fein. Joan begnügt sich mit einem Jackett, braun kariert. Anzughose braucht er ja nicht. Das wäre rausgeschmissenes Geld. Der Bär trägt nach wie vor seine Bollerbuxe und seinen weiten Pullover. „Nee, nix für mich, lass man“, hatte er nur gebrummt, als der Zitteraal ihn gefragt hatte, ob er etwas Neues zum Anziehen brauche.

Sie kennen sich gut. Sie wissen, wer welches Essen mag, wer schnarcht und wann einer schlecht träumt. Der Bär ist ein Langschläfer, Joan und der Zitteraal sind Frühaufsteher. Kein Problem. Sie kümmern sich, wenn der Bär mal wieder die unerträglichen Kopfschmerzen hat, wenn der Phantomschmerz Joan in den Wahnsinn treibt, wenn der Zitteraal zittert. Sie trösten ohne zu fragen, sind einfach da. Über ihr Leben im Krieg und vor dem Krieg schweigen sie sich aus.

Zum Spielen, zum Quatschen und natürlich zum Essen treffen sich die drei in der Küche am Küchentisch. Unterm Tisch liegt der Wolf. Ein ausgebildeter Blindenhund. Der Bär liebt den Hund über alles. Am liebsten würde er ihn mit ins Bett nehmen. Aber Hund und Bär. Dafür ist die Bettstatt zu schmal. Den Hund hat ihnen Jupp besorgt. Er kennt viele Leute und anscheinend immer die Richtigen. Und was der alles weiß. Der Kerl ist ein wandelndes Lexikon.

Immer, wenn die drei ihre Rente abholen, halten sie einen kleinen Schwatz mit Jupp. Das lassen sie sich nicht nehmen und der scheint auch seinen Spaß daran zu haben. Manchmal reden sie über Geld. Wie sie 1923 das Geld in Kartons abgeschleppt hatten. So reich. Billionäre. Wer Schulden hatte, wurde diese quasi über Nacht los. „Schade", hatte Joan damals gesagt, „dass ich keine Schulden habe." Der Zitteraal hatte nur genickt und gemurmelt, „schade, dass der Staat Schulden bei mir hat." Eine irre Zeit, der die Reichsmark ein Ende gesetzt hatte. Selten reden sie über Politik. Von Politik versteht Joan nicht viel, der Bär schon gar nichts. Nur der Zitteraal diskutiert bisweilen mit Jupp. Welche Chancen die SPD gegenüber der KPD bei den letzten Reichstagswahlen hatte, über diese braunen Spinner, die im Ruhrgebiet schon gar keine Schnitte kriegten. Meist aber reden alle miteinander über Sport. Fußball. Joan hätte nie gedacht, dass der Jupp selbst da bestens Bescheid weiß. Kürzlich hatte er den Freund auf die Probe stellen wollen:

„Mensch Jupp. Du weißt ja viel. Aber über den BVB bin ich besser informiert als du. Wetten?" Jupp hatte nur gelächelt, kurz überlegt und dann losgelegt, die ganze Vereinsgeschichte heruntergerattert. Er wusste wirklich alles. Ballspielvereinigung Borussia, 1909, Dreifaltigkeitskirche, Messdiener, Borsigplatz, Weiße Wiese, hatte er angefangen und mit der kürzlichen 3:4 Schlappe des BVB gegen den S04 in der 1. Kreisliga aufgehört. Sogar über das Unglück mit der eingestürzten Mauer kurz vor der Einweihung des neu gestalteten Vereinsgeländes im letzten

Jahr auf der Weißen Wiese wusste er Bescheid. Joan war baff gewesen.

Immer erkundigte sich Jupp nach ihrem Befinden, mit ehrlichem Interesse, bestellte Grüße und gute Besserung bei Krankheit, vergaß nie einen Geburtstag, zu dem er jedem ein Kärtchen schrieb in seiner sauberen, kleinen Handschrift. Dem Bär las der Zitteraal die Karte vor. Joan machte sich die Mühe, die Glückwünsche Buchstaben für Buchstaben zu entziffern. Zum Schluss musste der Zitteraal doch immer helfen. Denn irgendwie kriegte Joan keinen Sinn in die Buchstaben.

Nein, Joan kann nicht klagen. Ihm geht es gut. Manchmal kommt ihm der Gedanke, dass er in seinem Leben schließlich doch Glück gehabt hat. Klar, Beine weg, berufsunfähig. Aber er hat Freunde, er hat ein Zuhause gefunden. Jahrelang war er ziellos durch Deutschland geirrt, hatte im Krieg sein armseliges Leben mehr als einmal aufs Spiel gesetzt. Was war er denn wert? Nichts. Keiner, der ihm eine Träne nachgeweint hätte.

Bei aller Zufriedenheit. Eine Sache nagt immer noch in ihm, beschert ihm bisweilen Albträume. Die Sache mit der Scheune. Heute bereut er, was er damals getan hat. Voller Rache- und Hassgefühle war er gewesen. Dass besonders die armen Kühe so qualvoll hatten sterben müssen, hatte ihm sofort leid getan. Und die Pferde, wie aufgeregt sie gewiehert und ausgeschlagen hatten. Auch darüber hatte er sich damals in seinem blinden Hass keine Gedanken gemacht, dass die Tiere in Mitleidenschaft gezogen würden. Zum Glück, so sieht er es heute, war alles noch glimpflich abgegangen. Und Mári. Gibt es das? Dass einen der Geist eines Menschen verfolgt? Joan hat mit dem Glauben der Kirche längst nichts mehr am Hut. Aber an Übernatürliches zu glauben, ist er bereit. Dieses Gefühl, dass Mári in seiner Nähe ist. Er kann es nicht erklären. Und dennoch ist es so. Manchmal träumt er sogar wieder von ihr, von ihren weichen, dunklen, langen Haaren, ihrem Geruch nach Milch und Heu und Tieren, ihrem schlanken und festen Körper, sieht in ihre blauen Augen. Dann meint er ihr ansteckendes Lachen zu hören. Tief hinten im Kopf sitzt das. Alle auf dem Hof hatten sie gemocht. Aber sie war sein Mädchen. Stolz war er gewesen, dass Mári ihn und keinen anderen gewählt hatte.

Die Erinnerung an den Verlust macht ihn schon lange nicht mehr wütend. Nur traurig ist er dann, in sich gekehrt. Dann mag er mit niemandem reden. Dann verzieht er sich in sein Zimmer und zieht die Decke über den Kopf. Irgendwann geht es wieder vorbei.

Kapitel 40 – Clara, 1928

Auf das Papier in Claras Händen tropfen einzelne Tränen. Draußen, vor dem Fenster, entfaltet der Frühling seine ganze Pracht mit bunten Blumen und Vogelgezwitscher. Der Säugling schreit. Seit der Postbote geklingelt und ihr das Schreiben mit der fremdländischen Briefmarke ausgehändigt hat, seit sie den Jungen hastig in die Wiege gelegt und den Briefumschlag aufgerissen und das Blatt herausgezerrt hat, sitzt sie einfach da. Am Fenster. Die Tränen, die ihre Wangen hinunterrollen, scheinen das einzig Lebendige an ihr zu sein.

Ihre Hand umkrampft das Blatt. Der Umschlag mit der maschinegeschriebenen Adresse ist zu Boden gesegelt.

Sie liest und liest, immer denselben Satz. Sie liest, ohne zu verstehen. Worte, die keinen Sinn ergeben.

Sehr geehrte Frau Pott,

mit großem Bedauern muss ich Ihnen mitteilen, dass Ihr Mann, Herr Eberhard Pott, Korrespondent der Bergischen Arbeiterstimme, an einem Herzinfarkt verstorben ist.

Seien Sie meiner innigsten Anteilnahme versichert.

Hochachtungsvoll

Unterzeichnet ist der Brief mit einem unleserlichen Gekrakel. Die Nachricht ist auf Deutsch verfasst, ohne Fehler. Keine Adresse, nur *Moskau* und eine vage Zeitangabe, *im März 1928*.

Das kann nicht sein. Nicht Eberhard. Nicht dieser lebensfrohe, gesunde, vitale und verständnisvolle Mensch. Ein Mann, der für seine Überzeugungen lebte. Ihr Mann, ihr Geliebter, der Vater ihrer Kinder, ein Mensch, der zuverlässig war bis zur Selbstaufgabe, für seine Genossen und seine Familie alles tat. Ein überzeugter Kommunist, der im September 1927 voller Freude und mit hohen Erwartungen für seine Zeitung nach Moskau gefahren war. Die neue Gesellschaft, den Sowjetmenschen wollte er aus eigener Anschauung kennenlernen und in seiner Zeitung darüber berichten. Er wollte in Erfahrung bringen, wie man den Kapitalismus bekämpfen und überwinden konnte zum Wohle der Arbeiter und Bauern. Der neue Sowjetstaat. „Was in Russland möglich war, muss doch auch hier gelingen", hatte er ihr kurz vor der Abfahrt gesagt. „Man muss die Leute aufklären, ihnen die Verhältnisse erklären. Mit meinem Wissen werde ich die Menschen hier überzeugen. Mir schwebt so eine Art demokratischer Kommunismus vor", hatte er hinzugefügt. „Außerdem wäre es eine große Ehre für mich, über die Feierlichkeiten zum 10. Jahrestag der Revolution berichten zu dürfen."

Bei allem Optimismus hatte Clara bei diesen Worten auch die Zweifel mitschwingen hören, die ihn schon länger zu quälen schienen. Aber sie wagte nicht, ihn mit ihren Fragen zu belästigen. Damals hatte sie sich das erste Mal von seinen Gedanken ausgeschlossen gefühlt. So mitteilsam Eberhard sonst war, seinen Kummer behielt er für sich. Das kränkte sie.

Der Abreise mit der Delegation vorangegangen waren Monate des Hoffens und Bangens. Oft kam Eberhard frustriert von einer Versammlung nach Hause. „Wieder einmal nur Gerede, Flügelkämpfe. Alles ideologisch überhöht. Ich hör immer nur Weltrevolution und Kampf dem Imperialismus und Sozialfaschismus. Wir dürfen uns nicht in Einzelheiten verlieren, sondern sollten uns auf unsere gemeinsamen Ziele besinnen", hatte er gewettert. Eberhard, der so schnell nicht aus der Ruhe zu bringen war! „Die sollen erst mal zur Realität zurückfinden. Seit dieser Thälmann Vorsitzender des ZK ist, ist alles so starr und unbeweglich geworden", klagte er. Er vermisse die heftigen, hitzigen Diskussionen der Anfangszeit, den offenen

Schlagabtausch. Stattdessen würden alle nun auf eine Linie eingeschworen.

Die Einladung der KPdSU zur Zehnjahresfeier der Russischen Revolution kam zur rechten Zeit. Eine Arbeiterdelegation sollte im Herbst nach Moskau entsandt werden. Eberhard hatte sich beworben, als Journalist diese Gruppe zu begleiten.

Ganz zappelig vor Erwartung war er wochenlang gewesen, bis endlich das erhoffte Schreiben im September eintraf. „Ja, ich darf mit. Ich bin Teil der Delegation, die zum internationalen Kongress der Freunde der Sowjetunion eingeladen ist“, hatte er gejubelt und sie vorsichtig an sich gedrückt. Ihr Bauch wölbte sich zwischen ihnen. Korrespondent in Moskau zu sein, war eine Auszeichnung für ihn. Sie erinnert sich noch genau an das Glitzern in seinen Augen. Keine Spur mehr von Zweifeln.

„Noch vor Weihnachten werde ich wieder zurück sein, rechtzeitig zur Geburt unseres Kindes“, hatte er sie getröstet, als sie beim Abschied die Tränen nicht mehr zurückhalten konnte. „Nun schau doch nicht so traurig.“ Er hatte ihr Gesicht in beide Hände genommen und einen Kuss auf jedes Auge gedrückt. „Ich komme wieder. Ich fahre ja nicht ans Ende der Welt.“ Sie wollte seine Begeisterung nicht trüben und hatte ihre Tränen weggelächelt. Eine letzte feste Umarmung. Dann war er weg.

Alle paar Tage hatte sie Post bekommen. Liebe Briefe, Briefe voller Poesie. Mein Lieb, hatte er sie genannt, innigst geliebte Clara, der Sehnsucht nach ihr, Helenchen und dem noch Ungeborenen Ausdruck verliehen. Er hatte sich nach der Tochter erkundigt, wie es in der Schule ginge, welche Fortschritte sie im Lesen und Schreiben mache und erwähnt, wie stolz er auf sein kluges Mädchen sei. Von seiner Sorge um sie hatte er geschrieben, dass ihr die Arbeit zu viel werde, jetzt, mit fortschreitender Schwangerschaft, immer wieder versichert, dass er auf jeden Fall noch vor der Geburt des zweiten Kindes, vor Weihnachten, wieder zu Hause sein werde, komme, was wolle. Und sie möge ihm doch schreiben, alles sei ihm wichtig. Sie solle nicht glauben, ihre Briefe könnten ihn langweilen. Am besten postlagernd sollten die Briefe gehen, denn aus dem Hotel Metropol sei er wegen der hohen Kosten gleich wieder ausgezogen.

In allen Briefen hatte er sie teilhaben lassen an den vielfältigen neuen Eindrücken, an allem, was er erlebte. Clara hatte die Briefe in den Monaten des bangen Wartens auf Nachricht so oft gelesen, dass sie sich noch genau an den Inhalt erinnert, ganze Passagen auswendig kennt.

Wie überwältigt er anfangs von all dem Neuen war. In den ersten Briefen konnte er gar nicht genug erzählen von dieser wunderbaren Stadt. Von den bunten, lebensfrohen Märkten mit Krimskrams, Ikonen, Trachtenblusen und -hemden, von Branntwein- und Spielzeugständen, die selbst mit Einbruch des Winters und bei Temperaturen von unter –20 Grad immer umlagert waren. Von der herzlichen Aufnahme durch das Kamenewa-Institut berichtete er und der fantastischen Betreuung, von Stadtführungen, Theater- und Konzertbesuchen. Von der Besichtigung der Kunsthochschule schwärmte er, vom Konstruktivismus, einer neuen Kunstrichtung, die sich schnörkellos und pragmatisch an den Bedürfnissen der Menschen orientierte.

> ‚Diese wunderbar schlichten und funktionalen Gebäude, du kannst es dir nicht vorstellen. Das neue Studentenwohnheim. Haus der Kommune haben sie es genannt. Tausende von Studenten können hier wohnen, leben und arbeiten. Da nur eine Glasfront zwischen den Zimmern und dem Flur ist, sind die langen Korridore hell und licht. Es gibt Gemeinschaftsduschen, eine riesige Bibliothek, einen großen Esssaal. Bildung für das Volk, die Arbeiter- und Bauernkinder. Erstmals seit der Revolution leben hier die Studenten unter menschenwürdigen Bedingungen. Ich habe es mit eigenen Augen gesehen. Hier entsteht wahrlich eine neue Gesellschaft‘,

hatte Eberhard voller Bewunderung geschrieben.

Die Herzlichkeit und Freundlichkeit der Moskauer konnte er nicht oft genug loben, wie rücksichtsvoll und ruhig sie selbst im dichtesten Gedränge in Bus oder Tram blieben, sogar zu den

Stoßzeiten am Morgen und am Abend, wo jeder schon mal die Geduld verlieren konnte.

Kultur für alle. Die Besucher des Bolschoi-Theaters kämen aus allen Bevölkerungsschichten. Kultur sei nicht mehr das Privileg einer kleinen reichen Elite wie in der Zarenzeit. Sogar Stalin lasse sich oft im Theater blicken. Nähe zum Volk. Schwanensee sei sein Lieblingsballett.

> ‚Stell dir vor, geliebte Clara, hier gehen selbst die Arbeiter ins Theater! Wenn das doch mein Vater erleben könnte. Das wäre so recht in seinem Sinne. Es kostet fast nichts. Unsere Arbeiter staunen nur noch. So etwas sollte auch bei uns möglich sein', hatte er geschwärmt.

In die anfänglich uneingeschränkte Begeisterung mischte sich jedoch bald eine gewisse Skepsis.

Sein letzter Brief. Wo hat sie ihn hingeräumt? Clara steht auf. Nebenan der Säugling schreit nicht mehr, registriert sie unbewusst. Sie durchwühlt fahrig alle Schubladen des Wohnzimmerschrankes. Nichts. Auf das Naheliegende kommt sie erst nach einiger Suche. Auf dem kleinen Schränkchen im Flur stapelt sie immer die Post. Ab und zu schaut sie den Stapel durch und wirft weg, was nicht mehr wichtig ist. Lange schon hat sie den Briefestapel nicht mehr durchgesehen. Nach einigem Suchen hält sie den Umschlag mit seinem letzten Schreiben in den Händen. Er gleicht dem, den sie heute bekommen hat. Grau, aus grobem Papier. Das ist er. Sie fingert ungeschickt den Briefbogen aus dem Umschlag und faltet ihn auf. Die Schrift verschwimmt. Tränen tropfen auf das Papier. Ungeduldig wischt sie sich mit dem Handrücken über die Augen, atmet tief durch. Dann liest sie.

Die Schrift ist fahrig, als habe Eberhard in großer Hast geschrieben.

> ‚Ich bin hin und her gerissen, einiges finde ich wundervoll, anderes befremdlich. Dieses Schauspiel am 7. November auf dem riesigen Roten Platz vor dem Kreml, der Aufmarsch

der Truppen in voller Montur, die grandiose Inszenierung mit Hurrageschrei aus Zigtausenden von Kehlen war einfach überwältigend. Gleichzeitig jedoch beschlich mich ein Gefühl des Misstrauens. Diese Inszenierung war zu perfekt, der Kult mit Herrschaftsriten, Militärparaden und bedeutungsschweren Symbolen wie dem Sowjetstern und der roten Fahne mit Hammer und Sichel scheint mir übertrieben.
Noch nie habe ich so gastfreundliche Menschen erlebt wie die Moskauer. Aber es irritiert mich, mit welchem Fatalismus sie jede neue Verordnung hinnehmen, obrigkeitshörig jedes politische Ereignis akzeptieren. Es scheint sie nicht zu beunruhigen, dass der Parteiapparat sich unter Stalins Herrschaft ungeheuer aufgebläht hat, dass, wer heute noch Freund, morgen als Feind und Vaterlandsverräter von der Tscheka abgeholt werden kann. Was ist aus der Troika geworden, was aus Sinowjew und Kamenew?
Den Personenkult um Lenin begreife ich nicht. Einen Menschen wie einen Gott verehren, ihm gar ein Mausoleum errichten, das zur Pilgerstätte für – ja wen? – die Gläubigen, das Volk, wird? Diese pseudoreligiösen Riten sind mir nicht nur unverständlich, nicht nur unangenehm. Ich finde sie gefährlich.
Wie sehr sich meine russischen Kollegen in ihren Artikeln zurückhalten, nicht mehr fragen, was der Leser will, sondern was die Partei fordert, ist im höchsten Maße bedenklich. Sowas wie einen unabhängigen Journalismus scheint es hier nicht mehr zu geben. Einziges Thema in den Zeitungen ist Russland. Das Weltgeschehen bleibt ausgesperrt.
Lange werde ich nicht mehr bleiben. Die Enge in der Kommunalka macht mir zu schaffen. Ich bereue schon, dem Drängen meines Kollegen nachgegeben zu haben. Moskau ist teuer, selbst die einfachen Hotels kosten viel Geld. Da schien mir das Angebot des Kollegen verlockend. In den ersten Tagen fand ich dieses ungewohnte Leben sehr aufregend. Immer steht auf einem Primuskocher in der Gemeinschaftsküche heißes Teewasser bereit oder ein Topf Suppe.

Aber nie ist man allein. Wie denn auch, wo jede Familie nur ein Zimmer bewohnt, wenngleich ein großes. Ein Privatleben, gar ein Intimleben, scheint es in dieser neuen Gesellschaft nicht zu geben. Jeder weiß von jedem alles oder glaubt es zumindest. Wo viele Menschen eng aufeinander hocken, gibt es auch Zank und Streit. Das kannst du dir vorstellen. Da ist es manchmal sehr laut hier, auch mitten in der Nacht. Wie ruhig und bequem haben wir es doch bei uns. Ich vermisse dich sehr, liebste Clara. Dich und Helene und das Ungeborene.
Ich habe viel gesehen, viel gelernt. Aber, mein Lieb, darüber zu Hause mehr. Noch eine Woche, dann schnüre ich mein Bündel und komme heim, zu dir, meine liebste Clara. Gemeinsam werden wir den neuen Erdenbürger empfangen und Weihnachten zu viert feiern. Dich grüße und küsse ich in innigster Liebe und Sehnsucht.
Eberhard.

Die letzten Zeilen liest sie noch einmal und noch einmal. Die Tränen kullern auf das Papier in ihren Händen.

Nach diesem Brief verging die Zeit des Wartens im Schneckentempo. Wenn sie ihre Tochter nicht gehabt hätte! Die war ihr ein Trost in der schweren Zeit. Helene. Und auch ihre Nachbarin und Freundin Sophie, die sie moralisch unterstützte und half, wo es nötig war.

Auch das ungeborene Kind schien zu spüren, dass etwas nicht stimmte und ließ sich Zeit. Es kam zehn Tage nach dem errechneten Termin zur Welt, zwei Tage vor Weihnachten. Eine leichte Hausgeburt. Sophie hatte ihr geholfen, zusammen mit einer befreundeten Hebamme. Felix sollte der Junge heißen. Das hatte sie mit Eberhard vor dessen Abfahrt besprochen. Wäre es wieder ein Mädchen geworden, hätten sie es Bernhardine genannt.

Mehrmals pro Woche hatte sie in der Redaktion der *Bergischen Arbeiterstimme* nachgefragt, immer hatte sie dieselbe Antwort erhalten. „Nein, wir haben keine Kontakte nach Moskau. Nein, wir wissen auch nichts. Aber wir benachrichtigen Sie sofort, wenn wir etwas erfahren." Der Chefredakteur hatte versucht, ihre Besorgnis zu zerstreuen. „Im Winter ist die russische Post nicht die Zuverlässigste. Vielleicht ist eine Nachricht verloren gegangen? Wer weiß, was ihn aufgehalten hat."

Kontakte zu Arbeitern der Delegation waren unmöglich. Die ganze Reise war als Geheimsache behandelt worden. Eine Liste der Teilnehmer gab es offiziell nicht. Je länger Clara wartete, desto unruhiger wurde sie. Irgendetwas musste passiert sein. Niemals hätte Eberhard sie so lange ohne Nachricht gelassen. Er wusste, wie rasch sie sich sorgte.

Dann hörte sie von einem Genossen Eberhards, dass auch Ausländer unter Spionageverdacht gerieten und verhaftet wurden. Aber nein, das konnte sie sich nicht vorstellen. Nicht Eberhard, dieser harmlose, idealistische Mensch. Sie wollte es nicht glauben. Tagsüber lenkten die Kinder sie von ihren quälenden Gedanken ab, doch nachts lag sie oft wach, gepeinigt von schrecklichen Vorstellungen. Was, wenn die Sowjets ihn tatsächlich verhaftet hatten. Was geschah mit ihm? Auch ohne konkretes Wissen weckte das Wort Folter in ihr die schlimmsten Befürchtungen. Dann war Helene krank geworden. Was mit einem harmlosen Schnupfen und Husten begonnen hatte, wuchs sich bald zu einer Lungenentzündung aus. Da war das Baby, da war das kranke Kind. Wäre Sophie nicht gewesen, Clara hätte nicht mehr weiter gewusst.

Nebenan der Säugling plärrt wieder. Aber Clara ist mit ihren Gedanken bei Eberhard. Das zunehmend zornige Brüllen des hungrigen Kindes erreicht sie nicht.

Die ganze Zeit des Wartens hatte sie versucht, mit der Erinnerung an die harmonische gemeinsame Zeit sein Bild heraufzubeschwören, ihn festzuhalten und herbeizusehnen. Vergeblich. Der Schmerz über den Verlust des geliebten Mannes hockt plötzlich wie ein dicker, schwerer Klumpen auf Claras Brust, macht ihr das Atmen schwer. Eberhard!

Er fand in der journalistischen und redaktionellen Arbeit für die *Bergische Arbeiterstimme* eine große Befriedigung. Er hatte für den Sozialismus, die kommunistische Idee gebrannt, auch wenn er immer seltener mit den Genossen einer Meinung war. Er war so ein begeisterungsfähiger Mensch gewesen, lebhaft, ein wenig unstet. Oftmals sprang er mitten im Gespräch auf, weil er sich unbedingt eine Idee, einen Gedanken notieren oder weil er etwas nachschlagen musste. Dieser Mensch, der ihr Mann war, lebte nicht mehr. Tot. Ermordet?

Der Junge nebenan schreit aus Leibeskräften. Durchdringend. Ausdauernd. Endlich steht Clara auf, schwerfällig, wie ferngesteuert. Sie nimmt den von der Anstrengung des Schreiens völlig verschwitzten Säugling aus der Wiege, öffnet ihre Bluse, holt die pralle Brust heraus und legt Felix an. Vor lauter Aufregung findet er die Milchquelle nicht gleich, zappelt, fuchtelt mit den geballten Händchen, stößt mit dem Kopf gegen ihre Brust. Mechanisch hilft Clara nach, schiebt ihm die steife Brustwarze in das Mündchen. Endlich. Ruhe. Das Baby saugt kräftig und gierig, die Augen geschlossen. Sie schaut auf ihr Kind herab, mit leerem Blick. Spürt, wie es sich entspannt. Felix weiß nichts von ihrem Kummer, nichts von ihrer unendlichen Traurigkeit und den Schrecknissen der Welt.

Kapitel 41 – Joan, 1930

„Aua, pass doch auf. Du tust mir weh", schreit Joan. Der Zitteraal lässt sich durch das Schimpfen des Freundes nicht aus der Ruhe bringen. Er tupft vorsichtig den Dreck aus den Schürfwunden in Joans Gesicht. „Selber schuld, du Blödmann", erwidert der Zitteraal in gespielter Empörung. „Was treibst du dich auch allein auf der Straße herum und mischst dich in anderer Leute Angelegenheiten ein. Ausgerechnet. Wo du doch im Rollstuhl sitzt und sowieso nicht hättest eingreifen können. Das kommt dabei heraus, wenn ich dir nachgebe und dich mit Rolli vor die Tür setze." „Ach so, ein Krüppel darf sich nicht einmischen? Muss sich immer fein zurückhalten. Meinst du das?", faucht Joan zurück. Er hat das Grinsen im Gesicht des Freundes nicht bemerkt. „Du weißt doch gar nicht, was passiert ist." „Doch", feixt der Zitteraal. „Seh ich doch. Dich hat ein Grünschnabel aus dem Rolli geschubst, du bist auf die Fresse gefallen und jetzt stinksauer. Nun reg dich wieder ab und erzähl, am besten von Anfang an."

„Erstmal, nur damit du das richtig kapierst, mein Lieber“, beginnt Joan. „Mir ist dieses ganze politische Hickhack völlig schnurz. KPD, SPD, NSDAP, Zentrum und wie die Parteien alle heißen. Sollen die sich doch gegenseitig die Köppe einschlagen. Ich will nur meine Ruhe. Meine Partei ist der Verein, der BVB. Das reicht. Aber wenn da so ein braunes Ekel rumpöbelt und die Leute anmacht, da kann ich nicht einfach nur zugucken. Krüppel hin oder her.“ Joan stoppt abrupt seinen Redefluss, holt noch einmal Luft und stemmt sich in seinem Stuhl zurecht. „Wo fang ich an? Also. Ich wollt zur Weißen Wiese, mal gucken, wie die Jungs trainieren. Sonntag ist ja ein wichtiges Spiel gegen Rot-Weiß Essen. Wetter ist schön, denk ich mir und bin dann los. Du warst ja noch arbeiten und der Bär war auch nicht da. Keine Ahnung, wo der sich wieder rumtreibt. In letzter Zeit ist er ständig auf Trebe. Braucht uns wohl nicht mehr. Ich fahr so die Straße entlang, träller ein Liedchen ...“

„Nun komm mal auf'n Punkt“, fällt der Zitteraal Joan ins Wort. „Schon gut. Ich fahr also die Straße lang und seh auf einmal so einen Rotzlöffel in dieser braunen Kluft, der einen älteren Mann anrempelt. Einfach so, weil ihm sein Gesicht nicht passt oder warum? Ich hab keine Ahnung. Der hatte richtig Spaß daran. Das konnte ich an seinem fiesen Grinsen sehen. Das hat mich wütend gemacht. So ein Dreckskerl. Unbescholtene Menschen anrempeln.“ Spucke sprüht aus Joans Mund. „Und dann haut er dem Mann die geballte Faust vor die Brust und schreit: ‚Weg da, mach Platz. Du stehst im Weg.‘ Der andere wehrte sich nicht, der wich auch nicht aus. Der stand einfach da und ließ sich rumschubsen. Da ist mir die Hutschnur geplatzt. Ich auf den Jungen zu mit meinem Superrolli und hab gebrüllt ‚Ey, der Mann hat dir nichts getan. Hör auf. Sofort.‘ Ganz laut hab ich geschrien.

„Na, das war nicht so klug von dir“, wirft der Zitteraal ein. „Du Klugscheißer, nun lass mich doch mal erzählen“, giftet Joan zurück. „Ich hab nicht überlegt, ob das klug ist. Wollte den Mistkerl nur von einem neuen Schlag abhalten. Ich also auf ihn zugerollt, in einem Affenzahn, das kann ich dir sagen und im letzten Moment gestoppt. Du weißt, wie gut ich im Rollstuhlfahren bin, oder?“ Diesmal nickt der Zitteraal ohne weiteren Kommentar. „Aber glaubst du, der wär auch nur einen Millimeter gewichen? Ausgelacht hat er mich. ‚Was willst du denn, du halbe Portion. Willst mir Angst machen mit deinem komischen Gefährt?', hat er gefeixt und mich aus dem Rolli geschubst. Das ging so schnell, dass ich gar keine Zeit hatte zu reagieren. Deshalb bin ich voll auf die Schnauze gefallen. ‚Zeig's mir doch, na komm, hat der Bursche gehöhnt' und auch noch meinen Rollstuhl umgekippt. So lagen wir beide da, mein Rolli und ich. Dann ist der Kerl lachend abgehauen. Von dem alten Mann keine Spur mehr. Der muss sich klammheimlich verkrümelt haben. Vor Wut über meine Hilflosigkeit hätte ich fast geheult. Ist mir richtig schwer gefallen, um Hilfe zu rufen. Kannste mir glauben. Um die Zeit waren wenig Menschen unterwegs, die Fenster der Häuser alle zu. Schließlich kam doch jemand vorbei und hat mir in den Rollstuhl geholfen. ‚Na, zu übermütig gewesen?', hat er gelästert. War aber nicht bös gemeint. Also hab ich die Klappe gehalten und mich einfach ordentlich bedankt."

„Mensch, sei froh, dass alles so glimpflich ausgegangen ist. Du hättest dir auch was brechen können. Und in Zukunft hältst du dich schön zurück, du Idiot. Sitzt im Rollstuhl und will den Helden spielen. Wo gibt's denn so was. Boah, da kann ich mich richtig drüber aufregen! Am besten, du mischst dich nirgendwo mehr ein. Diese Braunhemden sind gefährlich. Die machen nicht nur einfach ein bisschen Randale, die haben auch Macht, glaub mir. Wenn das so weitergeht, dann stecken die bald in der Regierung ganz oben. Dieses Gekuschel zwischen Hindenburg und Hitler ist mehr als fragwürdig, finde ich. Ja, ja, ich weiß. Bald sind Wahlen und hier sitzen die Kommunisten fest im Sattel. Aber du darfst den Dortmunder Norden nicht als Maßstab nehmen."

„Ach, lass mich doch mit deiner Politik in Ruhe. Ich versteh' da sowieso nichts von!"

„Nee, nee, diesmal hörst du mir zu, mein Lieber. Damit du in Zukunft keinen solchen Scheiß mehr machst! Nicht überall haben die Kommunisten eine so treue und solide Gefolgschaft wie hier. Seit dem Börsenkrach hat sich die Stimmung im Land total verändert. Kein Wunder. Viele haben ihre Arbeit verloren, wissen nicht, wie sie ihre Familien ernähren sollen. Die jungen Leute lungern auf den Straßen herum und haben Langeweile. Hast es gerade selbst erlebt. Die wollen ihr Mütchen kühlen. Dabei ist es völlig egal, ob die zu den Nazis oder zu den Kommunisten gehören. Die brauchen einfach ein Ventil für ihren Frust. Stehen voll im Saft und haben nix zu tun. Da kommt ein bisschen Zoff gerade recht. Das Schlimme ist nur, dass die Nazis viel besser organisiert sind als die Kommunisten. Die zerfleischen sich immer nur selbst in endlosen Flügelkämpfen und kommen deshalb nicht zu Potte. Nur hier im Revier, da sind sie die Könige. Fragt sich nur, wie lange noch." Der Zitteraal gibt Joan keine Chance, etwas zu erwidern.

„Kannst du dich noch an diesen Gautag im Mai erinnern? 10.000 Leute sollen in der Westfalenhalle zusammengekommen sein. Allein 3000 SA-Leute von außerhalb sind durch die Innenstadt marschiert. Ich hab's ja nicht gesehen."

„Klar nicht", unterbricht Joan den Freund. „Mann, du redest wie ein echter Klugscheißer. Woher weißt'n das alles?" „Moment. Ich bin noch nicht fertig." Der Zitteraal lässt sich nicht bremsen.

„Ich glaub nämlich, dass die Nazis den Kommunisten mal zeigen wollten, wie man Massen mobilisiert. Das ist ihnen ja auch gelungen. Die Nazis sind nicht nur bestens organisiert, die sind auch schlau.

Kannste dich noch erinnern, Joan? An die Versammlung am Fredenbaum? Am Abend vor dem Gautag? Flugblätter hamse vorher verteilt, damit auch ja jeder Bescheid wusste. Reine Provokation, sag ich dir. Hat ja auch bestens geklappt. Alle haben mitgemacht. Die Schlägerei war vom Feinsten. Die Zeitungen haben berichtet, rechts wie links. Wenn die KPD mal halb so gut organisiert wäre. Die reden nur immer von der Einheitsfront und vom Kampf gegen den Sozialfaschismus. So ein Quatsch! Kämpfen, draufhauen, gewalttätig sein, ja, das können die. Da stehen sich die Roten und die Braunen in nichts nach. Wenn die Kommunisten sich nur auf ihre eigentlichen Ziele besännen. Die sind gar nicht so übel: Einführung des Achtstundentags. Die Verwaltung unter der Kontrolle der Arbeiter. Mehr Rechte für die Arbeiter, mehr Pflichten für die Unternehmer. Trotzdem, die Kommunisten werde ich bestimmt nicht wählen. Wer hat denn noch immer das ganze Vermögen? Die Werktätigen wohl kaum. Der Staat offensichtlich auch nicht. Dagegen schießen sich die Kommunisten immer mehr auf die Sozis ein. Wenn das mal gut geht. Die Polizei hat im Mai geglaubt, strategisch zu handeln, wenn sie die Roten daran hindert, in der Innenstadt zu demonstrieren. An der Bahn den ganzen Norden abriegeln. Was für eine Schnapsidee! Der Schuss ist wohl nach hinten los gegangen. Jetzt fühlen sich die Kommunisten erst recht hier zu Hause, in ihrem Viertel und die Nazis haben Oberwasser gekriegt, auf der anderen Seite der Bahn.

Wenn da man kein Mythos geschaffen wird. ‚Roter Wedding' heißt unsere Nordstadt schon. Wir gegen den Rest der Welt, gegen Sozis, gegen Nazis, gegen die Bürgerlichen, gegen die Weimarer Republik. Das sind die Kommunisten. Nein danke. Auf Randale hab ich keinen Bock."

Der Zitteraal steht da, erschöpft von seinem langen Sermon, den Lappen, mit dem er Joans Wunde auswaschen wollte, immer noch in der Hand. Der hat mit offenem Mund zugehört. „Mensch, das war ja 'ne richtige Rede. Ich denk, du interessierst dich nicht für Politik?" „Wieso?", protestiert der Zitteraal. „Das heißt doch nicht, dass ich mich nicht informiere. Das solltest du vielleicht auch mal tun. Wer weiß, wofür das noch gut ist. Zeitungen gibt's genug. Ich bring morgen welche mit aus dem Amt. Ich kann dir ja was vorlesen. Womöglich interessiert's sogar den Bär? Und den Jupp werde ich fragen, was man tun kann, damit dieses braune Gesocks sich hier nicht immer so madig macht. Der kennt so viele Leute, auch bei der Polizei und im Stadtrat. Ist mir ein Rätsel, wie der Kerl das macht. Dabei sieht der so unscheinbar aus." Joan hat den Eindruck, dass den Freund das Thema schon lange beschäftigt und heute endlich einmal die Gelegenheit gekommen ist, alles loszuwerden.

„Eins sag ich dir, wenn demnächst Wahlen sind. Die KPD kriegt meine Stimme nicht und die NSDAP schon gar nicht. So. Das musste mal raus. Und jetzt zeig noch mal her. Der Dreck muss ganz aus der Wunde raus, sonst gibt das eine Entzündung." Joan lässt die Tortur klaglos über sich ergehen. Er ist abgelenkt. Er muss nachdenken. Über die Nazis und die Kommunisten, über sein Leben.

Kapitel 42 – Clara, 1932

Clara starrt blicklos vor sich hin. Erst der Mann, dann das Kind. Der vor Leben strotzende Sommer draußen vor dem Fenster scheint sie zu verhöhnen. Die Sonne strahlt von einem federwolkenleichten Himmel herab, die Vögel schmettern ihre Lieder in allen Tonarten. Mücken tanzen in der warmen Luft. Pollen beschwerte Bienen taumeln zu ihrem Stock zurück. Die Blätter der Bäume leuchten vielfarbig grün im Sonnenlicht, Die Luft riecht nach Rosen. Clara schließt das Fenster und damit das pralle Leben draußen aus und wendet sich dem kleinen Sarg zu, der auf zwei Stühlen mitten im Wohnzimmer steht. Sie setzt sich auf den Stuhl am Kopfende des Sargs. Sie fühlt – nichts. Keine Trauer. Keinen Schmerz. Sie betrachtet die tote Tochter. Helene. Sie sieht sich zu, sich selber fremd, wie sie da sitzt, reglos, aufrecht, die Hände im Schoß verkrampft.

Nun hat sie auch ihre Tochter verloren, ihr fröhliches, lebhaftes Kind.

Mit Halsschmerzen und Fieber hatte es begonnen. Clara hatte Wadenwickel gemacht, Tee gekocht und Helene Bettruhe verordnet. Dann kam der Husten hinzu. Anfangs hatte sie befürchtet, die Lungenentzündung, die Helene im Winter zuvor wochenlang ans Bett gefesselt hatte, sei zurückgekehrt. Doch dieser Husten war anders, pfeifend, verbunden mit einer Atemnot, die nicht nur das Kind in Panik versetzte. Ausgerechnet in dieser Zeit hatte sie viel zu tun in ihrer Hebammenpraxis. Nach dem großen Börsenkrach hatte sich die Situation in den Arbeiterfamilien dramatisch verschlechtert. Immer mehr verzweifelte Frauen kamen und baten sie um Hilfe. Dass alles im Geheimen stattfinden musste, erschwerte die Situation zusätzlich und kostete Zeit. Oft kam sie erst spät nach Hause, völlig erschöpft. Die Nächte waren kraftraubend. Immer wieder musste sie Helene Flüssigkeit einträufeln, ein feuchtes Tuch auf den geschwollenen Hals legen. Tagsüber kümmerte sich Sophie um die beiden Kinder. Felix nahm sie über Nacht mit zu sich in die Wohnung. Sophie, die Freundin, die immer zur Stelle war, die immer half, der nie etwas zu viel wurde. Manchmal war es Clara unangenehm, wenn sie schon wieder die Freundin beanspruchen musste. Die aber lachte nur. „Ach was, du gehörst für mich zur Familie. Ich liebe deine Kinder. Die Sorge für sie entschädigt mich ein wenig dafür, dass ich keine eigenen habe. Haben kann“, setzte sie mit einem Anflug von Traurigkeit hinzu. „Mach dir also keine Gedanken.“

Der Schlafmangel raubte Clara den klaren Blick, das Denkvermögen. So war es zu spät, als sie endlich beschloss, mit dem Kind zum Doktor zu gehen. Diphtherie diagnostizierte der Arzt. Da war es schon zu spät. Diphtherie! Helene erstickte an einem Hustenanfall. Clara fühlt sich schuldig. Sie hätte sich mehr um das kranke Kind kümmern müssen, die Pflege nicht allein Sophie überlassen sollen. Die hatte getan, was sie konnte. Warum nur war sie nicht selbst darauf gekommen? Diphtherie. Warum nur hatte sie bei den ersten Symptomen nicht gleich den Arzt geholt?

Der Bestatter hatte Helene hübsch hergerichtet. Die weichen, lockigen Haare fallen rechts und links auf das weiße Kissen. Wären die Augen nicht so eingefallen, man könnte meinen, das Kind schlafe nur. Wider besseres Wissen glaubt Clara zu sehen, wie sich die weiße Damastdecke über dem kleinen Brustkorb hebt und senkt. Die Hände liegen gefaltet auf der Decke. Davon ließ sich der Bestatter nicht abbringen. Das muss so sein, wenn die Kleine schon kein Kreuz oder einen Rosenkranz in den Händen halten soll.

Lange hatte Clara mit dem Pfarrer von St. Marien darüber verhandelt, ob das Kind auf dem frisch angelegten Friedhof der Kirche bestattet werden dürfe. Er war noch jung und unerfahren, hatte in der neuen Kirche seine erste Pfarrstelle gerade erst angetreten. Schließlich hatte er nachgegeben.

Was konnte das Kind dafür, dass es nicht getauft war? Eberhard hatte das für überflüssig gehalten. Außerdem hatten sie damals ganz andere Dinge im Kopf. Sie musste für das Hebammenexamen büffeln, das ein halbes Jahr nach der Geburt der Tochter anstand. Eberhard hatte sich nach seiner Anstellung bei der *Bergischen Arbeiterstimme* kopfüber in die Arbeit gestürzt. Wenn er von den Versammlungen der KPD spät abends nach Hause kam, schrieb er seine Berichte am Küchentisch bis tief in die Nacht. Manchmal las er ihr beim Frühstück das Ergebnis seiner Arbeit vor. In den Diskussionen ging es hoch her, gestritten wurde über die Abgrenzung der KPD von den Zielen der SPD, die sich, nach Meinung vieler Kommunisten, zu sehr den alten Eliten der Monarchie und des Militärs anbiederte. Wie oft hatte Eberhard damals geklagt, dass die Partei zu sehr im Konjunktiv hängen blieb, dass der Parteikader zu abgehoben argumentierte, sich nicht genügend auf die realen Verhältnisse einließ. „Kein Wunder, dass wir unsere Forderungen nach Arbeiterschutz und Reinigung der Verwaltung, und was weiß ich, nicht durchkriegen, wenn wir untereinander zerstritten sind", hatte er sich aufgeregt. „Überhaupt, diese Flügelkämpfe. Rechts – Mitte – Links. Es könnte anders sein. Statt Machtgerangel Einigkeit in den Zielen, wie 1920 nach dem Kapp-Putsch, als USPD, SPD und KPD in Einmütigkeit die *Diktatur des Proletariats* anstrebten. Wir verzetteln uns, zerfleischen uns in unserem Kompetenzgerangel. Ich bin überzeugter Kommunist. Aber die Moskauhörigkeit des linken Flügels, mit seinem Konfrontationskurs gegen die Sozialdemokraten, geht mir zu weit. Was soll dieses Gerede vom Sozialfaschismus? Diese Hetze schädigt das Ansehen der gesamten Partei und spaltet die Arbeiterbewegung". So hatte Eberhard monologisiert und in seiner Zeitung geschrieben: ‚Wo bleiben die gemeinsamen Ziele? Das Essener Programm? Sind wir den Arbeitern nicht ein gemeinsames Streben nach Verbesserung ihrer Lage schuldig? Eine Partei, die keinen gemeinsamen Kurs findet, macht sich unglaubwürdig. Nur gemeinsam sind wir stark.' Möglicherweise hatte er sich mit diesen Worten in der Partei nicht nur Freunde gemacht.

Als wüsste sie, dass ihre Mutter nicht so viel Zeit für sie hatte, war Helene von Anfang an ein pflegeleichtes Kind. Sie schrie selten, trank gut, gedieh. Eberhard kümmerte sich um das Kind, wenn Clara für ihre Prüfung lernte oder im Krankenhaus arbeitete. Kind, Ausbildung, Krankenhaus. Clara fühlte sich wie in einem Hamsterrad. Sie arbeitete bis zur Erschöpfung. Einzig ihr Ziel, eine kleine Praxis aufzumachen und ihre eigene Chefin zu sein, hielt sie aufrecht. Die ständigen Auseinandersetzungen mit der Oberschwester, deren Anordnungen sie oft unterlief, zerrten an Claras Nerven. Aber sie war nicht bereit, klein beizugeben. Das widerstrebte ihrem Naturell. Schließlich wandte sie nur an, was sie in der Hebammenschule lernte. Mutter und Kind brauchen Zeit füreinander. Kinder müssen nicht nach der Uhr gefüttert werden. Muttermilch ist die beste Ernährung für das Kind. Mit dieser Einstellung widersprach Clara der gerade aufkommenden Mode, die Kinder mit Fertigmilch zu ernähren. Fertigmilch war gesund, hygienisch und praktisch, im Gegensatz zur Muttermilch. Das Krankenhaus war ein modernes Krankenhaus und warb für die Fertignahrung.

Clara bestand die Prüfung und kündigte.

Die Praxis lief gut an. Bald musste sie Anfragen ablehnen, weil ihre Möglichkeiten begrenzt waren. Das erste Mal, als eine Arbeiterin *Es* von ihr verlangte, hatte Clara erschrocken abgelehnt. Eine Abtreibung! „Hebammen dienen dem Leben, nicht dem Tod", hatte sie am Abend Eberhard empört berichtet. „Richtig", sagte der. „Aber was ist das für ein Leben. Du bist doch nicht blind. Du siehst doch auch, wie es den Frauen geht, die zu dir kommen. Hast du schon mal nachgefragt, wie viele Mäuler sie zu stopfen haben? Weißt du, in welchen Verhältnissen so ein Kind aufwächst? Immer hungrig, weil es nie genug zu essen gibt. Schon im Mutterleib müssen diese armen Würmer darben. Immer frieren sie im Winter, weil die Kohle nicht reicht und warme Kleidung fehlt. Statt zu spielen, müssen sie von klein auf der Mutter helfen und Geld verdienen. Diese Kinder haben keine Kindheit. Not, Entbehrung und Heimarbeit verschleißen schon früh ihre Kräfte. Weißt du, wie viele Kinder sterben? Ist es nicht besser, wenn sie gar nicht erst geboren werden? Lies mal wieder *Helene Stöcker*. Dann weißt du, was du tun musst und warum. Oder liegt das Buch nur zur Zierde herum?", hatte er sie provoziert. Clara hatte sich geschämt wegen ihrer kleingeistigen Haltung. Natürlich wusste sie, wovon Eberhard sprach. Sie schlug das Buch auf. Die Liebe und die Frauen. Und las:

> *Klarer zeigt sich vielleicht nirgends die ganze Brutalität menschlicher Zustände als auf dem sexuellen Gebiet.*

Helene Stöcker, Vorsitzende des Bundes für Mutterschutz, Sexualreformerin, die für das Selbstbestimmungsrecht der Frau über ihren Körper und ihre Sexualität eintrat und sich für die Abschaffung des § 218 einsetzte. Sollten die armen Frauen mit jährlichen Schwangerschaften dafür büßen, dass ihre Männer ihnen einmal die Woche beweisen mussten, wer der Herr im Haus war? Durfte es sein, dass die ungezügelte Gier von Männern das Leben junger, lediger Frauen zerstörte? Eberhard hatte recht. Hätte ihr Stiefvater sie damals nicht gerettet. Wer weiß, wie es ihr weiter ergangen wäre. So ein Glück hatten nur wenige.

Schon längst hatte Clara ihrem Mann von dem Leben in der Kötterfamilie berichtet, von der Kälte, dem Hunger, den Schmerzen durch die Schläge. Das war, als sie das erste Mal beieinander lagen und Eberhard ihre Striemen bemerkte. Sie hatten sich im Schwesternheim heimlich in ihr Zimmer geschlichen, bebend vor Verlangen nacheinander, aber auch voller Furcht, entdeckt zu werden. Als er sie dann hastig entkleidete und im Halbdunkel die vernarbten Striemen sah, strich er sacht darüber und sagte: „Erzähl." Dann hatten sie geredet, eng aneinandergeschmiegt nackt auf dem schmalen Bett liegend. Das erste Mal fand nicht in dieser Nacht statt.

Aber da war noch das andere, die katholische Erziehung im Kinderhaus in Köln. Das Leben wird von Gott gegeben und nur von Gott genommen. Das 5. Gebot. Du sollst nicht töten. Du hast kein Recht, dich über den Willen Gottes zu erheben, sondern musst in Demut dein dir auferlegtes Schicksal ertragen. So hatte sie es gelernt.

Clara ließen diese Gedanken nicht los. Recht, Unrecht? Auf welcher Seite stand sie? Dann traf sie eine Entscheidung. Keine Androhung von Zuchthausstrafe sollte sie hindern, den Frauen zu helfen und ihnen wenigstens ein Stückchen Selbstverantwortung und Eigenständigkeit zu ermöglichen. Leben und Tod, Freude und Leid.

Die Kinder hatten keine Chance auf Erlösung, so wie sie. Viele waren zum Sterben geboren. Und die Mütter? Ausgezehrt von harter Arbeit und ständigen Schwangerschaften, waren sie abhängig von einem Mann, der oft seinen Frust im Alkohol ertränkte und sich in der Misshandlung von Frau und Kindern austobte. Die Frauen hatten in ihrer totalen wirtschaftlichen und rechtlichen Abhängigkeit von den Männern keine Möglichkeit, sich zu wehren und die Kinder zu beschützen. Sie waren der Willkür der Männer ausgeliefert. Sie lebten nicht, sie vegetierten. Es lag an ihr, das Los dieser Frauen zu erleichtern. Welch eine Verantwortung!

Endlich fließen die Tränen. Clara trauert um ihre Tochter. Sie hält Zwiesprache mit Eberhard. Sein Bild ist noch so lebendig, als stünde er leibhaftig vor ihr. Ich weiß, was du sagen willst, flüstert sie. Das Leben ist kostbar. Jeden Tag müssen wir uns dessen bewusst sein und dürfen unsere Zeit nicht verschwenden. Traure um unsere Tochter, würdest du sagen, aber vergiss den Jungen nicht. Der braucht eine starke, lebensbejahende Mutter. Denk auch an die vielen Frauen, denen du noch helfen kannst. So viel Elend hast du schon gemildert durch deine tatkräftige Hilfe. Sei traurig, Clara, aber lebe.

So hört sie Eberhard sprechen. Sie nickt. Energisch wischt sie sich mit dem Handrücken die Tränen aus dem Gesicht, strafft die Schultern, steht auf, wirft noch einen letzten Blick auf ihre Tochter und öffnet die Tür zur Küche. Ich bin jetzt fertig, ruft sie dem wartenden Bestatter zu. Sie können den Sarg verschließen und mitnehmen. Morgen um 12.00 Uhr ist die Trauerandacht. Der Pfarrer möchte pünktlich beginnen.

Kapitel 43 – Joan, 1932

Joan langweilt sich. Niemand da, der ihn auf dem Weg zur Roten Erde begleiten könnte. Niemand, der ihn schiebt, wie der Bär es oft getan hatte. Der Zitteraal ist unterwegs, wie meist, seit der Bär vor einem Jahr unters Auto gekommen ist. Keiner konnte sich hinterher erklären, wie es passiert war. Keiner hatte was gesehen. Dabei war auf dem Borsigplatz eigentlich immer was los. Sie hatten abends gesessen und gequatscht, nichts Besonderes. Der Bär war mit dem Hund unterwegs. Meist kam er vor dem Dunkelwerden nach Hause. Zu viel Gesindel auf der Straße. Seit Hindenburg im Frühjahr zum Reichspräsidenten gewählt und die NSDAP im Sommer bei den Reichstagswahlen stärkste Partei geworden war, gab es fast täglich Auseinandersetzungen zwischen den Braunen und den Roten. Leicht konnte man unversehens als Unbeteiligter in eine Schlägerei geraten.

An dem Abend hatten sie vergeblich gewartet und schließlich ohne den Bär ihr Abendbrot gegessen. Irgendwann, da war es schon längst dunkel, sprang der Zitteraal auf. „Ich geh den Bär suchen. Mir ist das nicht ganz geheuer, dass er noch nicht da ist", hatte er Joan noch gesagt. Dann war er zur Tür hinaus.

Stunden vergingen. Joan wurde das Warten lang. Eine innere Unruhe trieb ihn um. Auf nichts konnte er sich konzentrieren. Ständig suchte er in Gedanken die Straßen ab. Wo konnte der Bär sein? Hatte er sich verlaufen? Unmöglich. Der Hund kannte den Weg. War er aufgehalten worden? Von wem? Joan hatte keine Ahnung, was der Bär trieb, wenn er nicht in der Wohnung war. Vielleicht hatte er sich einfach nur verquatscht. Ja, das wird es sein, versuchte Joan sich selbst zu beruhigen.

Plötzlich stand der Zitteraal in der Wohnungstür, hinter sich zwei fremde Männer, die etwas Schweres trugen. Joan konnte es nicht erkennen, der Flur war dunkel. Aber er ahnte es, als er den Freund sah. Der Zitteraal sah furchtbar aus, die Haare wirr, die Augen gerötet, die Nase geschwollen. Die beiden Männer legten den Bär auf den Boden. „Wo ist der Hund?", fragte Joan ohne nachzudenken. Er hatte noch gar nicht richtig begriffen, was passiert war. „Keine Ahnung, weg", sagte der Zitteraal. Dann wurde er von einem Weinkrampf geschüttelt. So außer Kontrolle hatte Joan ihn nur ein Mal gesehen.

Später stellte sich heraus, dass doch jemand etwas beobachtet hatte, dass ein Fremder den Hund an der Leine von dem Bär weggezerrt, sich aber nicht um den Toten gekümmert hatte. Ein anderer wollte gesehen haben, wie zwei Kübelwagen mit überhöhter Geschwindigkeit um den Borsigplatz rasten.

Zur Beerdigung war nur Jupp gekommen. Seitdem hingen die beiden, Jupp und der Zitteraal, wie Kletten aneinander, scheint es Joan. Fast könnte er eifersüchtig werden.

Er vermisst den Bär, seine Gutmütigkeit, seine naiven, oft witzigen Fragen, sein kollerndes Lachen, das ganz tief aus seinem dicken Bauch zu kommen schien. Joan vermisst den ganzen großen Kerl, der ihn zu jedem Spiel der Borussen gefahren hat. Jetzt ist niemand mehr da, der ihn schieben könnte. Allein hinzufahren ist zu gefährlich und auch zu weit. Die Rote Erde ist nicht gleich um die Ecke wie die Weiße Wiese. Da muss er einmal quer durch die Stadt. Nach dem Vorfall damals hat Joan dem Zitteraal versprochen, nichts zu riskieren und nicht mehr allein unterwegs zu sein. Natürlich passt er auf. Er ist ja nicht blöd.

Joan rollt zum Fenster, schiebt es auf und schaut hinaus. Schon länger ist draußen ein Lärm, der jetzt ungehindert durch das offene Fenster hereinquillt. Er wird neugierig, hievt sich hoch, stützt sich aufs Fensterbrett. Das macht er in letzter Zeit häufiger. Auf der Straße ist immer was los, was ihn von seiner Langeweile ablenkt. Das Johlen und Schreien schwillt an. In letzter Zeit finden fast täglich Prügeleien zwischen Kommunisten und Nazis statt. Manchmal am Tag, häufiger nachts. Gelegentlich kommen Passanten zu Schaden, die sich nicht rechtzeitig in Sicherheit gebracht haben. Oft schreitet die Polizei ein. Mit Knüppeln und Pistolen. Wem sie hilft? Wer weiß das so genau. Manchmal gibt's Querschläger. Hier an seinem Fensterplatz fühlt Joan sich jedoch sicher und genießt fast den Tumult. Fenstertheater.

Nach der Beerdigung vom Bär wurde der Zitteraal immer mürrischer, immer unleidlicher, zog sich immer mehr zurück. Joan ahnt, was ihm zu schaffen macht. Es ist nicht nur der Verlust des Freundes, der ihm nahe geht. Seine Anfälle treten seit dem Tod des Bärs wieder häufiger auf. Diese verdammten Schießereien! Vor ein paar Wochen noch, da hatte er, mehr aus Versehen gesehen, wie der Zitteraal nach einer Schießerei in der Nacht leichenblass in der hintersten Ecke des Zimmers auf dem Boden hockte, die Arme fest um die Knie geschlossen. Trotzdem war der ganze Körper in Bewegung. Ein einziges zitterndes Etwas. Die Tür stand weit offen. So konnte Joan ihn sehen, als er in sein Zimmer rollte. Ob der Zitteraal ihn bemerkt hatte? Gesprochen jedenfalls haben sie nicht über den Vorfall.

Joan reckt den Kopf, lauscht. Stiefelgetrappel. Eine Polizeikohorte trabt herbei, bewaffnet mit Schlagstöcken und Pistolen. Sie umzingeln die schreiende, sich prügelnde Meute. Die Braunhemden dreschen mit Hakenkreuzfahnen auf die Kommunisten ein, die wehren sich und verprügeln ihrerseits die Nazis mit vollem Körpereinsatz. Fäuste fliegen, Schultern rempeln, Füße treten. Beide Seiten schenken sich nichts.

Auf der anderen Straßenseite entdeckt Joan auf einmal das Mädchen, das ihm in letzter Zeit schon häufiger aufgefallen ist. Es scheint zugezogen zu sein, noch nicht lange im Viertel zu wohnen. Manchmal bleibt es stehen und schaut zu ihm herüber. Er hat ihm zugewinkt. Aber das Kind hat nicht reagiert. Irgendwie erinnert das Mädchen ihn an jemanden. Mári. Es hat den gleichen, leichten Gang, die gleiche Kopfhaltung und ebenfalls dunkle, lockige Haare. Ein Gefühl von Sehnsucht, das er lange nicht mehr empfunden hat, überfällt Joan. Mári. Du Idiot. Das ist schon so lange her. Außerdem bist du viel zu alt für solche Gedanken und außerdem ein Krüppel, schimpft er mit sich. Er will das Mädchen warnen, es ist viel zu gefährlich auf der Straße. Er beugt sich weiter aus dem Fenster. In dem Moment fällt ein Schuss und noch einer und noch einer. Er denkt noch, gut, dass der Zitteraal nicht da ist. Dann hört er nichts mehr und sinkt auf seinen Rollstuhl zurück. Aus einem kleinen Loch in seiner Schläfe sickert Blut und tropft auf den Fußboden.

Kapitel 44 - Clara, 1936

„Mama, Mama, hör nur. Wir haben gewonnen." Der Junge zappelt vor Aufregung. „Da wird sich der Führer aber freuen. Meinst du nicht auch, Mama? Ich möchte auch einmal Fechter werden wie dieser Julius Eisenecker." Clara zuckt jedes Mal zusammen, wenn der Junge so redet. Aber sie kann es ihm nicht verübeln. Das ist die ständige Beeinflussung durch die Schule. Jeden Tag, wenn der Junge nach Hause kommt, erzählt er vom Führer. Wie gut es der Führer mit den Kindern meine, wie sehr er kämpferische Charaktere liebe, wie stolz er sei auf eine Jugend, die tapfer und furchtlos und sportlich sei. Schon für die Kleinen gibt es einmal wöchentlich einen Fahnenappell, bei dem die Fahne mit dem Hakenkreuz unter feierlichem Singen hinaufgezogen wird. In der Klasse haben die Kinder außerdem eine Hitlerecke eingerichtet. Diese fast religiöse Verehrung für den Führer, wie Hitler nur noch genannt wird, ist Clara unheimlich. Sie muss an den Marienaltar denken, den sie im Kinderhaus zusammen mit Mathilde im Mai auf ihrem Nachtschränkchen eingerichtet hatte. Jeden Abend hatten sie davor gekniet und gemeinsam ihr Nachtgebet gesprochen, inbrünstig, vertrauensvoll.

Felix sitzt schon den ganzen Tag vor dem Volksempfänger und hört die Sportberichte mit glühenden Ohren, ist stolz auf Deutschland bei jedem Sieg und wütend, wenn ein anderes Land gewinnt. „Deutschland soll immer gewinnen", hatte er geheult, als fast alle Medaillen in der Leichtathletik an andere Länder gingen. Claras Einwand, dann sei es doch kein Wettbewerb mehr, hatte er nicht gelten lassen.

Sie sitzen im Wohnzimmer. Ein freier Sonntagnachmittag, den Clara mit ihrem Sohn verbringen wollte, um gemeinsam zu spielen. Halma, Mikado, Mensch-ärgere-dich-nicht. Stattdessen plärrt der Volksempfänger. Der Junge hört gebannt zu, Clara hat sich eine Näharbeit herangeholt. Untätig herumsitzen kann sie nicht. Sie macht sich Sorgen. Das Kind ist erst acht Jahre alt und zu häufig auf sich gestellt. Sie hat nicht genügend Zeit, ihm die Flausen aus dem Kopf zu treiben, die die Lehrerin hineinsetzt.

Er lässt sich schnell für etwas begeistern. Wie sein Vater, denkt sie manchmal. Überhaupt erinnert der Junge sie in seinem Wesen und Aussehen immer mehr an den geliebten Mann. Gerade jetzt sind es die Olympischen Spiele. Dieses Sportereignis scheint ganz Deutschland in einen Taumel zu stürzen. Die Gespräche, ob beim Einkaufen, auf der Straße oder mit Freunden kreisen stets um die Tagesereignisse. Wer hat gewonnen? Wie viele Medaillen hat Deutschland schon? Dass die USA, besonders in der Leichtathletik, überragende Leistungen bringen, ärgert viele. „Ach, na ja, das Land ist doch viel größer", versucht Clara dann zu beschwichtigen. „Da ist es klar, dass die mehr gute Sportler haben als so ein kleines Land wie Deutschland. Ihr müsst auch sehen, dass alle anderen Länder schlechter abschneiden als wir."

Nur selten findet sie mit dieser Sichtweise Gehör. Deutschland muss gewinnen. Basta. Für den Führer, für das Volk. Stolz will man wieder sein auf das Land, das nach dem Krieg so gedemütigt wurde und das Hitler zu neuer Größe und Anerkennung führen wird. Deshalb zählen auch nur die Siege der deutschen Sportler.

Seit Beginn der Olympischen Spiele ist die Stimmung in Wuppertal beinahe ausgelassen. So entspannt, so freundlich hat sie die Stadt schon lange nicht mehr erlebt. Ab und zu hilft sie dem Vater im Laden, seit sie wieder in die elterliche Wohnung zurückgekehrt ist. Platz ist genug. Erich und Maria sind schon lange ausgezogen. Die Tante kümmert sich mit Hingabe nach wie vor um die behinderte Schwester, aber um niemand anderen.

Clara hatte es in der Wohnung in Barmen nach dem Tod von Helenchen nicht mehr ausgehalten. Erst der Mann, dann das Kind. Zu viele Erinnerungen, zu viel Alleinsein. Dem Vater tat es gut, dass Felix mit seiner unbefangenen lustigen Art ein wenig Freude und Ablenkung in sein tristes Leben brachte.

Im Laden reden die Leute, über die Spiele, über den Führer. Vieles scheint sich zum Guten gewendet zu haben, seit Hitler von Hindenburg als Reichskanzler eingesetzt wurde. Nachts ist es in den Straßen ruhiger und sicherer geworden, sagen sie. Keine Straßenkämpfe mehr. Keine Verletzten oder Toten, wie es vor Hitlers Machtübernahme fast schon die Regel war. Als unbescholtener Bürger konnte man sich ja kaum noch auf die Straße trauen. Die Arbeitslosigkeit ist in den letzten Jahren fast verschwunden. Die Männer haben Arbeit, sind zufriedener. Das macht sich auch in Claras Hebammenpraxis bemerkbar. Eberhard. Warum tut es immer noch so weh, an ihn zu denken?

Seit die Nazis an der Macht sind, ist die Zahl der Hausgeburten stark gestiegen. Eine deutsche Frau entbindet natürlich zu Hause. Immer weniger Frauen kommen wegen einer Abtreibung zu ihr. Auf Abtreibung steht wieder Zuchthaus. Dafür geht es den Arbeiterfamilien besser. Und wer viele Kinder hat, bekommt staatliche Unterstützung. Die Frauen sind froh, wenn sie zu Hause bleiben dürfen. Der Mann verdient schließlich genug. Zusammen mit dem Kindergeld reicht es. Stolz kann man sein.

Dass die Frauenvereine nach Hitlers Ernennung zum Reichskanzler alle kassiert wurden und nur noch das Deutsche Frauenwerk zugelassen ist, dass damit alle Bemühungen, die Rechte der Frauen zu fordern, dahin sind, wen stört's? Hat nicht der Führer gesagt, dass die Welt der Frau die Familie ist, ihr Mann, ihre Kinder, ihr Heim? Hat er nicht recht, wenn er verkündet, dass Arbeit der weiblichen Wesensart nicht entspricht?

Dieser ganze Mutterkult ist Clara zuwider. Dennoch. Irgendwas muss doch dran sein an dem, was die Nazis sagen. Sie sieht ja, wie zufrieden die Menschen inzwischen sind. Aber ist sie denn die Einzige, der die Reden Hitlers hohl und großspurig vorkommen? Sie weiß nicht recht, was sie von diesem Führer halten soll. Dieses Gerede von Volk und Ehre und Vaterland. Was ist mit den Juden, mit ihrem Stiefvater? Er zieht sich immer mehr aus dem Geschäft zurück. Hat er Angst? Muss sie Angst um ihn haben?

In den letzten Jahren ist viel Kundschaft ausgeblieben. Meist kommen nur noch die alten Stammkunden. „In alter Verbundenheit, Herr Westermann. Wir halten zu ihnen", beteuern sie.

Die Hitlerverehrung in der Schule. Andererseits lernen die Kinder Disziplin, sind jeden Tag an der frischen Luft und immer in der Gemeinschaft. Clara sieht, mit wie viel Freude Felix zu den Wanderungen am Wochenende geht. Einmal kam er mit einer klaffenden Fleischwunde nach Hause und meinte nur: „Nicht so schlimm, Mama. Der Führer musste noch ganz andere Sachen aushalten, damals im Krieg." Da war er wieder, der Führer. In solchen Situationen vermisste sie Eberhard. Mit ihm hätte sie über ihre Zweifel und Sorgen reden können. Die Wunde musste mit fünf Stichen genäht werden. Eine Betäubungsspritze hatte Felix verweigert. Während der Prozedur verzog er keine Miene.

Es klingelt an der Tür. Ein Notfall. Der Mann stottert vor Aufregung. „Felix, sei schön brav und mach der Tante Elisabeth keinen Kummer", ruft sie eilig ins Wohnzimmer, wirft ihren Mantel über und greift nach der Hebammentasche.

Kapitel 45 – Clara, 1939

Sie ist morgens früh von Wuppertal aufgebrochen, um rechtzeitig abends wieder zu Hause zu sein. Nun steht sie da, den Kopf in den Nacken gelegt und schaut ratlos an der Hausfassade hoch. An den Klingeln hat sie den Namen nicht gefunden.

Kein Gutermann. Fünf Stockwerke. Eine schlichte Fassade. Große Fenster.

Der Regen prasselt ihr ins Gesicht. Das lose um den Kopf geschlungene Tuch schützt längst nicht mehr vor der Nässe. Aus den Haarsträhnen tropft das Wasser. Der Schnürregen hat Clara völlig durchweicht. Bei ihrem hastigen Aufbruch am Morgen hatte sie den Schirm liegen lassen. Felix hatte beim Frühstück wie immer getrödelt, so dass sie sich beeilen musste, um noch rechtzeitig zum Bahnhof zu kommen. In Wuppertal war der Himmel tief und grau, aber es war trocken. Bei ihrer Ankunft in Köln schüttete es jedoch wie aus Kübeln. Gottlob war es vom Bahnhof nicht weit zu der Adresse, die sie sich sorgfältig auf einem Blatt notiert hatte. Immer wieder hatte sie den Zettel hervorgeholt, obwohl sie die Adresse auswendig wusste. Unterwegs waren HJ- und SA-Truppen an ihr vorbeimarschiert. Wegen des Dauerregens nicht ganz so zackig wie sonst, hatte sie mit Befriedigung festgestellt.

Diesen Weg also war ihre Mutter gegangen. Schwanger, allein. Wie hatte sie sich gefühlt? Damals gab es an den Häuserwänden nicht diese Schmierereien. *Juda verrecke. Judensau. Zutritt für Juden verboten. Kauft nicht bei Juden.* Viele Schaufenster waren immer noch zugenagelt. Brandspuren verunstalteten viele Fassaden. Das trübe Tageslicht verstärkt den trostlosen Eindruck. Diese schönen großbürgerlichen Häuser und dann diese Verwüstungen. Die ‚Reichskristallnacht' hatte den Städten ihren Stempel aufgedrückt, einen Stempel von Hass und Gewalt und Zerstörungswut. Reichskristallnacht. Wie aus dem Nichts war dieser spöttische Begriff für die Ungeheuerlichkeiten des 9. November plötzlich da gewesen. Das Geschäft des Vaters war verschont geblieben.

Lange wusste keines der Kinder, dass der Vater einen jüdischen Vater hatte. Bis eines Tages Erich in der Wohnungstür stand, mit vor Wut und Alkohol gerötetem Gesicht und dem Vater das Wort „Judensau" entgegenschleuderte. Religion war in der Familie nie ein Thema gewesen. Dass der Vater Frau und Kinder bei ihren gelegentlichen Kirchgängen nicht begleitete, hatten alle ungefragt hingenommen, da auch die Mutter nur selten in die Kirche ging. Die Taufe von Maria und Hertha hatte Clara eher als beiläufiges Ereignis in Erinnerung.

Clara war von dem Ausbruch des Bruders schockiert gewesen, Felix flüchtete sich auf ihren Schoß und Hertha fing an zu schreien. Der Vater wurde leichenblass, blieb aber stumm. Nur die Tante zeigte Haltung und warf den Neffen aus der Wohnung. Seitdem hatte er sich nicht mehr zu Hause blicken lassen. Erst viel später war Clara eingefallen, was Erich so getroffen haben musste. Wenn sein Vater jüdisches Blut in sich hatte, dann galt das auch für ihn. Der Abstammungsgrad spielte für ihn dabei wohl keine Rolle. Für einen überzeugten Parteigänger der NSDAP wie Erich war schon ein Tropfen jüdisches Blut eine Katastrophe.

An dem Abend des 9. November saßen sie im Wohnzimmer. Hertha lag schon im Bett. Der Vater las. Felix musste ganz dringend noch Schularbeiten machen und zögerte so die Schlafenszeit hinaus.

Plötzlich hörten sie ein Johlen und Schreien, Geräusche von splitterndem Glas. Der Vater und sie eilten nach unten in den Laden, um nachzuschauen, was passierte. Wohlweislich machten sie kein Licht und sahen aus dem Dunkel heraus, wie eine Horde von Fackel tragenden, meist jungen Männern mutwillig die Fensterscheiben des benachbarten Ladens einschlugen, den zeternden, weinenden Mann aus dem Haus zerrten und mit Fußtritten bearbeiteten. Der Vater stand da, rührte sich nicht. Was ihm durch den Kopf ging, konnte Clara nur ahnen. Es hatte den Vater vor zwei Jahren schwer getroffen, dass er bei den Stadtratswahlen nicht mehr aufgestellt wurde. Ohne offizielle Begründung.

Clara unterdrückte ihren Impuls, nach draußen zu rennen und dem armen Menschen zu helfen. Aber was konnte sie allein gegen diese Meute ausrichten? Wo blieb die Polizei? Warum kam die Feuerwehr nicht, um die Brände zu löschen, deren Widerschein vom Schaufenster aus zu sehen war? Sie hastete ins Büro, wählte mit zitternden Fingern den Notruf. Besetzt. Noch einmal. Besetzt. Noch einmal. Das Freizeichen. Endlich. Keiner nahm ab.

Sie kehrte zurück in den Laden, fasste ihren Vater sacht am Ellenbogen: „Komm, lass uns nach oben gehen. Wir können nicht helfen." Widerstrebend, fast wie in Trance, ließ er sich aus dem Laden und die Treppe zur Wohnung hoch ziehen. Am nächsten Tag erfuhren sie aus der Zeitung, dass in der ganzen Stadt Judenläden und Wohnungen geplündert und demoliert worden waren und die Synagoge und einzelne Häuser gebrannt hatten. Auf dem Weg zu ihrer Hebammenpraxis musste Clara so manches Mal auf die Straße ausweichen, da der Gehweg voller zerbrochener Möbel und Gerätschaften war.

Der Vater nahm sich die Ereignisse schwer zu Herzen. Er fühlte sich schuldig, weil er nicht geholfen hatte. Zumindest glaubte Clara das. Gesprochen hatten sie über diese Nacht nicht.

Wenige Tage nach dem 9. November hatte ihn der Schlag getroffen. Drei Wochen später war er tot. Bei den Aufräumarbeiten hatte Clara unter den persönlichen Sachen des Vaters das Gesindebuch der Mutter entdeckt. Trotz aller Trauer fühlte sie sich durch diesen unerwarteten Fund wie elektrisiert. Endlich eine erste Spur, ein erster Anhaltspunkt für die Nachforschungen nach dem Vater. Nie hatte Clara den Wunsch aufgegeben, ihren leiblichen Vater ausfindig zu machen. Doch hatten die Ereignisse des Lebens sie überrollt. Erst der Krieg, dann Eberhard, der Beruf, die Kinder. Immer gab es Wichtigeres als die eigene Herkunft zu erforschen.

Das Geschäft würden sie wohl aufgeben müssen. Mit Erich war nicht zu rechnen. Der war gleich nach der Beerdigung des Vaters wieder verschwunden, hatte kein Wort mit ihr gewechselt. Sie selbst hatte kurz erwogen, ihre Hebammenpraxis aufzugeben und den Laden weiterzuführen, traute es sich dann aber doch nicht zu.

„Kann ich Ihnen helfen?" Clara zuckt zusammen. Sie hat nicht bemerkt, dass sich über ihr, im 1. Stock, ein Fenster geöffnet hat. Eine alte Dame schaut heraus. „Ich beobachte Sie schon eine ganze Weile." Clara schaut zu der alten Dame hoch. Ein Gedanke blitzt auf. Vielleicht weiß die Frau etwas. Vielleicht lebt sie schon lange hier? „Ja, möglich", antwortet sie auf ihre Frage. „Meine Mutter war hier in diesem Haus als Dienstmädchen." „Wann war das?" Die kleine alte Dame scheint interessiert. „Das ist schon lange her. Ich war noch nicht geboren. Genauer gesagt, war meine Mutter mit mir schwanger, als sie hierher kam." „Wie alt sind Sie denn?" Die Frau will tatsächlich mehr wissen. „43 Jahre. Meine Mutter war hier ab Oktober 1895. Sie ist aber nicht lange geblieben. Der letzte Eintrag in ihrem Gesindebuch ist vom 5.12.1895."

„Moment. Lassen Sie mich überlegen. Dezember '95, sagen Sie? Da waren wir gerade erst eingezogen, mein Kurt und ich. Im November. Ja. Im November. Mein Mann, wissen Sie, hatte eine Stelle als Prokurist bei Mühlhens gefunden. Kennen Sie, nicht wahr? 4711, das Duftwasser. Deshalb waren wir auch so froh, diese Wohnung hier bekommen zu haben. So hatte er es nicht weit zur Arbeit. ... Warum kommen Sie nicht herauf? Sie sind ja schon völlig durchnässt. Moment. Ich mache Ihnen die Tür auf. Der Summer geht nicht."

Clara hat den Eindruck, dass die alte Dame sich freute, ihr helfen zu können. Vielleicht ist sie einsam und froh über die Abwechslung?

„Immer herein, herein." Das von Runzeln durchzogene Gesicht strahlt, die Stimme klingt erwartungsfroh. Die Alte setzt ihren Monolog fort, während sie bedächtig und konzentriert eine Stufe nach der anderen nimmt: „Seit mein Mann tot ist, wissen Sie, bin ich viel allein. Kinder haben wir keine. Dabei wollten wir einen ganzen Stall voller Kinder. Ach Gott ja. Aber es war uns nicht vergönnt." Noch bevor Clara ein mitfühlendes Wort sagen kann, redet die Frau weiter. „Ich weiß, ich weiß. Ich rede zu viel. Das kommt, wenn man so allein ist. Da stauen sich die Wörter an und wollen heraus, sobald mal einer zum Zuhören da ist. Viele meiner Freunde sind ja leider weggezogen – oder tot. Wie schön, dass Sie da sind. Heute ist wirklich ein Glückstag."

Clara steht auf einmal, ohne zu wissen wie, in einem fremden Flur mit dieser fremden Frau, tropfnass, mit quatschenden Schuhen. Die alte Dame wuselt geschäftig um sie herum, nimmt ihr den Mantel ab, hängt ihn ins Bad „Zum Abtropfen", bringt ein Paar Hausschuhe „Sie holen sich sonst noch den Tod. Mit nassen Füßen bekommt man rasch eine schlimme Erkältung", und zieht Clara ins Wohnzimmer. „Setzen Sie sich. Setzen Sie sich. Bitte. Hier." Sie deutet auf einen kleinen Sessel, der mit rotem Samt bespannt ist, genauso wie das dazu passende Sofa. Der im Übrigen eher sparsam möblierte Raum ist behaglich warm.

„Gleich können Sie Ihre Fragen stellen. Ich erzähle Ihnen alles, was ich weiß." Clara fühlt sich von der eifrigen Fürsorge überrumpelt. Gehorsam lässt sie sich in den Sessel fallen. „Kaffee, Kekse?", hört sie die alte Dame fragen und sagt zu allem ja, ja.

Sie ist erschöpft. Das frühe Aufstehen. Der weite Weg in Wuppertal zum Bahnhof. Zu Fuß. Dann die Zugfahrt nach Köln. Die Erinnerungen und die Achterbahn der Gefühle, seit sie unterwegs ist. Die Spur der Mutter. Führt sie zum Vater? Als sie im Nachlass des Stiefvaters dieses Büchlein entdeckte und aufschlug, überwältigte sie die plötzliche Erkenntnis, damit einen ersten Hinweis in Händen zu halten. Allerdings gaben bei näherem Hinsehen die Eintragungen nicht sehr viel her. Am vielversprechendsten schien es ihr letztlich, mit der Suche in Köln zu beginnen. Name und Adresse der Herrschaft waren fein säuberlich geschrieben und noch gut lesbar. Was für eine akkurate Schrift die Mutter hatte. Plötzlich muss Clara schlukken. So wenig Zeit. Viel zu wenig Zeit war ihnen geblieben, um sich wirklich kennenzulernen. Die Krankheit veränderte zudem die Mutter. Zuversicht und Lebensfreude kamen ihr abhanden. Sie war nicht mehr der fröhliche und lebendige Mittelpunkt der Familie, sondern nur noch eine Randerscheinung. Man schonte sie, wie Clara oder der Vater. Oder man lehnte sie ab, wie Erich. Nur Maria schien nichts zu bemerken. Sie sprang wie eh und je mit ihren kleinen Kümmernissen und Freuden zur Mutter. Ach Mutter! Claras Gedanken driften ab. Die Wärme nach der Kälte und Nässe draußen lullt sie ein.

„Milch und Zucker?" Das runde, runzlige Gesicht über ihr leuchtet freundlich. „Ja gern, danke", murmelt Clara benommen.

Der Kaffee ist stark und weckt ihre Lebensgeister wieder. Clara hat so viele Fragen, dass sie gar nicht weiß, wo sie anfangen soll. Doch einmal in Fahrt gebracht, sprudeln die Erinnerungen aus der alten Dame von selbst heraus. Sie berichtet Clara, dass das junge Ding, also ihre Mutter, bei einer Familie in Stellung war, die unter dem Dach wohnte. Dass Martha der jungen Frau von vornherein verhasst war, weil sie so hübsch und – weil sie schwanger war. „Die junge Frau konnte keine Kinder bekommen. Genau wie ich. Aber das wusste ich ja damals noch nicht."

Die alte Frau hält kurz inne, bevor sie den Faden wieder aufgreift. „Sie hat eifersüchtig über ihren Mann gewacht. Sie waren beide Juden und sind schon 1933 nach Hitlers Machtübernahme weggezogen. Wohin, das weiß ich leider nicht."

Einmal, erinnert sie sich ohne Zögern, hatte sie das junge Mädchen getroffen. Blass war sie und sah unglücklich aus. Sie habe Heimweh nach dem Dorf, in dem sie aufgewachsen sei, hatte sie gesagt. „Den Namen des Dorfes hat sie nicht genannt", beendet die alte Dame schließlich ihren Bericht. „Aber irgendwo bei Münster muss das sein. Glaube ich wenigstens."

Auf der Rückfahrt nimmt Clara sich vor, die neue Spur bald weiter zu verfolgen. Während der Zug durch die Nacht rattert und keucht, durch das Dickicht der Dunkelheit und an lichterhellen Städten vorbei, an zaghaft erleuchteten Bahnhöfen Halt macht, Fahrgäste ausspuckt und einsaugt, nach jedem Stopp wieder zischend und pfeifend Fahrt aufnimmt, entwikkelt Clara einen Plan.

Kapitel 46 – Bernhard, 1939

Seit 5.45 Uhr wird zurückgeschossen. Bernhard sitzt in der Küche beim Frühstück, hat wie immer morgens das Radio eingeschaltet. Wenn er diesen Hitler auch verabscheut, so ist es doch gut zu wissen, was er sagt und tut. Und dann dieser Satz. Bernhard hätte sich beinahe an seinem Kaffee verschluckt. Sein Luxus. Kaffee zum Frühstück und ab und zu eine Scheibe Wurst oder Schinken und ein Stück Käse. Den Schinken lässt ihm meist Hubertus zukommen.

Nachdem sie sich wieder ausgesöhnt haben, besucht Bernhard den Bruder bisweilen auf dem Hof. Im Übrigen geht er, seit er nicht mehr unterrichtet, kaum noch vor die Tür. Sein Schachkollege ist der einzige Mensch, mit dem er sich regelmäßig trifft.

Keine zwei Jahre ist es her, seit er einer Suspendierung durch eine Kündigung zuvorgekommen ist. Der Tag vor den Herbstferien sollte sein letzter Schultag sein. Darauf hatte man sich geeinigt, um größeres Aufsehen zu vermeiden. Ein Disziplinarverfahren hätte er niemals durchgestanden. Das war ihm sofort klar gewesen. Also hatte er alle Maßnahmen widerstandslos über sich ergehen lassen, nicht protestiert, keinerlei Wünsche geäußert oder gar Forderungen gestellt.

Der Kollege Krüger hatte ihn angezeigt. Er habe volksverhetzende Aussagen vor Schülern gemacht und den Führer herabgesetzt. Zu Anfang war es im völlig schleierhaft, worum es ging. Dann hatte es ihm gedämmert.

Er erinnerte sich an ein Gespräch, das er mit einem Schüler geführt hatte, als dieser gerade vom Nürnberger Parteitag zurückgekehrt war. Der Junge musste ihn bei Krüger angeschwärzt haben und dieser war sofort zur Parteileitung gerannt. Ja, nur so konnte es gewesen sein.

Er hatte sich diesen Schüler vorgeknöpft, weil er wiederholt seine Hausaufgaben nicht gemacht, im Unterricht gestört hatte und auch sonst wenig Interesse für Latein und Griechisch erkennen ließ. Der Schüler hatte ihm vorgeworfen, dass der Stoff dieser Fächer zu gar nichts nütze sei und vor allem nicht auf das Leben vorbereite. Reine Zeitverschwendung. Auf seinen Einwand, immerhin stünden Rom und Athen für Demokratie, für Freiheit im Denken und Handeln, hatte der Junge nur gelacht. Liberalismus, hatte er gehöhnt, bedeute doch nur Sklavenketten. Die Geschichte vorantreiben könne nur ein Einzelner, wie der Führer einer sei. Diese Phrasen hatte er wohl auf dem Parteitag aufgeschnappt. Bernhards Argument, an den Spartanern könne man sehen, wie Einzelherrscher das Volk für ihre eigenen Zwecke ausnutzten und missbrauchten, wehrte der Junge empört als böswillige Unterstellung ab. Er solle doch nur schauen, wie begeistert und hingerissen die Menschen auf dem Nürnberger Parteitag Hitler zugejubelt hätten. Da zeige sich, was echte Volksgemeinschaft sei. Diese Volksgemeinschaft sei ein Verdienst Hitlers. Der rede nicht nur davon, sondern kümmere sich tatsächlich um das Wohl jedes Einzelnen. Inmitten der Kolonnen von HJ und BDM, von SS und SA habe er sich aufgehoben gefühlt. Da habe keiner gefragt, woher er komme.

Dass er nur ein Arbeiterkind war, habe keine Rolle gespielt. In der Volksgemeinschaft seien alle gleich. Was zählte, seien die wahren Tugenden: Pflichtbewusstsein, Verantwortungsgefühl für die Gemeinschaft, Ehrlichkeit und Uneigennützigkeit. Der Schüler war gut präpariert. Erstaunt musste Bernhard feststellen, wie eloquent dieser in seinem Unterricht eher schweigsame Junge sein konnte. Dass er für die Hitlerjugend, für Hitler brannte, war unverkennbar.

Bernhard hatte dem Jungen blauäugige Gutgläubigkeit und jugendlichen Idealismus zugute gehalten und ihn nur ermahnt, die beiden Fächer künftig ernster zu nehmen. Ein *Nichtgenügend* in zwei Hauptfächern, hatte er hinzugefügt, könne seine Schullaufbahn gefährden. Und dabei helfe ihm auch keine Volksgemeinschaft und kein Führer. Was er eigentlich hatte sagen wollen, war, dass die Nazis seine Begeisterungsfähigkeit ausnutzten, ihm mit ihrer Gleichmacherei das Denken abgewöhnten, dass jemand, der im großen Denken der Gemeinschaft aufgeht, das selbstständige Denken verlernt, verführbar ist, dass die scheinbaren Abenteuerspiele in der HJ und die Aufmärsche auf dem Parteitag nichts anderes waren als paramilitärischer Drill. Der Junge hätte ihn wohl nicht verstanden.

Eine weitere Unterrichtssituation fiel ihm ein.

Thema war ein Ausspruch von Aristoteles. *Unser Charakter ergibt sich aus unserem Benehmen.* Er hatte die Schüler Beispiele sammeln lassen für gutes Benehmen und diese in einen Kontrast gestellt zu dem rüpelhaften Auftreten der braunen Truppen, wie er es in der Stadt wiederholt beobachtet hatte.

Einige Schüler hatten heftig widersprochen und ihm einseitige Darstellung vorgeworfen. Möglicherweise wurde ihm auch diese Situation zur Last gelegt.

Ab 5.45 Uhr wird zurückgeschossen. Bernhard ist es leid. Wieder Krieg. Was kann er, ein einsamer, alter Mann, gegen diesen Wahnsinn tun?. Wenn er wenigstens jemanden hätte, mit dem er seine Sorgen teilen könnte. Sein Bruder Hubertus ist mittlerweile kein überzeugter Nazi mehr, aber doch noch weit von einer kritischen Haltung entfernt und kommt als Gesprächspartner nicht infrage. Otto ist tot. Warum Otto? Neben Ludwig war er der Bruder, dem Bernhard sich nahe gefühlt hatte.

Dass er keine Familie hat, ist seine eigene Schuld. Zweimal hatte er eine Chance. Zweimal hat er sie vertan. Immer, wenn er an Mári denkt, gibt es ihm einen Stich ins Herz. Wo ist sein Kind, das ja schon längst erwachsen ist? Was macht der Sohn/die Tochter in diesen schweren Zeiten? Der Gedanke, dass sein Kind ein überzeugter Nazi sein könnte, treibt ihn um. Er würde es allerdings nie erfahren. Damals hat er versäumt, ach was, er hat sich nicht getraut, die Mutter nach der Adresse der Kölner Familie zu fragen, um Nachforschungen anstellen zu können. Jetzt ist es zu spät. Zu spät ...

Bernhard steht auf und kocht sich noch einen Kaffee.

Von Anfang an waren die Nazis Bernhard suspekt gewesen. Ihr offen zur Schau getragener Militarismus, ihre laute, rohe Sprache, ihre pathetischen Reden, ihre Übertreibungen. Nicht ein hundertjähriges, nein gleich ein tausendjähriges Reich sollte geschaffen werden. Welche Anmaßung der Nazis, das von Christus verheißene tausendjährige Reich für ihre Zwecke zu vereinnahmen. Dass sich niemand über die Maßlosigkeit dieser selbst ernannten Herrenmenschen empörte.

Schon vor dem Krieg 1914 hatte er den zunehmenden Nationalismus verabscheut und in den Gesprächen mit Otto die Kriegsgefahr in Europa beklagt, die für einen aufmerksamen Beobachter offensichtlich war. Bernhard seufzt. Auch sein Bruder war ein Opfer dieses Nationalismus geworden. Er hatte sich nicht vereinnahmen lassen, hatte seine Karriere als Kirchenmann aufgegeben, um seine Überzeugung zu leben. Er hatte im Krieg sein Leben riskiert, um vor sich selbst glaubwürdig zu bleiben. Er wollte all denen helfen, die im Elend der Schützengräben ihre Ideale begraben mussten. Otto wollte ihnen den Tod erleichtern, indem er gegen die Sinnlosigkeit des Krieges das Kreuz der Erlösung in Gott hielt. Otto war aus dem Krieg nicht zurückgekehrt. Verschollen. Alle Nachforschungen seitens der Familie blieben ergebnislos. Otto fehlt Bernhard, sein klarer, unbestechlicher Blick auf die Verhältnisse, seine klugen

Gedanken, seine Wahrhaftigkeit. Otto hatte mit beiden Beinen immer mitten im Leben gestanden.

Bernhard erinnert sich an das letzte Gespräch mit dem Bruder, bevor dieser als Feldgeistlicher an die Front aufbrach. Der hatte schon lange mit sich und der katholischen Kirche gehadert.

„Eine Institution, die von Menschenrechten nichts wissen will, ist mir unerträglich", hatte er gewettert. „Was nützt der Glaube denen, die mit knurrendem Magen und einem Buckel voller Sorgen ums tägliche Brot in der Kirchenbank sitzen? Soll ich ihnen von Wundern predigen, von der Gott gewollten und ewig unveränderbaren Weltordnung, soll ich mein Denken aufgeben?" Leidenschaftlich hatte er von der Kanzel herab für mehr Gerechtigkeit, für mehr Mitbestimmung der Arbeiter plädiert. Otto, den Roten, nannten ihn viele, die einen mit Verachtung, die anderen mit Hochachtung. Tag und Nacht war er im Einsatz, schlichtete Streit, holte Männer aus der Kneipe und brachte sie ihren Familien zurück, kaufte das Nötigste, wenn am Ende des Monats das Geld fehlte, prangerte die Ausbeutung der Arbeiter an.

Dann kam sein psychischer Zusammenbruch und dann war Krieg und er wurde Feldgeistlicher.

Er hingegen, Bernhard, hatte sich in das Studium der lateinischen und griechischen Schriften geflüchtet. Er hatte an den Satiren des Horaz die Denkfähigkeit der Schüler schulen wollen, das Gefühl für die Ästhetik der Sprache, für ihren Rhythmus und ihren Klang an den Versen Ovids vermitteln wollen. Wozu? Konnten Sprachgefühl und Denkfähigkeit die Nazis verhindern, wenn Menschen wie Krüger das Sagen hatten? Dieser Kollege war ihm vom ersten Tag an widerlich gewesen. Ein infamer Mensch.

Gleich am ersten Schultag hatte er in seiner Klasse ein Plakat mit Judenköpfen aufgehängt. Banker, Juristen, Ärzte, Wissenschaftler und andere Akademiker. Vom Weltjudentum schwafelte er, von den Juden als Blutsauger. Alle Jungen seiner Tertia, die nicht in der HJ waren, schurigelte er mit Referaten über dieses ‚Judengeschmeiß'. Mehr als einmal hatte sich Bernhard beim Direktor über diesen Kollegen beschwert. Aber auch der war machtlos. Sein passiver Widerstand gegen Verordnungen der Partei bewirkte letztlich nur, dass er degradiert wurde. Kurz nach Bernhards Relegation musste der Direktor seinen Posten aufgeben und als einfacher Lehrer auf dem Land Volksschüler unterrichten. Der Neue war ein linientreuer Nazi.

Diese Regierung ließ es nicht nur zu, sondern unterstützte es, dass Bücher verbrannt wurden. Bücher! Der Hort des Wissens und der Erkenntnis und Lebenserfahrung. Viele Schriftsteller, Intellektuelle, Journalisten, Musiker und Wissenschaftler flohen, verließen die Heimat. Welch ein Verlust. Wer blieb denn noch? Menschen wie er, die sich zurückzogen, die sich nicht trauten, sich diesem Wahnsinn entgegenzustellen. Und die vielen, die Hitler folgten und verehrten.

Wie hatte es zu dieser ungeheuerlichen Entwicklung kommen können? Alle, die anders waren, anders dachten, anders handelten, gerieten in Verdacht, waren mit der Zeit eingesperrt, gefoltert, verjagt worden. Wo blieben nur die vielen Juden? In seiner Klasse hatte es schon zwei Jahre nach der Machtergreifung der Nazis keinen einzigen jüdischen Schüler mehr gegeben.

Dieser unselige Funke, aus dem der Hass schlug gegen alles, was undeutsch, volksfremd, jüdisch, marxistisch, kommunistisch oder einfach nur anders war, hatte das Feuer sogar in seiner Stadt entzündet. Katholisch zu sein reichte offenbar nicht aus, um gegen die Nazipropaganda gefeit zu sein. Fassungslos hatte er, von einem Schachspiel mit dem Kollegen zurückkommend, auf dem Vorplatz des Schlosses eine Gruppe von Studenten dabei beobachtet, wie sie, in Talare gehüllt, Feuersprüche vorlasen, während ein Buch nach dem andern in die Flammen flog. Ein Kordon von Polizisten stand um die Studentengruppe herum. Was taten sie? Erst als Bernhard näher herantrat, begriff er, dass die Polizisten die jungen Menschen beschützten, nicht ihr Tun verhinderten. Später erfuhr er, dass große und bekannte Buchhandlungen der Stadt die Bücherverbrennung unterstützt hatten.

Solange er noch als Lehrer tätig war, war er gezwungen, nach Lehrplan zu unterrichten. Immer hatte er geglaubt, die Schriften der Alten seien gegen jede Indoktrination gefeit. Nach der Machtergreifung Hitlers wurde er bald eines Besseren belehrt.

Statt mit dem demokratisch-musischen Athen musste er sich im Unterricht künftig mit dem martialischen Sparta auseinandersetzen. Nicht mehr Horaz und Ovid waren gefragt, sondern Caesars *de bello gallico.* Ästhetik spielte keine Rolle mehr. Die Kunst der Sprache und die Kunst des Denkens und Argumentierens wurden obsolet.

Die neue Regierung wusste, wie sie die Massen begeistern konnte. Mit Fahnenappellen, mit schmissiger Marschmusik, mit sorgfältig inszenierten Aufmärschen. Die Filme von Leni Riefenstahl taten ein Übriges. Er erinnert sich noch ganz genau an den Titel des Films, zu dem er die Schüler der Sekunda hatte begleiten müssen. *Triumph des Willens.* Diese gesammelten, kernigen, ernsten Gesichter. Die Musik, das Spiel mit Licht und Schatten, die Demonstration von Macht und Stärke, von Begeisterung und Hingabe an den Führer hatten etwas Unwiderstehliches, fast Mystisches, dem besonders junge Menschen verfallen konnten. Selbst er hatte sich dabei ertappt, wie er fasziniert auf die Leinwand starrte. Riesige Soldatenkolonnen, die endlos im Gleichschritt zur Marschmusik durchs Bild zogen, aus der Vogelperspektive gefilmt, Adolf Hitler im Gegenlicht mit ausgestrecktem Arm, unbeweglich, ernst, statuenhaft. Abstoßend fand er die Reden des Führers, der sich in Parolen erging von Ewigkeit und Zukunft und Macht und Stärke Deutschlands und der Verantwortung der tapferen und mutigen, dabei friedliebenden Jugend. *Die Partei ist Hitler. Hitler aber ist Deutschland, wie Deutschland Hitler ist.* Mit diesem Aufruf und dem Horst-Wessel-Lied endete der Film.

Jedoch. Welche Wirkung hatten diese Bilder und diese Sprache auf junge Menschen? Der Schüler, der ihn angeschwärzt hatte, war ein gutes Beispiel dafür, wie verführbar die Jugend war. Sie war das leichteste Opfer der Propaganda, die mit vielfältigen Veranstaltungen und Feiertagen geschickt das nationalsozialistische Gedankengut in die Hirne der jungen Menschen träufelte.

Die Schüler der Oberstufe wurden ab dem Schuljahr 1933/34 als Zeugen für den Aufmarsch der deutschen Jugend an Schlageters Richtstätte in die Landeshauptstadt delegiert. Den Namen hatte Bernhard vorher noch nie gehört und sich kundig gemacht. Schlageter war ein militanter Aktivist, den die Nazis als ‚Blutzeugen' für sich vereinnahmt, zum Märtyrer stilisiert und zur Kultfigur erhoben hatten. Dabei war nicht mal sicher, wie Bernhard herausfand, ob dieser Mensch, der wegen Spionage und Sabotage 1923 vom französischen Militärgericht verurteilt und hingerichtet worden war, der NSDAP angehört hatte.

Ständig fiel der Unterricht aus, weil wieder mal eine Gedenkstunde zum unseligen Andenken der Unterzeichnung des Diktats von Versailles anberaumt wurde oder eine 250-Jahrfeier zum Gedächtnis an die Befreiungsschlacht von Wien. Der Schulfunk-Reichs-Sendung anlässlich Hindenburgs Geburtstag mussten alle Schüler der Schule beiwohnen. Abgeschlossen wurde die Sendung mit einem *Sieg Heil* aus fast 400 Schülerkehlen. Die Partei war unermüdlich im Erfinden neuer Feiertage und Feststunden. Indoktrination statt Information. Regelrecht übel geworden war ihm manchmal von all diesem hohlen Getöse. Nur, getan hatte er nichts.

Wie er das so lange hatte aushalten können, ist Bernhard in der Rückschau schleierhaft. Nur einmal, ein einziges Mal hatte er eingegriffen, als der Schüler Goldmann aus der Tertia von Mitschülern unter unflätigen Beschimpfungen zusammengeschlagen wurde. Da war er dazwischengegangen, hatte den ein oder anderen Schlag selbst abbekommen. Er hatte den schrecklich zugerichteten Jungen nach Hause gebracht. Niemand schien ihn zu vermissen, als er nach diesem Vorfall nicht mehr in der Schule auftauchte. Kein Mitschüler fragte nach ihm. Wochen später hatte Bernhard den Hausmeister dabei beobachtet, wie er einen Schulranzen in der Mülltonne entsorgte.

Ab 5.45 wird zurückgeschossen. Bernhard fühlt sich, als hätte man einen Stöpsel herausgezogen und all seine Lebensenergie abgelassen. Mit dem neuen Krieg wird es neues Elend geben.

Der Angriff auf Polen. Der Beginn eines neuen Krieges. Haben die Menschen denn gar kein Gedächtnis? Haben sie das Elend des Krieges 14 – 18 schon vergessen? Die Hunderttausende von Kriegskrüppeln, die die Straßen bevölkerten, hatten sich Bernhard unauslöschlich eingeprägt. Mitleid hatte er empfunden, aber auch Ekel vor den Entstellungen. Eines Tages waren sie aus dem öffentlichen Bild der Straßen verschwunden, als hätten sie sich in Luft aufgelöst. Wo waren sie geblieben? Die Einarmigen, die Blinden, die Beinamputierten und all die andern. Und nun gab es wieder Krieg.

Kapitel 47 - Bernhard, 1941

Die Stadt ist seit Ausbruch des Krieges von einer spürbaren Unruhe erfasst, die Bernhard zunehmend den Schlaf raubt. Schon wenige Tage nach dem 1. September ertönten Alarmsirenen. Die Menschen kauften die Läden leer: Gasmasken, Taschenlampen, Verdunklungsmaterial. Lebensmittel wurden gebunkert. Offensichtlich hatten die meisten den Krieg 14 - 18 doch noch nicht ganz vergessen. Extrablätter waren nach der Kriegserklärung rasch vergriffen. Die Stiefelschritte von den Soldaten der Reservistenzüge hallten durch die Straßen. Sie waren der Beginn eines Stroms von Eingezogenen, der die nächsten Monate das Stadtbild prägte. Überall wurden Sammellager für die Rekruten eingerichtet.

Seitdem ist Bernhards Welt ins Wanken geraten. Wirte sind Polizisten, Kinder verkaufen Gemüse und Obst auf dem Markt, Frauen stellen die Post zu und sind Schaffnerinnen.

Er ist auf dem Weg zu Bahnhof. Lieber wäre er zu Hause geblieben. Aber er ist mit Alvine verabredet und muss nun durch eine Stadt laufen, die ihm immer fremder wird. Überall sind Bäume gefällt worden, an den Straßen, in den Parks. Zurückgeblieben sind kahle Flächen, braune Baumstümpfe statt grüner Wipfel. Die Kohle war im gerade vergangenen zweiten Kriegswinter knapp geworden. Die Bombenangriffe der letzten Tage haben vor allem das Hafenviertel, die Ludgeristraße, aber auch den Dom und das Schloss getroffen. Wie es heißt, sind 43 Menschen gestorben, zehn werden vermisst. Die Hilfstruppen geben sich Mühe, den Schutt schnell beiseite zu räumen. Möglicherweise kann man Verschüttete retten. Der Himmel ist Wolken verhangen. Das Wetter passt zu Bernhards Stimmung.

Die Stadt summt wie ein Bienenstock. Alle Welt scheint unterwegs zu sein. Morgens strömen die Menschen vom Land in die Stadt, bepackt mit Paketen und Körben voller Lebensmittel, die sie verkaufen oder ihren Verwandten in der Stadt mitbringen wollen. Viele Menschen, die am Abend vorher, mit voll beladenen Kinderwagen und Fahrrädern aus Angst vor möglichen Bombenangriffen aus der Stadt geflohen sind, kehren tagsüber in die Stadt zurück. „Stell dir vor", hatte ihm Alvine kürzlich berichtet, „manche schlafen sogar im Freien. Na wenigstens ist es Sommer und nicht kalt", hatte sie hinzugefügt. Bernhard sind all diese hin- und herwuselnden Menschen ein Graus. Dazu kommen noch die langen Schlangen vor den Geschäften, seit immer mehr Lebensmittel nur auf Bezugsschein zu erhalten sind. Nicht nur Schnaps und Zigaretten werden rar. Bernhard raucht nicht. Aber in seinen einsamen Abendstunden liebt er es, beim Lesen ein Glas Cognac zu trinken. Seit ununterbrochen vom Krieg und dem siegreichen Vormarsch der Truppen berichtet wird, schaltet er das Radio nur noch selten ein.

Als Gegenleistung für die Lebensmittel, die ihm Alvine mitbringt, hilft Bernhard der Schwägerin, die Sachen vom Bahnhof im Handwagen zum Markt zu ziehen. Jedes Mal schimpft die Frau seines Bruders über ihren Mann, der nicht bereit ist, den Trecker und den Knecht für den Transport zur Verfügung zu stellen. ‚Den Diesel brauch ich auf'm Hof und außerdem, wer soll den Trecker denn fahren? Du etwa? Ich kann hier nicht weg, seit wir das Polengesindel auf dem Hof haben', äfft sie sein Reden nach. So trifft sich Bernhard zweimal in der Woche mit Alvine am Bahnhof.

Auf dem Markt ist der Stand schnell umlagert. Der Marktplatz ist von Trümmern nahezu frei geräumt. Die Menschen nehmen von den Schäden am Dom kaum Notiz. Zu eifrig sind sie damit beschäftigt, die angebotene Ware zu prüfen und zu kaufen. Alvine ist in ihrem Element, wiegt ab, preist an, nennt Preise, gibt Wechselgeld heraus. Die Kasse klingelt. Bernhard hat das Gefühl, im Wege zu stehen, packt ein paar Kartoffeln, Blumenkohl, Möhren, einen Kohlrabi, drei Zwiebeln und eine Handvoll Kirschen und Pflaumen in seinen Rucksack und macht sich nach einem gemurmelten Gruß davon. Wie immer wird die Schwägerin den Rückweg zum Bahnhof mit den leeren Kisten und Körben auch ohne ihn schaffen.

„Bernhard, du?" Eine Stimme hält ihn zurück. Er bleibt stehen, dreht sich nicht um, horcht dem lange nicht gehörten Klang nach. Eine Hand auf seiner Schulter. „Bernhard." Noch bevor er sich der Stimme zuwendet, weiß er es, fühlt er es. Diese leichte und doch kräftige Hand, die sein Körper sofort wiedererkennt, auf die er unmittelbar reagiert. Diese Stimme, sanft und doch bestimmt. „Henriette", sagt er und traut sich kaum, sie anzuschauen. So wenig sich ihre Stimme verändert hat, so anders ist ihr Erscheinungsbild. Sie ist kräftiger geworden, hat aber immer noch eine gute Figur, einzelne graue Strähnen durchziehen das hoch gesteckte Haar. Die Lachfalten um Augen und Mund stehen ihr gut. Unverändert ist ihr Blick, lebhaft, strahlend. Bernhard unterdrückt einen Fluchtimpuls, reicht ihr stattdessen höflich die Hand. „Guten Tag, Henriette. Wie geht es dir?" „Warum so förmlich, Bernhard. Lass uns ins Café am Prinzipalmarkt gehen und ein wenig von alten Zeiten plaudern." Henriette hakt sich bei Bernhard ein. Ihm bleibt nichts anderes übrig, als mitzukommen.

Bald darauf sitzen sie einander an einem runden Cafétisch gegenüber und schlürfen ein heißes Gebräu, das man mit viel gutem Willen als Kaffee bezeichnen konnte. Bernhard fühlt sich als Fremdkörper in dieser Umgebung. Bislang hat er das Café immer gemieden. Meist sitzen hier nur Frauen mit geradem Rücken auf den zierlichen Stühlen und Hut auf den ondulierten Haaren, nippen an ihrer Kaffeetasse und führen sich in kleinen Happen ein Stück Torte nach dem anderen zu.

Außerdem hat sich Bernhards lähmende Befangenheit, die seine Freude über das Wiedersehen dämpft, noch nicht gelegt. Er versucht, seine widerstreitenden Gefühle zu beherrschen. Henriette scheint von seiner inneren Bewegung nichts zu bemerken und erzählt munter drauflos. Von ihrem Ehemann, der ihr alle Freiheiten lässt und den Spott seiner Kollegen gleichmütig erträgt, von ihrem Engagement im BDF bis zum Verbot des Frauenvereins 1933.

„Ich hatte einfach zu viel Zeit", lacht sie. „Was sollte ich den ganzen Tag zu Hause sitzen? Leider musste ich meinen Beruf aufgeben; nicht weil mein Mann es wollte, sondern das Gesetz, das nicht erlaubt, dass eine verheiratete Lehrerin arbeitet. Siehst du, so bin ich meinen Grundsätzen doch untreu geworden. Kinder haben wir keine bekommen, leider“, beantwortet sie die unausgesprochene Frage Bernhards.

„Die Tage wurden mir lang. Mein Mann kam erst spät abends nach Hause und brachte meist noch Akten mit, die er bearbeiten musste. Da hat mich eine Bekannte angesprochen, ob ich nicht in den BDF eintreten wolle. Für mich war das die Rettung. Zu Hause hatte ich mich nur gelangweilt und mein Mann war froh, dass ich ihm abends nicht mehr auf die Nerven ging.“ Henriette redet und redet. Will sie etwa ihre eigene Verlegenheit überspielen, überlegt Bernhard, während er zuhört.

„Die Arbeit im Verein hat mich ausgefüllt. Warum sollten nicht alle Frauen ein Recht auf Ausbildung und Studium und Beruf haben? Mich für die Rechte der Frauen einzusetzen, für ihr Recht, über Geist und Körper selbst zu bestimmen, hat meinem Leben einen Sinn gegeben. Du musst gar nicht rot werden, Bernhard.“

Bernhard fühlt sich ertappt, erwidert aber nichts und ist erleichtert, als Henriette so tut, als sei es das Natürlichste von der Welt, dass sich zwei Menschen, die sich Jahrzehnte nicht gesehen haben, über körperliche Befindlichkeiten austauschen. „Stimmt, ich mein das so. Warum soll der Mann ausschließlich, tags und nachts, das Sagen haben? Da sind mein Mann und ich einer Meinung. Ich sagte ja schon, er ist sehr liberal.

Und du? Hast du eigentlich eine Frau fürs Leben gefunden?“, wechselt Henriette plötzlich das Thema. „Nein.“ Bernhard schüttelt den Kopf. „Erzähl du lieber von dir. Mein Leben ist völlig uninteressant“, versucht er abzulenken. „Na schön. Wie du meinst.“ Henriette erzählt bereitwillig weiter.

„So viele wunderbare und engagierte Frauen habe ich kennengelernt. Wir hatten ja Geld und ich konnte zu den Versammlungen nach Berlin oder sonst wohin reisen.“ Bernhard duckt sich unter dem Schwall der Begriffe und Namen, die plötzlich auf ihn herunterprasseln: Wahlrecht der Frauen, Recht auf Arbeit, Recht auf Bildung und Ausbildung, Kinderschutz, Selbstbestimmtheit und Eigenverantwortung der Frau. ‚Dein Bauch gehört dir.‘ Abschaffung des § 218, bürgerliche und proletarische Frauenbewegung; Gertrud Bäumer, Auguste Schmidt,

Helene Lange, Marie Stritt, Minna Cauer, Clara Zetkin, Anita Augspurg, Helene Stöcker, Alice Salomon; BDF, DEF und KFD und der Kampf für gemeinsame Ziele.

Aus und vorbei.

Plötzlich ist Henriette still und schaut Bernhard an. Der sagt nichts, sieht sie nur verständnislos an.

„Hab ich dich überrumpelt? Das tut mir leid“, lenkt Henriette ein. „Du musst dir das alles auch nicht merken. Ich möchte nur, dass du begreifst, dass mein Leben nicht sinnlos dahinplätscherte, seit damals, seit dem Abbruch unserer Beziehung.“ Ihre Stimme kippt ein wenig. Sie räuspert sich diskret und fährt dann energisch fort.

„Wichtig war mir nur, dass so viele Frauen engagiert waren, die ein gemeinsames Ziel hatten, egal, ob sie von der proletarischen oder bürgerlichen Front kamen. Ich wollte ein Teil dieser Bewegung sein. Regelrecht euphorisch waren wir, glaubten, unser Ziel bald zu erreichen. Dann kam 1933 und aus war der Traum. Hitler hat alle Frauenvereine verboten. Das hast du vielleicht mitbekommen. Auf Abtreibung steht seitdem wieder Zuchthaus. Die Frauen erhalten einen Orden für's Kinderkriegen und dafür, dass sie Heimchen am Herd sind. Na ja. Letzteres erübrigt sich mittlerweile. Die Männer sind alle an der Front, lassen es sich aber nicht nehmen, im Urlaub ein Kind zu zeugen. Haben die Männer denn gar kein Gewissen? Wer soll diese Kinder denn groß ziehen?

Wenn ich zynisch wäre, würde ich sagen, der Krieg hat uns unseren Zielen wieder näher gebracht. Viele Frauen, auch Mütter, sind mittlerweile berufstätig. Sie müssen die Männer ersetzen, die an der Front kämpfen. Ich kümmere mich um die Kinder, die auf sich allein gestellt wären. Mittlerweile arbeite ich sogar wieder als Lehrerin. Jeden Tag halte ich eine Lesestunde.“ Sie beugt sich zu Bernhard und flüstert: „Dann lesen wir auch Bücher, die verboten sind, von Erich Kästner zum Beispiel. *Emil und die Detektive* oder *Pünktchen und Anton*.“ Sie lehnt sich wieder zurück und fährt in normaler Lautstärke fort. „Du siehst, ich bin in meinem Element. Jetzt weißt du alles.“

Bernhard braucht einen Moment, um zu bemerken, dass Henriette aufgehört hat zu erzählen. Schon längst ist er mit seinen

Gedanken abgedriftet. Ihn beschäftigt anderes. Die Vorstellung von ihrer weichen Haut, ihr glucksendes, helles Lachen, die Erinnerung an ihre Zärtlichkeit. Was wäre heute, wenn sie damals miteinander geredet hätten, so wie sie es vorschlug? Hätten sie gemeinsam alt werden, sich in diesen unwägbaren Zeiten gegenseitig Halt geben können? Was hatte sie ihm in so verschwörerischem Ton zugeflüstert? Er hatte es nicht mitbekommen. Irgendwas mit Büchern.

„Jetzt erzähl aber endlich mal von dir, Bernhard! Was machst du den ganzen Tag?", bricht Henriette mit ihren Fragen in Bernhards Gedanken ein. „Was macht die Schule?" „Nichts. Ich mache nichts und ich bin schon lange raus, schon seit Herbst 1936." „Warum? ..." „Frag nicht."

So gern hätte sich Bernhard Henriette gegenüber geöffnet. Er weiß nicht, wie er ihr das sagen soll. Er hat noch nie gut über seine Gefühle sprechen können.

„Ist es das, was ich glaube? Du warst doch damals, als wir uns kannten, so erfüllt von deiner Mission." Henriette lässt nicht locker. Sie schaut sich um und senkt ihre Stimme. „Weißt du, auch mein Mann ist 1936 aus dem Richteramt entlassen worden. Unehrenhaft, weil er sich der neuen Gesetzgebung widersetzte. Seitdem ist er selbstständiger Anwalt und verdient gerade mal das Nötigste zum Leben. Aber ich will nicht klagen. Wir haben gute Rücklagen und müssen nicht darben. Vor allem ist er dank seiner einflussreichen Familie und seiner guten Beziehungen Schlimmerem entgangen."

Henriette ergreift Bernhards Hand, die auf dem Tisch liegt. „Bernhard, es interessiert mich wirklich, wie es dir geht."

Alles in Bernhard schreit danach, Henriette seine Nöte, seine Ängste, seine Albträume anzuvertrauen. Henriette ist ihm auf einmal wieder so nah wie vor dreißig Jahren. Aber nein. Schon damals hatte er sich nicht überwinden können, ihr seine Verfehlung zu gestehen. Seit die Schule als Ablenkung fehlt, kreisen seine Gedanken immer öfter um Martha, das Kind, sein ganzes verpfuschtes Leben. Die Auswüchse des Nationalsozialismus und der Krieg vermitteln ihm immer mehr das Gefühl von Ohnmacht gegenüber dem Leben. Er ist seiner selbst überdrüssig. Ein sinnloses Leben führt er zwischen all den alten Möbeln und den verstaubten Büchern. Darüber kann und will er nicht sprechen. Sein Innerstes geht niemanden etwas an. Also erzählt er nur, dass er immer noch in derselben Wohnung lebt und regelmäßig seiner Schwägerin in diesen schwierigen Kriegszeiten hilft, die Lebensmittel auf den Markt zu bringen.

Henriette streicht ihm mit einem Finger über den Arm. Eine vertraute Geste. „Immer noch der Alte. Du kannst nicht vergessen, oder?" Statt einer Antwort springt Bernhard auf, ruft: „Bedienung, zahlen!" und läuft schon auf die Kellnerin zu. Ohne sich noch einmal nach Henriette umzudrehen, schnappt er sich seinen Mantel von der Garderobe und stürmt aus dem Café.

Teil 3

Kapitel 48 – Bernhard, 1949

Er sitzt im Lehnstuhl, schaut aus dem Fenster auf den kleinen Park, in dem Kinder spielen.

Der Park sieht kaum aus wie ein Park, von den Bäumen sind nur noch Stümpfe übrig, der einstmals grüne Rasen gleicht einem Acker. Nur die Sträucher haben sich schon wieder ausgebreitet, überwuchern mit ihrem Grün die graue Schäbigkeit des Ortes. Noch immer sind viele Fenster der umliegenden Häuser nur notdürftig vernagelt, manche Fensterhöhlen gähnen schwarz auf den Park herab. Kaum zu glauben, dass sogar in den Ruinen Menschen wohnen, denkt Bernhard. Aber Wohnraum ist knapp, besonders in der Stadt. Gerade erst hat man begonnen, den Schutt der zerstörten Häuser beiseite zu räumen.

Irgendjemand hat in eine Ecke des Parks eine Fuhre Sand gekippt, in dem die Kinder Sandburgen bauen. Unbeeindruckt von den Zerstörungen spielen die Kinder Fangen, Hüpfekästchen und klettern auf dem achtlos abgeladenen Geröll und Schutt herum.

Kinder, die schreien, lachen, heulen, sich weh tun und getröstet werden wollen. Lebendige Kinder. Fremde Kinder.

Bernhards breite Schultern sind mager geworden, sein Oberkörper wirkt eingefallen. Die dunkelblaue Wolljacke über dem gebügelten weißen Hemd ist ihm zu groß. Nachlässig ist der erste Knopf geöffnet. Einen Schlips trägt er schon lange nicht mehr. Die hochgerutschten Hosenbeine der grauen Stoffhose mit den messerscharfen Bügelfalten lassen die dünnen Waden sehen. Trotz der mit Lammfell gefütterten Pantoffeln und der wollenen Strümpfe sind seine Füße kalt.

Er steht auf und schlurft ins Bad. Dieser ewige Harndrang. Lästig und fatal. Manchmal, wenn es besonders schlimm ist, traut er sich kaum aus dem Haus.

Im Bad stellt er sich seinem Spiegelbild. Ein hageres Gesicht über einem verfallenden Körper. Einzelne lange Strähnen seiner schütteren grauen Haare fallen ihm ins Gesicht. Um Nase und Mund haben sich Falten tief eingegraben. Das Licht der fassungslosen Glühbirne unter der Decke lässt die hohen Wangenknochen scharf hervorstechen und die dunklen Augen noch tiefer in ihre Höhle sinken. Er betrachtet jede Einzelheit seines Verfalls unbarmherzig, mit klarem, kaltem Blick, nickt sich zu, wendet sich schließlich zur Toilette, nestelt seine Hose auf, wartet vergeblich auf die Erleichterung durch den festen Strahl. Es tröpfelt und dauert. Wenigstens bin ich nicht inkontinent, denkt er, als er mit steifen Fingern die Hose wieder zuknöpft. Außerdem kann ich froh sein, dass ich ein funktionierendes Bad habe.

Bei allem Lebensüberdruss ist er sich seiner privilegierten Situation bewusst. So viele hatten noch im letzten Kriegsjahr Haus und Habe verloren. Seine Wohnung blieb unbeschädigt. Deshalb musste er über kurz oder lang mit einer Einquartierung rechnen.

Nun gut, dass er Wohnung und Bad mit einem Untermieter teilen muss, ist nur recht und billig. Es fällt ihm nicht leicht, mit einem Fremden Tür an Tür zu wohnen. Aber als die Stadt bei ihm nachfragte, konnte er schlecht ablehnen. Er hätte es schlimmer treffen können. Der Mann ist ruhig und reinlich, raucht und trinkt nicht. Klein und schmächtig huscht er wie ein Schatten durch die Wohnung. Gesprochen haben sie noch nicht miteinander. Gelegentlich begegnen sie sich im Flur der Wohnung, jeder nuschelt die Tageszeit. Kein Blickkontakt, kein Händeschütteln. Joseph heißt er. Joseph Manker. Das hat die Frau vom DRK ihm gesagt, als sie den Mann als Untermieter ankündigte. Bernhard fühlt eine merkwürdige Hemmung, Kontakt zu diesem scheuen Männlein aufzunehmen. Zu lange lebt er schon allein, ist den täglichen Umgang mit anderen nicht gewohnt.

Tagsüber scheint der Mann zu arbeiten. Zumindest verlässt er regelmäßig morgens um 7.00 Uhr die Wohnung. Wenn nur nicht dieser Husten wäre. Der weckt ihn nachts oft. Ärgerlich, das. Bernhard nimmt sich vor, vielleicht doch einmal mit seinem Untermieter zu reden.

Er schlurft mit steifen Knien in sein Zimmer zurück. Die Arthritis setzt ihm immer mehr zu. Ächzend setzt er sich in seinen Lehnstuhl und starrt erneut durchs Fenster nach draußen. Was für ein Leben. Er fühlt sich alt, verbraucht, nutzlos.

Was hatte er sich für Illusionen hingegeben, als er nach bestandenem Examen seine erste Stelle als Lehrer für Latein und Griechisch angetreten hatte. Zu freien, kritikfähigen Menschen wollte er seine Schüler erziehen. Ohne Prügel, ohne Schläge. Ohnehin glaubte er mehr an die Überzeugungskraft der Worte als an physische Gewalt. Deren Wirkung hatte er zu genau kennengelernt. Ihn hatte sie nur böse und widerborstig gemacht und sein Selbstbewusstsein beschädigt.

Griechisch und Latein. Aristoteles und Ovid, Sokrates und Seneca, Horaz und Vergil. Die abendländische Kultur und ihre Werte, Sitte und Anstand, in Latein und Griechisch jungen, noch zu formenden Menschen zu vermitteln, war sein Ziel gewesen, sein Lebensinhalt geworden.

Kultur als Bollwerk gegen alle äußeren und inneren Anfechtungen. Auch das eine Illusion. Immer noch nagt das Gefühl der Schuld in ihm, vergiftet seinen Alltag, seine Träume. Das Leben eines Menschen ruiniert zu haben, ohne es je wieder gutmachen zu können. Mári. Er hatte sie geliebt, hatte nicht gewusst, wie Liebe geht, hatte gedacht, sich nehmen zu können, was ihm nicht zustand. Hatte dadurch jedes Recht auf Glück verwirkt. Auch, als das Schicksal es gut mit ihm meinte und ihm eine zweite Chance gab.

Recht geschieht ihm, dass er bis heute nicht einmal weiß, wie das Kind, sein Kind, aussieht. Ob es ein Junge ist oder ein Mädchen. Ob es ihm ähnelt. Ob es überhaupt noch lebt. Ob seine Mutter noch lebt? Er kann sich Mári immer nur als junges, strahlendes Mädchen vorstellen.

Selbst als alles herauskam, hatte er sich feige hinter der Mutter verschanzt, sie alles regeln lassen. Selbst den Rausschmiss durch den Vater hatte er umgedeutet. Nicht Mári war das Opfer, sondern er. Erst die Albträume hatten ihn seine eigene Schuld begreifen lassen. Unfähig zur Liebe.

In plötzlich aufsteigendem Unmut streicht Bernhard sich die grauen Haare aus der Stirn. Eigentlich müsste er dringend zum Frisör. Gescheitert als Mann, als Lehrer, als Mensch. Die steinernen Trümmer konnte man wenigstens beiseite räumen und neue Häuser bauen.

Ein Klopfen an der Wohnzimmertür reißt ihn aus seiner Grübelei. „Ja bitte?" Als Antwort hört Bernhard zunächst ein Husten, dann ein Röcheln, dann: „Entschuldigen Sie, wenn ich störe. Mir ist so kalt. Ich würde mir gern eine Wärmflasche machen. Besitzen Sie eine solche, die Sie mir leihweise überlassen könnten?" Bernhard muss sich anstrengen, um seinen Untermieter zu verstehen. So leise spricht er. Diese gestelzte Sprache. „Ja, ja, natürlich. Herr ... Manker." Beinahe wäre ihm der Name nicht eingefallen. Joseph Manker, das muss er sich merken. Dieses verdammte Namensgedächtnis! „Ich komme mal mit in die Küche."

Ächzend stemmt sich Bernhard aus dem Sessel und folgt dem kleinen Mann durch den dunklen Flur in die Küche. Er knipst das Licht an. Die Wärmflasche. Wo ... Er öffnet eine Schranktür nach der anderen, schaut in Fächer und Schubladen, will schon aufgeben. Seit seiner Rückkehr vom Hof hat er keine Haushälterin mehr, die für Ordnung sorgt. Alles hat dieser elende Krieg durcheinander gebracht. Manchmal vergisst er, wo er dies und das hingelegt hat. „Da!" Triumphierend hält er das rote, gerillte Gummiteil hoch und dem Untermieter hin. „Nehmen Sie. Wasser können Sie sich ja wohl selbst heiß machen." „Danke verbindlichst", haucht Manker, huscht in sein Zimmer und kommt mit einem Wasserkessel zurück.

Eine Wärmflasche. Keine schlechte Idee, denkt Bernhard, vielleicht sollte ich damit abends meine Füße wärmen, damit ich besser einschlafen kann. Er schlurft wieder ins Wohnzimmer und bleibt am Fenster stehen. Sein Guckloch in die Welt. Die beginnende Dämmerung lässt alles draußen farblos erscheinen, grau, wie sein Leben.

Diese ganze verkorkste Existenz. Einmal nur hätte er eine Entscheidung treffen sollen. Aber er hatte immer gezögert – bis es zu spät war – und nun war er alt. Bernhard reckt seine müden und steifen Glieder, spürt die Schmerzen in den Gelenken. Schmerzen. Das bisschen Leben. Bernhard schaut noch einmal aus dem Fenster. Die Kinder sind verschwunden und mit ihnen das Schreien und Lachen. Jetzt erst wird er sich der Stille in der zunehmenden Dunkelheit bewusst. Jäh erfüllt ihn ein Gefühl von Trauer und Hoffnungslosigkeit. Als er das Licht anmacht, muss er blinzeln.

Kapitel 49 – Bernhard, 1951

Eine ganze Weile steht er schon so, die Hand auf der Türklinke, zögert, sie hinunterzudrücken und den Raum zu betreten. Bevor der Untermieter einzog, war das Zimmer nicht bewohnt. Aus Respekt vor seiner Tante hatte er nach ihrem Tod beschlossen, den Raum nicht anzurühren. Ab und zu lüftete die Zugehfrau und machte sauber. Anfangs hatte das unbewohnte Zimmer ihn ein wenig irritiert. Es fühlte sich wie eine Leerstelle an. Später gewöhnte er sich daran. Erst Henriettes Nachfragen hatten ihn zu einer Erklärung genötigt. „Findest du das nicht ein bisschen verschroben, den Raum nicht zu benutzen? Gehst du mit deinem Respekt vor deiner toten Tante, wie du sagst, nicht ein bisschen weit? Du könntest dein Schlafzimmer daraus machen und müsstest nicht in der kleinen Kammer schlafen, in der du seit deiner Studentenzeit haust."

Wohl hörte er bei „dein Schlafzimmer" „unser Schlafzimmer" heraus, hütete sich aber, auf die versteckte Andeutung einzugehen und wiegelte ab. „Ach, das ist mir nicht so wichtig, ich habe ja das große Wohnzimmer und die Bibliothek." Dann wechselte er das Thema. Nach dem Bruch mit Henriette hatte sich die Angelegenheit erledigt.

Fast ein halbes Jahrhundert hatte der Raum leer gestanden, bis dieser kleine, unscheinbare Mensch hier einzog. Wie sehr Josef Manker sich in sein Leben geschlichen hatte, wurde Bernhard erst nach dessen Tod bewusst. Kein ruhestörender nächtlicher Husten, kein Klacken der Haustür. Kein tageszeitlicher Gruß mehr bei den unvermeidlichen Begegnungen im Flur, vor dem Bad und in der Küche. Nur Stille. Selbst sein Schatten war immerhin lebendig. Auch wenn sie kaum miteinander gesprochen hatten, da war doch ein anderer Mensch in der Wohnung, der atmete, der sich bewegte, der Spuren hinterließ. Mal rauschte die Toilettenspülung, mal tropfte der Wasserhahn in der Küche, weil Josef Manker den Hahn nicht ordentlich zugedreht hatte. Morgens und abends klackte die Wohnungstür. Ordentlich wie er war, hatte der Untermieter akkurat nebeneinander ein Paar Pantoffeln neben der Tür abgestellt, um gleich beim Eintritt in die Wohnung seine Straßenschuhe abstreifen zu können. Er war ein rücksichtsvoller Mensch.

Seit der Bestatter die Leiche abtransportiert hatte, hat Bernhard das Zimmer nicht mehr betreten. Zu sehr steckt ihm noch der Schreck in den Gliedern, als er den kleinen Mann tot in seinem Bett vorfand. Der Anblick dieses Menschen, die starren, leblosen Augen, der weit geöffnete Mund, die eingefallenen Wangen, hatten ihn zutiefst erschüttert. Plötzlich glaubte er in diesem Menschen, der so einsam gestorben war und unter den weißen Laken geschrumpft zu sein schien, sich selbst zu sehen. So wirst du auch einmal daliegen, hässlich, einsam noch im Tod. Rührung hatte ihn übermannt, Tränen waren ihm die Wangen hinabgeflossen, Tränen des Mitleids für den einsam Gestorbenen, Tränen des Mitleids für sich selbst.

Bernhard gibt sich einen Ruck, drückt endlich die Klinke hinunter und öffnet die Tür. Auf einem Sonnenstrahl, der durch einen Spalt der zugezogenen Vorhänge blitzt, tanzen Staubkörnchen. Die Luft im Raum ist trocken, riecht etwas staubig, aber nicht unangenehm. Was hatte er erwartet? Bernhard zieht die Vorhänge auf und sieht sich um. Keine Spur mehr von seinem Untermieter. Der Raum ist so wie am Tag seines Einzugs. Das schmale Bett mit Kopf- und Fußteil steht links von der Tür, gegenüber dem Fenster. Er glaubt plötzlich die Stimme der Tante zu hören, ein wenig altersbrüchig, aber doch kräftig. „Wie schön ist es, wenn man morgens aufwacht und in das Grün der Parkbäume schaut. Die Vögel singen ihre Lieder. Die Eichhörnchen springen von Ast zu Ast. Eins ist besonders zutraulich und kommt aufs Fensterbrett, wenn ich es locke. Ich habe es Peter getauft. Ach, welche Freude, welche Freude.“

Ob Josef Manker sich auch an der Aussicht aus dem Fenster erfreut hatte?

Die kindliche Art der Tante, ihre Gefühle zu zeigen, hatte Bernhard in den ersten Monaten befremdet. Er fand das unangemessen, eines alten Menschen nicht würdig. So etwas kannte er aus der eigenen Familie nicht. Je länger er jedoch mit der Tante zusammenwohnte, desto mehr genoss er es, nicht immer Haltung zeigen zu müssen. Mit der Zeit entwickelte sich zwischen Großtante und Großneffe ein stilles Einverständnis, sich auch mal gehen lassen zu dürfen, wie die Mutter es genannt hätte. Das musste Bernhard erst lernen. Herumalbern oder auch mal mit der Faust vor Wut auf den Tisch hauen, aus lauter Übermut ein Lied singen oder vor Ärger fluchen. Da konnte er von der Tante noch viel lernen. Es war wie ein Spiel, nur besser. Einer begann, der andere zog nach: *Dussel, Miesepeter, Suffkopp, Sabbeltrine, Aapenköster, Düwel no moal, Trulla, Döskopp, Faxenmaker, Fickel, Futtfinger, Döspaddel, Vadorrie no moal, Kniepstiebel, Meckerpott, Kodderschnute, Knütterpott, Plünnenaugust, Püttkertrine, Zicke, Pingelkopp, Zimperliese ...*

So ging das oft minutenlang hin und her. Irgendwann musste er lachen und damit war sein Zorn verraucht. Das Tantchen. Sie war schon eine Marke. Schade, dass er sie nicht früher kennengelernt hatte. Mit der Zeit lernte er, mit ihren wechselnden Stimmungen umzugehen. Auch das war die Tante. War sie schlecht gelaunt, ließ man sie am besten in Ruhe. Bei ihr wirkte das Schimpfwörterspiel nämlich nicht.

Neben dem Bett am Kopfende befindet sich das Nachtschränkchen mit einem der Spitzendeckchen, wie sie in der ganzen Wohnung zu finden sind.

Der wuchtige Kleiderschrank an der Stirnseite, gegenüber der Tür, beherrscht den ganzen Raum. Alle Möbel sind aus dunkel gebeizter Eiche. Solide und schwer. Bernhard schaut unter das Bett, lupft die Matratze, nichts darunter. Er öffnet die beiden Türen des Kleiderschranks. Ein leicht muffiger Geruch nach Kleidung strömt ihm entgegen. Der Schrank ist leer. Die Schublade des Nachtschränkchens klemmt, lässt sich nur mit einem kräftigen Ruck öffnen. Er zieht sie beinahe vollständig heraus. Nichts. Die Leute von der Caritas haben ganze Arbeit geleistet, tatsächlich alles mitgenommen. Viel war es ja nicht, was der Josef Manker hinterlassen hatte. Zwei Anzüge, Unterwäsche,

Socken, zwei Paar Schuhe, braun und schwarz, eine Wolljacke, mehrere Hemden, sein Ausweis und der Wohnberechtigungsschein. Ein wenig Geld im Portemonnaie und das Mitgliedsheft der SPD, in das säuberlich die jährlichen Beitragsmarken eingeklebt waren. Wenig Geschirr, zwei Töpfe, ein Wasserkessel. Die Überraschung waren die Bücher gewesen. Sie waren tief hinten im Schrank gestapelt. Man hätte sie beinahe übersehen. Was für Bücher? Bernhard hatte es nicht interessiert, er hatte die ganze Bibliothek seines Großonkels und keinen Bedarf. Also hatte man die auch mitgenommen. Er war nur froh gewesen, dass er sich nicht kümmern musste und unterschrieb am Ende die Liste der Habseligkeiten, ohne sie genau anzuschauen.

Erst jetzt, drei Wochen später, erscheint ihm sein Verhalten unnötig gleichgültig, geradezu herzlos. Jetzt tut es ihm leid, dass er sich die Bücher nicht wenigstens angeschaut hat. Wer weiß. Vielleicht hätte er über dieses seltsame Männchen noch etwas erfahren!

Bernhard lässt seinen Blick noch einmal umherwandern. Das Tischchen unter dem Fenster. War das schon immer da gewesen? Mit seinen schlanken Beinen und dem hellen Holz passt es so gar nicht zur übrigen Möblierung des Zimmers. Die Tischplatte ist sorgfältig verarbeitet, in den vier Ecken mit Intarsien versehen. Auch ohne Ahnung zu haben, weiß Bernhard, dass das kleine Möbel wertvoll ist. Hat Manker es mitgebracht? Er kann sich nicht erinnern. Beim Nähertreten bemerkt er eine Schublade. Fast wäre sie komplett aus der Holzführung gerutscht, als er heftig an ihr zieht. Denn die Schublade gleitet widerstandslos auf. Durch den Ruck ist ein dünnes Heft nach vorn gerutscht. Bernhard holt es heraus, betrachtet es. Auf dem Deckblatt steht ein Name, den er nur mit Mühe entziffern kann. Josef steht da und ein durchgestrichener Name, darüber Manker. Bernhard hält das Heft dicht vor seine Augen, um das Durchgestrichene besser sehen zu können und erstarrt. Steht da Gausehus? Josef Gausehus, Jupp! Der kleine Jupp! Er blättert. Ein Tagebuch.

In seinem Kopf jagen sich die Bilder. Martha mit dem kleinen Bruder am Schürzenzipfel. Jupp mit den unergründlichen Augen, die immer nur schauten. Wie hatte er nur diese Augen nicht wiedererkennen können? Aber im Flur war es ja immer dunkel.

Martha, wie sie über den Hof lief, wie sie die Milch in die Kannen schüttete, so sicher, so stark, wie sie sich die Hände abtrocknete, wie sie sich eine Strähne aus dem Gesicht pustete, Martha, wie sie ihn anlächelte. Martha, Mári, dieses Mädchen, dessen Leben er zerstört hatte. Hörte das denn nie auf? Musste ihn jetzt noch der Tote verhöhnen?

Bernhard wankt aus dem Zimmer in die Küche, vergisst, die Zimmertür hinter sich zu schließen. Das Einzige, das ihm jetzt hilft, ist Kaffee. Für besondere Gelegenheiten hat er echten Bohnenkaffee aufgespart. Er setzt Wasser auf, füllt Kaffeemehl in den Filter. Das leise Plätschern des durchlaufenden Kaffees beruhigt ihn. Als er mit der dampfenden Tasse endlich in seinem geliebten Lehnstuhl sitzt, fühlt er sich besser, bereit, sich dem Tagebuch Josef Gausehus' zu stellen. Er schlägt das Heft auf, sieht eine winzige, akkurate Schrift. Er säubert das Vergrößerungsglas, das immer griffbereit auf einem Stuhl neben dem Sessel liegt, und beginnt zu lesen. Selbst mit der Lupe ist das Lesen anstrengend. So gestochen die Buchstaben sind, so klein sind sie. Bernhard muss immer wieder absetzen, weil seine Augen vor Anstrengung zu tränen beginnen.

Er liest:

5. November 1905
Heute das 1. Mal beim Pfarrer. Die 1. lat. Vokabel gelernt. *Amare. amo, amas, amat, amamus, amatis, amant. Amare* heißt *lieben.* Ich will und muss viel lernen.

1. Dezember 1905
Übe jeden Tag. Will den Pfarrer nicht enttäuschen. Bald gehe ich in der Stadt aufs Gymnasium. Welche Freude!

Januar 1906
Ich lerne rasch, sagt der Pfarrer. Bald schon, ab Ostern, kann ich auf's Gymnasium. Die Mutter weint, als ich es ihr sage.

25. März 1906
Heute das letzte Mal beim Pfarrer. Soll schon vor Schulbeginn, gleich nach Ostern, in die Stadt zu den fremden Leuten.

So ging es fort. Die Einträge sind kurz, knapp formuliert und leidenschaftslos. Jupp in der Stadt als Kostgänger in der Familie Manker, der erste Schultag im Gymnasium, die Mitschüler, die in dem Kostgänger rasch ein willfähriges Opfer erkennen. Josefs Kampf gegen die Verzweiflung, der Tod der Mutter und später der Tod des Vaters.

Die Adoption. AB JETZT HEISSE ICH JOSEF MANKER, schrieb er in Großbuchstaben.

Unter dem Datum 24. August 1909 steht nur: Vater beerdigt.

Bis 1911 gibt es keine weiteren Aufzeichnungen. Dann erscheint ein Datum plötzlich in Rot:

13. Februar 1912
Abitur! Ich habe es geschafft.
Jetzt studieren!!! Am liebsten Jura. Aber meine Adoptiveltern haben kein Geld. Ich muss mir was anderes einfallen lassen.

Mai, 1912
Anna hat geheiratet. Sie hat mir angeboten, bei ihnen zu wohnen. Auf keinen Fall.

Für die nächsten zwei Jahre enthält das Büchlein wieder keine Einträge.

Datum 16.08.1914
Bin ausgemustert, untauglich für den Krieg. Zu klein, rachitisch. Außerdem soll ich's an der Lunge haben. Aber es ist nicht TB. Bin mit meiner Ausbildung bei der Stadt im nächsten Jahr fertig.

Die Notizen in den Kriegsjahren sind spärlich. Ab und zu erwähnt Jupp einen Besuch bei der Schwester oder eine Bemerkung über Fritz, der ebenfalls nicht an die Front muss, wegen kriegswichtiger Arbeit im Bergwerk.

Januar 1919
Hab mich nach Dortmund versetzen lassen, Abteilung Rentenansprüche der Kriegskrüppel.

Keinerlei Erklärungen, was ihn bewegt haben könnte, ausgerechnet nach Dortmund zu gehen. Über die Jahre in Dortmund steht in dem Büchlein nur wenig. Er hatte Freunde gefunden, das Kleeblatt, wie er sie nannte, den Bär, den Zitteraal und den Pferdemann. Merkwürdige Namen, unter denen Bernhard sich nichts vorstellen kann. Der Bär war eines Tages vor ein Militärauto gelaufen. Eine verirrte Kugel hatte bei einem der Straßenkämpfe 1932 den Pferdemann getötet. Besonders dessen Tod hatte ihn wohl getroffen. In den Aufzeichnungen war von seinem unverwüstlichen Optimismus und Humor die Rede. Als Hitler Reichskanzler wurde, ließ Josef sich bald ins Archiv versetzen. Er verabscheute die Nazis, ohne sich ihnen jedoch entgegenzustellen. Nachdem sich die Abteilung in Dortmund in den letzten Kriegswirren aufgelöst hatte, schlug er sich nach Münster durch, in der Hoffnung, bei Anna und ihrer Familie unterzukommen. In Dortmund hielt ihn nichts mehr. Der Zitteraal hatte, als die Bombardierungen auf Dortmund begannen, Selbstmord begangen. Das Kriegstrauma aus dem 1. Weltkrieg war zurückgekehrt.

Die Aufzeichnungen setzen erst wieder im Februar 1945 ein, kurz vor dem Ende des 2. Weltkriegs.

Bernhard erfährt, dass Josef Anna und ihre Familie nicht fand, weil sie wohl in den Trümmern ihrer Wohnung bei einem der vielen Luftangriffe der RAF zum Jahresanfang umgekommen waren, dass Josef sich die ersten drei Jahre in Münster durchschlagen musste, in immer anderen Unterkünften hauste, dass er schon 1946 Arbeit bei der Stadt Münster fand und so auf seinen Namen, Bernhard Brockhoff, und seine Adresse gestoßen war, dass es kein Zufall war, dass Josef Manker ihm zugewiesen wurde, weil Josef darauf hingearbeitet hatte, in seiner Wohnung einquartiert zu werden.

Warum hatte er das gemacht? Wollte er sich rächen? Wie? Bernhard fällt keine Situation ein, in der Jupp Manker ihn auch nur böse angeschaut hätte. Er war so ein stiller, unauffälliger Mensch gewesen. Vielleicht wollte er ihn bloß zur Rede stellen? Dazu hätte er in den zweieinhalb Jahren genügend Zeit gehabt. Nicht ein Gespräch zwischen ihnen beiden hatte stattgefunden. Was also war der Grund für dieses merkwürdige Verhalten?

Bernhard fällt das Heft aus der Hand und auf den Boden. Ein Zettel segelt heraus. Er beugt sich herab und angelt mühevoll nach dem vergilbten, fleckigen Blatt. Schließlich hält er es in den Händen und dreht es um. Es ist eine Fotografie. Die Gesichter sind kaum erkennbar. Mehrere Frauen, Mägde, schauen lachend in die Kamera. Bernhard holt die Lupe, hält sie ganz nah ans Auge. Dann erkennt er sie. Mári.

Bedrohlich rücken die Schatten der Vergangenheit aus den Ecken heran. War es das? Wollte Jupp ihm einen Spiegel vorhalten: Schau her, was du mit meinem Leben gemacht hast, als du mir die Schwester nahmst. Schau her, welch hoffnungsfrohes Leben du zerstört hast. Ist das der Hintergrund für seine Albträume seit Jupps Tod? Aber warum, um Himmels willen, hat er ihn dann nie zur Rede gestellt? Mit Mühe gelingt es Bernhard, das Foto in der Brusttasche seines Hemdes zu verstauen.

Erst am nächsten Tag fühlt er sich in der Lage, die letzten Seiten des Tagebuchs zu lesen. Die weiteren Aufzeichnungen Mankers sind ausführlich und nicht in dem Staccatostil gehalten wie bisher. Nach der Lektüre bleibt Bernhard lange sitzen, verwirrt, beschämt. Wie kann ein Mensch, der ihn so durchschaut, der seine verborgensten Regungen erspürt hat, ihm Mitgefühl und Verständnis entgegenbringen? Hätte er ihn nicht zutiefst verachten müssen?

April 1949
Bernhard Brockhoff ist ganz anders, als ich erwartet hatte. Als ich seine Adresse entdeckte und beschloss, mich in seiner Wohnung einzuquartieren, war ich voller Hass und Verachtung gegenüber dem Mann, der mir meine Schwester genommen und ihr Leben ruiniert hatte. Nicht nur das! Ich machte ihn

auch verantwortlich für die Trunksucht des Vaters und den frühen Tod der Mutter. Gestorben aus Kummer. Sie hat so an Mári gehangen. Kein Tag verging, an dem sie mir nicht etwas über Mári erzählte. Immer hat sie geweint. Daran erinnere ich mich noch, obwohl ich noch keine drei Jahre alt war. Erst nach dem Tod der Mutter wurde mir die Tragweite der Geschehnisse vollständig klar. Ab da kannte ich nur einen Gedanken: Rache. Durch die Ereignisse des 1. Weltkriegs und die nachfolgenden Wirren geriet mein Vorhaben lange Zeit in den Hintergrund. Als mir der Zufall in Münster die Adresse von Bernhard Brockhoff zuspielte, kamen die alten Gefühle wieder hoch, so heftig, als sei alles gestern geschehen. Ich hatte meine Rachegelüste wohl nur verdrängt. Nun wollte ich diesen bösen Menschen, für den ich den Vergewaltiger meiner Schwester hielt, mit den Folgen seiner Schandtat konfrontieren, ihm das Leben täglich mit meiner Anwesenheit und meinen Vorwürfen zur Hölle machen. So eine Tat verjährt niemals.

Schon bei der ersten Begegnung war mir klar, dass ich diesen Plan nicht umsetzen würde. Der Mann, der mir auf mein Klingeln hin die Wohnungstür öffnete, war alt und hinfällig. Seine Stimme klang, als würde er nur wenig reden, ohne Resonanz, blechern. Um ihn herum war eine Aura von Einsamkeit. Er sah verhärmt aus. Obwohl er ordentlich gekleidet war, machte er einen vernachlässigten Eindruck. Die Haare waren zu lang, die Fingernägel brüchig. Er hatte offensichtlich Rückenprobleme und Schmerzen in den Gelenken. Von der Nase zum Mund hatten sich Falten eingegraben. Er sah leidend aus.

Ich kenne ihn nun ganz gut und bin sicher, dass er unglücklich und im Zwiespalt mit sich ist. Etwas scheint ihn von innen her aufzuzehren. Ich werde ihm nicht verraten, wer ich bin. Dieser Mensch hat sich selbst schon genug gestraft. Er scheint ein schwermütiger Mensch zu sein, der sich seiner Schuld bewusst ist, aber nicht weiß, wie er mit dieser Schuld umgehen soll. Bestimmt quälen ihn Albträume. Ich werde nur ein Schatten sein.

Bernhard legt die Lupe auf den Beistelltisch, daneben das Heft. Er starrt vor sich hin, sieht nichts, fühlt nichts. Nicht einmal die Kraft aufzustehen hat er, bleibt sitzen. Ein Schatten. Er selbst.

Kapitel 50 – Bernhard, 1954

Mit dem Nachbarn wohnt er Tür an Tür. Dessen Wohnung ist winzig. Flur, Kochecke, Wohnbereich, Bad, eine Schlafkammer, in der kaum ein Bett und ein Schrank Platz finden. Man traf sich vor den Mülltonnen, beim Zeitunghereinholen, stand, plauderte. Mit der Zeit hatte es sich ergeben, dass diese Gespräche in der Wohnung des einen oder anderen fortgesetzt wurden. Dann kam eine Zigarre dazu, je nach Tageszeit ein Kaffee, ein Glas Wein, ein Cognac. Man redete über Gott und die Welt, die Politik, diskutierte die Möglichkeiten eines neuerlichen Krieges in der Koreakrise, beschwor gemeinsam die Vernunft der Menschen nach zwei verheerenden Kriegen. Man erörterte die Bildungschancen der jungen Leute, tratschte auch mal über die neuesten Nachrichten aus der Stadt, die Bürgermeisterwahlen. Mittlerweile sind diese Gespräche beiden zu einer lieb gewordenen Gewohnheit geworden.

Ab und zu empfiehlt der Professor Bernhard ein Buch, eins von den neuen Schriftstellern. Er ist ein guter Fürsprecher und ein manischer Leser. Er kennt alle Neuerscheinungen, besorgt sie sich und verschlingt sie in kürzester Zeit. Von Zeit zu Zeit reicht er Bernhard ein Buch herüber mit den Worten: „Lassen Sie sich nicht abschrecken. Bleiben Sie dran. Es lohnt sich." So hatte es angefangen.

Tauben im Gras, von *Wolfgang Koeppen.* Das war sein erstes Buch gewesen. Ein verstörendes Buch, das ihm die Situation der aus der Welt gefallenen Menschen der Nachkriegszeit in unglaublicher Intensität nahebrachte. Diese Menschen, deren Glücksvorstellungen kein Zuhause fanden, deren Illusionen an der trostlosen Wirklichkeit zerschellten und an der Unfähigkeit, sich selbst zu lieben. Dieses Buch schien ihm ein Spiegel zu sein für seinen Lebensüberdruss, seine Selbstverachtung, seinen Zorn auf sich und alle, obwohl seine Lebensumstände gänzlich andere waren. Oft konnte er nur wenige Seiten hintereinander lesen, so sehr nahm ihn das Schicksal der Protagonisten mit. In diesem Buch sprang ihn das pralle Leben an, ungeschützt. Das Leben, das er so nie kennengelernt hatte. Die Sprache war zynisch, nackt, brutal, unmittelbar: *..., ich war Feldarzt, was fiel da rot auf den Tisch, nochmal wie geboren, die Glieder schon weggerissen, zum Tod geboren, Achtzehnjährige, besser nie geboren, was erwartet das Negerkind? Man müßte ihnen den Coitus verbieten, ...* Die Lektüre dieses Buches führte ihm auch sein eigenes jämmerliches Versagen vor Augen, auch ohne Zynismus. Lebte sein Kind noch? Mári. Was ist aus ihr geworden?

Arno Schmidts Flüchtlingsgeschichte, *Brand's Haide*, hatte ihn aufgerüttelt. Er meinte nun, den ungebrochenen Lebenswillen und Optimismus des Nachbarn besser begreifen zu können. Der Stil wirkte abgehackt, die Wörter schienen spontan hingeworfen. Ironie und Humor waren Schmidts Waffen der Entlarvung. Literatur als Über-Lebenselixier. Nichts im Magen als geklaute Äpfel, aber über de *la Motte Fouqué, James Fenimore Cooper* und *Jean Paul* dozieren. Er hatte den Professor nach diesen Schriftstellern gefragt, aber leider schon wieder vergessen, was der ihm erzählt hatte. Nur dass sie wichtige Schriftsteller waren, 18. Jahrhundert, wusste er noch.

Selbst das fast vergebliche Bemühen um ein Kehrblech wurde bei Schmidt zu einem unterhaltsamen Abenteuer. Von Heimweh und Heimatsehnsucht keine Spur. Das listige Überleben schien einziges Ziel zu sein. Dafür wurde selbst die Liebe geopfert. Wofür hatte er seine Liebe aufgegeben? Rasch verdrängte er den Gedanken.

Während des Lesens überkam Bernhard bisweilen ein merkwürdiges Gefühl, das er nach längerem Nachdenken als Heimweh identifizierte. Heimweh nach dem, was nicht mehr da war, nach der Stadt, in der er seit sechzig Jahren lebt und die ihm so fremd geworden ist. Heimweh nach dem Land, das er sein Vaterland genannt und das der Krieg zerstört hatte. Heimweh nach einer Familie, die er vermisst, ohne sie je gehabt zu haben.

Dieses Heimweh ist die Sehnsucht nach einer Heimat, die er nie hatte und die er in den Schriften der antiken Dichter und Philosophen vergeblich suchte. Das wird ihm immer klarer.

Heimat. Was ist Heimat, hatte er den Nachbarn in einem der abendlichen Gespräche gefragt.

Lebhaft stand ihm die Diskussion noch vor Augen. Es war an einem Abend im November. Die gräuliche Feuchtigkeit eines feinen Nieselregens hatte ihm die Aussicht aus seinem Wohnzimmerfenster verleidet. Er war schlecht gelaunt. Sie hatten sich am Postkasten getroffen. Nicht, dass Bernhard mit Post rechnete. Höchstens mal ein Anschreiben von der Stadt. Aber die Bewegung tat ihm gut, zwei Treppen runter und wieder rauf. Außerdem. Man wusste ja nie. Der Nachbar hatte seine trübe Stimmung bemerkt und ihn eingeladen.

Sie hatten geraucht und geredet, erst Wein und dann Cognac getrunken. Plötzlich stand diese Frage im Raum, den schlieriger Rauch von Zigarren durchzog. Keiner von ihnen dachte daran, Licht zu machen, so dass nur der schwache Schein der Straßenlaterne vor dem Wohnzimmerfenster den Diskutierenden ein wenig Licht spendete.

„Was ist Heimat? Tja, mein Lieber, wenn die Frage so leicht zu beantworten wäre“, sagte der Professor bedächtig. „Was ist Heimat? Heimat ist das Gefühl, zu sich selbst gefunden zu haben, mit sich im Reinen zu sein. Dann spielt es keine Rolle, wo man ist. Jeder findet seine Heimat in sich selbst – und damit überall.

Sehen Sie, Sie würden sagen, ich habe meine Heimat verloren, als ich aus Schlesien fliehen musste. Breslau, der Ort meiner Kindheit, der Ort, an dem ich den größten Teil meines Lebens verbracht habe, der Ort, der mir beruflichen Erfolg bescherte. Unwiederbringlich dahin. Richtig.“

Bernhard verstand nicht. „Worauf wollen Sie hinaus?“ „Ganz einfach.“ Der Professor paffte dicke Rauchschwaden aus seiner Zigarre in die Luft. „Schauen Sie sich doch einmal um. Diese Stadt. Ist das noch Ihre Stadt? Die Stadt, die sie von Kindheit an kennen? Die Sie nie verlassen haben? Fast alles hat der Krieg zerstört. Wo ist die Stadt, die sie Heimatstadt genannt haben? Sicher, die Fassaden werden restauriert, nachgebaut. Es ehrt die Bürger, dass sie sich so für den Wiederaufbau einsetzen. Aber Sie müssen zugeben, dass die Stadt eine andere geworden ist. Warum hat man nicht die Chance genutzt, sich von der Vergangenheit zu lösen und eine neue, moderne Stadt zu errichten? Diese Form des Revisionismus halte ich für unangebracht, wenn nicht gar für gefährlich. Die neuen Altbauten sind doch letztlich nur Fassade. Würden Sie diese Stadt noch als Ihre Heimatstadt bezeichnen, so wie sie jetzt ist?"

„Das nicht", musste Bernhard zugeben. „Aber bedeutet Heimat nicht auch Vertrautheit und Sicherheit in der Umgebung, in der man aufgewachsen ist, das Land, die Dörfer, die Menschen?"

„Schon!", gab der Professor zu. „Aber das sind doch eher Erinnerungen, Erinnerungen an Gerüche, an das Licht, die Geräusche und die Gefühle, die man gespeichert hat. Erinnerungen kann man überallhin mitnehmen."

„Aber", hakte Bernhard nach, „genau deshalb ist es doch wichtig, was gerade passiert. Es geht doch nicht nur um meine persönliche Erinnerung, sondern um die aller Menschen in dieser Stadt! Der Wiederaufbau des Rathauses mit dem Friedenssaal ist der Versuch, den Verlust des Alten abzumildern und zu zeigen, wir lassen uns nicht unterkriegen. Sehr wohl halte ich es für wichtig, die Erinnerung an die frühere Größe der Stadt wach zu halten. Kein Mensch kann nur im Hier und Jetzt leben. Die Menschen brauchen einen Ankerpunkt, einen Bezugspunkt, an dem sie sich orientieren können. Welcher Ort wäre besser geeignet, als das Rathaus mit dem Friedenssaal, der an die historische Bedeutung Münsters erinnert. Ist Identifikation mit einem Ort nicht auch eine Form von Heimat? Die Erinnerung an den Dreißigjährigen Krieg sollte wach gehalten werden. Und im Übrigen: Die alten Fassaden sehen einfach schöner aus als diese modernen Zweckbauten." Bernhard hatte sich über den Teetisch weit zu seinem Gesprächspartner hinüber gebeugt und sprach leise und eindringlich.

„Mag sein, was die Ästhetik betrifft. Diese modernen Bauten sind schnörkellos und nüchtern. Da gebe ich Ihnen recht. Aber ...", der Professor ließ sich Zeit mit der Entgegnung, „sind die beiden Weltkriege in ihrer Grausamkeit nicht mit dem Dreißigjährigen Krieg zu vergleichen? Das hieße, wir haben nichts dazugelernt. Wozu dann die Erinnerung? Wir sollten den Blick nach vorn richten, nicht zurück. Mit den Neubauten entsteht eine völlig andere Ästhetik, die uns zunächst fremd, weil ungewohnt erscheint, so wie unser gesamter Alltag uns ungewohnt erscheint. Aber glauben Sie mir, Herr Brockhoff, der Mensch kann sich ein Leben lang neu orientieren und neue Ziele finden. Und damit, sagen wir mal, einen neuen Lebensort. Wer sollte das besser wissen als ich? Jammern hat noch nie geholfen und lähmt die Tatkraft."

„Lebensort! Was soll das sein? Existieren kann ich an vielen Orten. Das ist aber nicht dasselbe wie das Gefühl, an diesen Ort zu gehören, sich wohlzufühlen, schlicht, in der Heimat zu sein, zu leben. Da kann ich Ihnen ganz und gar nicht zustimmen!"

Der Professor blieb gelassen. „Ich versuche, es Ihnen zu erklären. Wenn wir zurückschauen, sehen wir nur, was wir verloren haben. Blicken wir nach vorn, eröffnen sich neue Möglichkeiten. Jeder Tag hat so viel Neues zu bieten. Wir müssen uns nur darauf einlassen. Leicht ist das nicht, das will ich gern eingestehen, aber man kann es üben. Ich für meinen Teil habe mir jedenfalls vorgenommen, hier Fuß zu fassen, neue Kontakte zu knüpfen und mich mit dem einzurichten, was ich vorfinde. Das sollten Sie auch tun. Kleben wir nicht weiter an der Vergangenheit. Die können wir ohnehin nicht ändern. Aber wir können die Zukunft gestalten. Glauben Sie mir."

Bernhard dachte nach. Er war ein einsamer alter Mann ohne Familie. Der Hof, auf dem er geboren wurde und aufgewachsen war, gehörte Fremden. Nach dem Tod seines Bruders hatte Alvine, die Schwägerin, alles verkauft und vernichtet. Aus Unachtsamkeit oder Gleichgültigkeit, wer wusste das schon, hatte sie die Truhe mit allen Dokumenten und Urkunden über den Hof beim Ausräumen des Speichers verbrennen lassen. Die Vergangenheit des Hofes und damit seine Familiengeschichte hatte sich in Rauch aufgelöst. Alvine war das offensichtlich völlig schnuppe. Er konnte es sich so richtig vorstellen. Weg mit dem ganzen Krempel. So war Alvine. Er hatte es sich erspart, die Schwägerin zur Rede zu stellen. Ob die Schwestern mit ihr gesprochen hatten, wusste er nicht einmal. Er hatte seit langem nur sehr sporadischen Kontakt zu ihnen. Sie hatten sich einander entfremdet. Das oberflächliche Geschwafel am Telefon war ihm zuwider, so dass er es nach Möglichkeit vermied. Und Besuche mochte er schon gar nicht.

Die beiden Frauen, die er geliebt hatte und mit denen er sich ein gemeinsames Leben hätte vorstellen können, waren unerreichbar, durch seine Schuld. Ja, der Professor hatte recht. Er war heimatlos wie dieser und müsste sich die Welt neu erobern. Doch dazu fühlte er sich zu alt und vom Leben erschöpft. Was blieb? Die Sprache. Seine Sprache.

„Sie übersehen die Menschen", wandte er sich nach einigem Schweigen an sein Gegenüber. „Die Menschen, die meine Sprache sprechen, die Sprache, die mir von Kindheit an vertraut ist, die Melodie, der Klang. Wo ich sie höre, fühle ich mich zuhause. In ihr allein kann ich mich ausdrücken, alles sagen, was mich bewegt."

„Irrtum, lieber Herr Brockhoff", fiel ihm der Professor ins Wort. „Dass ich aus Schlesien komme, hört man sofort. Die Sprechweise der Menschen hier ist mir immer noch fremd. Dieses Münsterländische ‚r', ‚Kieache', ‚Bieane'. Trotzdem reden wir miteinander, haben uns angefreundet. Natürlich fehlt mir der gewohnte Klang meiner Sprache. Dennoch fühle ich mich hier mittlerweile wohl. Ich gewöhne mich. Dazu tragen auch unsere Gespräche bei. Sie geben mir das Gefühl, dass Sie mich schätzen, dass ich Ihnen vertrauen kann, ganz gleich, wie Ihre Sprache klingt. Für mich ist es wichtig, Menschen um mich zu haben, denen ich mich zugehörig fühle. Freunde. Was bedeutet die Sprache denn? Haben uns die Nazis nicht gezeigt, wie sich Sprache korrumpieren lässt, wie leicht man mit ihr lügen, Sachverhalte verdrehen, Begriffe verbiegen und ihnen eine neue Bedeutung geben kann? Sogar der Begriff *Heimat* ist vergiftet. Nicht mal darüber können wir unbefangen reden, ohne an *Lebensraum im Osten* zu denken, an *Umsiedlung*, an *Flucht* und so weiter.

Wie oft hat Hitler Begriffe wie Ewigkeit, Heil, Gefolgschaft und viele andere missbraucht. Es liegt an uns, den Wörtern die alte Bedeutung zurückzugeben, indem wir sie uns wieder neu aneignen. Denken Sie an Thomas Mann, der sich anfangs schwer tat in den USA, auch wegen der englischen Sprache, und der sich erst, als er 1952 in die Schweiz zurückkehrte, richtig als Flüchtling fühlte, dort, wo man die Sprache verstand. Selbst unsere Sprache müssen wir ganz neu lernen."

Der Professor drückte energisch seine Zigarre aus. Mittlerweile war der Raum völlig vernebelt. Die beiden Gesprächspartner konnten sich nur noch schemenhaft erkennen.

Der Professor stand auf und öffnete das Fenster. Die frische Luft tat ihnen gut. Er machte das Licht an, das sofort eine trübe Helligkeit verbreitete. Bernhard beobachtete, wie sich die Schlieren im Luftzug drehten und wanden und kreiselnd nach draußen strebten. Als die Luft im Raum wieder durchsichtig war, schloss der Nachbar das Fenster und setzte sich ihm wieder gegenüber.

Beide schwiegen, bis der Professor den Faden wieder aufgriff.

„Ist Heimat im besten Sinne nicht letztlich das, was wir uns selbst schaffen? Nicht nur Kriege verändern die Welt. Auch der Fortschritt, die Industrialisierung. In einer Stadt wie Münster merkt man das nicht so. Aber fahren sie mal ins Ruhrgebiet. Diese Aufbruchstimmung, diese Energie, mit der sich die Menschen ihr Leben zurückerobern und sich in ihm neu einrichten. Ist Heimat nicht sogar die Vorstellung, die wir uns von einem Leben machen? Wir müssen nur wissen, was wir wollen."

An das Ende des Gesprächs kann Bernhard sich nicht mehr erinnern. Nur dass er völlig erschöpft war und traumlos geschlafen hatte. Nicht einmal zur Toilette hatte er gemusst.

In der Erzählung von *Alfred Andersch, Kirschen der Freiheit*, hatte Bernhard wiedergefunden, was er zu Beginn des ersten Weltkriegs nur dumpf gespürt hatte, nach dem zweiten begriffen zu haben glaubte. Nie hatte er es geschafft, frei zu sein, zu sich selbst zu stehen. Dazu war er zu feige. Er war niemand, der offen seine Meinung vertrat, auch wenn er damals, vor dem ersten Weltkrieg, seine Sympathien für die SPD gegenüber den Eltern nicht verhehlt hatte und die Verachtung seines Vaters aushalten musste, der ihn als Vaterlandsverräter beschimpfte. Mitglied der SPD zu werden, hatte er dann doch nicht gewagt. Er war Beamter.

Er war auch kein Held, kein Widerstandskämpfer, der sich dem braunen Mob entgegengestellt hätte. Später. Er war überhaupt kein Tatmensch. Er zog sich zurück, sobald es brenzlig wurde, zurück in seine Wohnung, zurück in die sichere Gedankenwelt der Antike, in die Welt der Bücher. Seinen Rausschmiss damals hatte er einigen Schülern und missgünstigen Kollegen zu verdanken. Er hatte die Anschuldigungen nicht zurückgewiesen, sich nicht gewehrt. Längst hat er sich eingestanden, dass er dazu nicht die nötige Charakterstärke besaß. Er hatte sich vor sich selbst geschämt.

Nun, nach der Lektüre der *Kirschen der Freiheit* weiß er: Es geht im Leben gar nicht darum, mutig oder feige, heldenhaft oder ängstlich, leidenschaftlich oder vernünftig zu sein, sondern man selbst. Jeder Mensch ist immer das eine und das andere, je nach Situation und Verfassung. Das zu akzeptieren, dass man sich stets zwischen gegensätzlichen Polen bewegt, dass man gut und böse zugleich sein kann, macht die Persönlichkeit eines Menschen aus. Was ist die Lehre von Auschwitz? Sensibel zu werden für die Zwischentöne, zu begreifen, was gut ist im Schlechten und schlecht ist im Guten. Welche Schlussfolgerungen ließen sich dann aus den zwölf Jahren des tausendjährigen Reichs der Nationalsozialisten ziehen? Das musste er unbedingt mit seinem Nachbarn diskutieren. Wie lange hatte sein Bruder Hubertus gebraucht, um Hitler und die Nazis zu durchschauen? Noch zu Beginn des Krieges profitierte Hubertus von BDM und Jungschar, die die Arbeit auf dem Hof anstelle der fehlenden Knechte und Mägde erledigten. Deshalb verschloss er die Augen vor vielem, dem militärischen Drill, den pathetischen Reden von Hitler und Göbbels. Gesprochen, gar diskutiert hatten sie über ihre Ansichten nicht, wussten sich aber dennoch gegen Ende des Krieges einig in der Einschätzung der Lage, sahen die Katastrophe über Deutschland hereinbrechen. Dass sogar auf dem Land Bomben herunterfielen, die hier einen Hof zerstörten, dort eine Scheune in Brand setzten oder einen Krater in den Acker rissen, erschien beiden Brüdern als der Gipfel der Sinnlosigkeit in einer aus den Fugen geratenen Welt. Wie lange hatten die Menschen in Münster an die Heilsbotschaften der Nationalsozialisten geglaubt, selbst dann noch, als das Ende schon offensichtlich war.

Überrascht stellt Bernhard fest, dass die neuen Schriftsteller ihm dabei halfen, die Verwirrungen und Irrungen der neuen Gesellschaft zu verstehen, die dabei war, so schien es ihm, sich aus den geistigen und moralischen Trümmern des zweiten Weltkriegs herauszuwinden.

Wie sehr er mit seinen antiken Dichtern und Schriftstellern in einem Elfenbeinturm wohnte, sich arrogant über das Elend der Welt erhoben hatte, versteht Bernhard erst, seit er regelmäßig die Bücher liest, die der Nachbar ihm vorbeibringt und über die sie diskutieren. Immer entstehen durch die Lektüre mal mehr, mal weniger tiefsinnige Gespräche, die sie einander immer vertrauter machen.

Oft fragt Bernhard sich, warum sie beide es bislang so ausdrücklich vermieden haben, Persönliches anzusprechen. Ihre Diskussionen sind überwiegend akademisch, selten berühren sie Privates.

Einmal hat Bernhard, mehr aus Versehen, durchblicken lassen, dass er Altphilologe war, Lehrer für Latein und Griechisch an einem Gymnasium und dass er vorzeitig gegangen wurde. Von seinem Nachbarn weiß er, dass er aus Breslau stammt, dort Professor für Literatur war. Über die näheren Umstände seines Lebens hat der Professor bis heute nicht gesprochen. Ob er verheiratet war, Kinder hat, Freunde zurücklassen musste. Über die Vertreibung verliert er nie auch nur ein Wort. Bernhard weiß nur, dass ein Teil seiner Verwandtschaft im Münsterland ansässig ist und es ihn deshalb nach einer Odyssee quer durch Deutschland nach Münster verschlagen hat.

Gemeinsam ist beiden, dass sie allein leben und ihre Gespräche genießen. Bernhard helfen sie, die Einsamkeit erträglicher zu machen und sie geben ihm das Gefühl, an der Welt teilzuhaben.

Der Professor hat recht. Die Stadt fühlt sich für ihn auch neun Jahre nach dem Krieg noch immer fremd an. Man gibt sich Mühe, die Stadt neu zu beleben, auch kulturell. Der Neubau des völlig zerstörten alten Theaters schreitet voran. Die Schuttberge sind weitgehend abgetragen, die Straßen frei geräumt, Autos knattern ungehindert durch die Straßen der Innenstadt, seitdem die Straßenbahn abgeschafft wurde. Aber überall klaffen noch riesige Lücken. Die quadratischen, zweckmäßigen Neubauten machen ihm auf seinen seltenen Spaziergängen nur noch schmerzlicher bewusst, wie die Stadt vor dem Krieg ausgesehen hat. Die neuen alten Fassaden am Prinzipalmarkt gaukeln dem Besucher eine Wiederherstellung des früheren Zustands vor. So viel Mühe sich die Restauratoren auch immer gegeben haben, die alten Flächen zu nutzen, die Umrisse der Fassaden zu rekonstruieren. Diese neue alte Stadt ist nicht mehr seine.

Im ersten Friedensjahr hätte er noch einmal neu anfangen können. Vielleicht hätte er doch das Angebot annehmen sollen. Was tat er denn schon den ganzen Tag! Verkroch sich mit seinen Büchern vor dem Leben in seiner Wohnung. Damals war der frisch gewählte Oberbürgermeister an ihn herangetreten und wollte ihn überreden, wieder zu unterrichten. Niemals, hatte er, heftiger, als er wollte, abgelehnt. Nicht, weil ihm das Unterrichten zuwider gewesen wäre. Ihm graute davor, mit den Altnazikollegen oder mit diesen aus allen möglichen Berufen frisch rekrutierten Möchtegernlehrern zusammenarbeiten zu müssen. Dem Dilettantismus wurde doch mit diesen ungelernten Lehrkräften Tür und Tor geöffnet. Bei dem herrschenden Lehrermangel nahmen sie ja jeden. Das fand er unerträglich. Außerdem brauchte er das Geld nicht. Allein, ohne Bedürfnisse. Bernhards Gedanken drehen sich im Kreis. Er hat alles verspielt. Er weiß nicht, was aus der Mutter seines Kindes geworden ist. Er weiß nichts über dieses Kind, sein eigen Fleisch und Blut. Mit den Schwestern hat er kaum Kontakt, Hubert und Otto sind tot, Ludwig unerreichbar in Kanada. Was ist sein Leben wert? Am liebsten würde er allem ein Ende machen. Aber dazu, weiß Bernhard, ist er zu feige.

Kapitel 51 - Clara, 1956

Clara marschiert energisch und mit weit ausholenden Schritten die Eichenallee entlang. Sie ist den ganzen Weg von der Stadt bis hierher zu Fuß gelaufen. Taxi war ihr zu teuer. Gestern erst ist sie in Münster angekommen. Es war nicht weit vom Bahnhof zu ihrer Unterkunft in der Stadt. Eine Kriegswitwe hat ihr für einige Tage eines ihrer Zimmer vermietet, um ihre magere Rente aufzubessern.

Den Morgen hat Clara auf dem Einwohnermeldeamt verbracht. Gleich um acht Uhr hatte sie sich in die Schlange der Wartenden eingereiht und dann Glück gehabt. Der Beamte war freundlich gewesen und hatte sich Zeit genommen. Sein Kollege übernahm für ihn die Abfertigung der anderen Wartenden.

Die Information, *irgendwo bei Münster, auf einem Hof,* waren ihre einzigen Anhaltspunkte. Der Name des vorigen Dienstherrn war nicht zu entziffern. Hatte die Mutter ihn absichtlich unleserlich gemacht?

Fast den ganzen Morgen hatten sie zu zweit da gesessen, die Akten gewälzt. Gausehus. Ganz fremd klang Clara der Name in den Ohren, den sie doch auch eine Weile getragen hatte. Gausehus. Nichts, nichts zwischen 1880, dem Geburtsjahr der Mutter und 1895. Kein Gausehus. Schließlich waren sie auf die Idee gekommen, die Suche bis zum 1. Weltkrieg auszuweiten. Bestimmt hatte die Mutter Geschwister gehabt? Vielleicht wohnte eines von ihnen in Münster?

Zu guter Letzt stießen sie bei ihrer Suche auf eine Gausehus, Anna, die im Jahre 1912 das Aufgebot bestellt hatte. Vater, Fritz Gausehus, Heuerling, Mutter Erna, geb. Stake, Hausfrau. Wohnhaft in A., zugehörig zum Hof Schulze-Brockhoff. Der Bräutigam hieß Petermann, Herbert, Verkäufer, Vater unbekannt, Mutter Petermann, Annemarie, Näherin. Die Freude, eine Verwandte entdeckt zu haben, wurde gleich wieder gedämpft. Es gab keinen weiteren Hinweis auf den Verbleib einer Familie Petermann. „Vielleicht sind sie ausgebombt worden? Viele Unterlagen sind noch in den letzten Kriegsmonaten verbrannt oder sonstwie verloren gegangen. Sie können sich das Chaos nicht vorstellen, gute Frau. Vom Dom bis zum Bahnhof war die Stadt eine einzige Trümmerwüste." Die Worte des Beamten waren gut gemeint, aber nur wenig tröstlich. Immerhin hatte Clara einen konkreten Hinweis. Den Hof Schulze-Brockhoff.

Brock-hoff, Brock-hoff, skandieren ihre Schritte.

Sie ist auf dem Weg zum Hof. Die Luft ist klar, weiße Wolkengebirge schieben sich von Zeit zu Zeit vor die Sonne. Hier und da muss Clara Pfützen ausweichen. In der Nacht hat es geregnet. Die Äste der Eichen recken sich mit ihren trockenen Blättern dunkel gegen den Himmel. Ab und zu knackt eine Eichel unter ihrem Tritt. Die Sonne wärmt noch, obwohl sie schon herbstlich tief steht. Es ist fast windstill. Clara atmet die würzig-modrige

Luft ein. Die Hoffnung, mit der Suche nach ihrem leiblichen Vater endlich weiterzukommen, beflügelt ihre Schritte.

Müde, aber voller Zukunftspläne, war sie damals nach Wuppertal zurückgefahren. Nachdem ihr die alte Frau in Köln einen ersten Anhaltspunkt geliefert hatte, *irgendwo bei Münster, von einem Hof*, hatte sie beschlossen, sich so bald wie möglich ein paar Tage freizunehmen und nach Münster zu fahren. Im Einwohnermeldeamt würde man ihr bestimmt weiterhelfen können. Felix würde ein paar Tage ohne sie zurechtkommen müssen mit der Tante und mit Hertha. Er war schon elf und ein verständiger Junge. Er hatte die rasche Auffassungsgabe und die Sprachbegabung seines Vaters geerbt. Sie redeten viel miteinander. Sie hatte ihm gegen die eigene Überzeugung erlaubt, in die Jungschar einzutreten. Fast alle seine Freunde gehörten dazu. Sie wollte ihn nicht zum Einzelgänger werden lassen. Er hatte es schon schwer genug, ohne Vater, mit einer Mutter, die wegen ihres Berufes selten zu Hause war. Die Tante sorgte für sein leibliches Wohl. Aber ihre Sorge und Zuneigung galt Hertha, ausschließlich.

Der Junge war ein guter Schüler, aber mit zunehmendem Alter auch kritischer geworden. Nicht alles gefiel ihm mehr, seit er aufs Gymnasium ging. Die Fahnenappelle waren ihm lästig, der Drill im Sport verhasst. Seine Verehrung gegenüber dem Führer kühlte allmählich ab. Mit seinen Ansichten hielt er nicht hinter dem Berg. Das machte ihn nicht unbedingt beliebt bei den Lehrern und Mitschülern. Ständig war er in Raufereien verwickelt. Schon des Öfteren hatte man sie zu einem Gespräch in die Schule bestellt. Was sollte sie ihrem Kind sagen? Tu und sage, was man von dir erwartet? Halt dich raus? Lass dir alles gefallen? Damit würde sie Felix zur Heuchelei auffordern. Andererseits war er noch zu jung, um die Folgen seines Aufbegehrens überblicken zu können. Schweren Herzens hatte sie dem Jungen geraten, sich mit Äußerungen gegen Hitler, gegen alles, was ihm nicht gefiel, zurückzuhalten.

Die Fahrt nach Münster fand nicht mehr statt. Im Frühjahr 1939 war einfach zu viel zu tun. Sie kam mit den Geburten und der Betreuung der jungen Mütter kaum noch nach. Der Mutterkult der Nazis widerte Clara immer mehr an. Am schlimmsten fand sie, dass diese Frauen, die sich zu Gebärmaschinen herabwürdigen ließen, auch noch einen Karnickelorden bekamen, wie sie den Mutterorden bei sich nannte.

Schenk dem Führer ein Kind. Eine Schar wohlgeratener blonder Kinder gruppierte sich um eine fröhlich lächelnde, vor Gesundheit strotzende Mutter, die stolz den ihr verliehenen Orden empfing. Dieses Bild hatte sich ihr tief eingegraben. *Lebensborn.* Davon hatte sie gehört. Menschenaufzucht nach dem Willen des Führers. Ihr grauste bei dieser Vorstellung. Von den Frauen erwartete der Führer bedingungslosen Einsatz als Ehefrau und Mutter.

Ein weiteres Ereignis verzögerte die geplante Reise. Clara musste sich neben ihrer Hebammentätigkeit zusätzlich um Hertha kümmern. Die Tante war krank geworden und konnte die Last der Betreuung nicht mehr allein bewältigen. Sie ließ es sich nicht anmerken, aber der Tod des Bruders hatte sie schwer getroffen. Auf die Straße ging sie kaum noch. Auch wenn ich als Halbjüdin nicht direkt betroffen bin, aber diese Pöbeleien gegen die Juden finde ich unerträglich, begründete sie Clara gegenüber ihren Entschluss, nur noch im Notfall das Haus zu verlassen. Am liebsten würde ich ganz wegziehen aus Wuppertal, wenn da nicht Hertha wäre. Claras Hochachtung gegenüber der Tante war, seit sie wieder in Vohwinkel wohnte, stetig gestiegen. Gut, sie war eine herbe Frau, die sich schwer tat, Gefühle zu zeigen, mal ein Lob auszusprechen, zu lächeln, aber man konnte sich auf sie verlassen. Das war in diesen Zeiten viel wert. In ein Heim wollte die Tante Hertha nicht geben, auch wenn ihr die Pflege immer schwerer fiel. Sie habe schreckliche Sachen gehört. Mehr wollte sie trotz Claras Drängen nicht preisgeben.

Maria war längst verheiratet und mit Ferdinand, einem Postbeamten, nach Essen gezogen. Meyer, mit – ey – hatte er sich bei ihrer ersten Begegnung vorgestellt und einen Diener angedeutet. Clara hatte nur sehr losen Kontakt zu ihrer Halbschwester. Zu unterschiedlich waren ihre Lebensauffassungen. Marias Mann hatte rasch Karriere gemacht und es bis zum Postoberinspektor gebracht. Von Anfang an hatten er und Erich sich gut verstanden. Die Einladung zur Hochzeit von Maria und Ferdinand hatte Clara mit Bedauern absagen müssen. Der Vater lag mit einer Grippe zu Bett und brauchte ihre Hilfe.

Als Clara schließlich hätte fahren können, brach der Krieg aus. Die Nachricht verunsicherte sie so, dass sie sich nicht traute, Felix allein zu lassen.

Nach dem Ende des 2. Weltkriegs brauchte sie Jahre, bis sie sich innerlich bereit fühlte, die Suche nach ihrem leiblichen Vater fortzusetzen.

Unvermittelt steht Clara vor dem Toreingang. Das Holztor ist weit offen, so dass sie den Hof und die Gebäude überschauen kann. Sie bleibt in der Einfahrt stehen und lässt ihre Blicke schweifen. Links, direkt an der hohen Mauer, die die Vorderseite des Hofes gegen die Eichenallee abgrenzt, steht ein großer Schuppen mit allerlei Gerätschaften und Maschinen. Hauptgebäude, Stall und Scheue bilden ein ungleiches U. Der Hof ist mit groben Kieseln gepflastert.

Den gesamten Gebäudekomplex umgibt eine halbhohe Mauer, vor der Pappeln und andere hohe Bäumen wie Wächter gruppiert sind.

Clara betritt zögernd den Hof, schaut sich um. Zwischen Schuppen und Scheune picken ein paar Hühner eifrig in der lockeren Erde. Scheune und Stall sind Fachwerkbauten mit gemauerten Giebelseiten. Das Wohnhaus hingegen ist ein zweistöckiger roter Backsteinbau, von dem sich die Fensterumrandungen aus hellem Havixbecker Sandstein abheben. Clara geht rechts an der Scheune vorbei über einen mit Granit gepflasterten Weg bis zum Eingang des Wohnhauses. Sorgfältig geschnittener Buchsbaum fasst die schmalen Blumenbeete vor dem Haupthaus ein. Das ganze Ensemble macht einen gepflegten Eindruck. Hier wohnt kein armer Bauer, denkt Clara, während sie die drei Sandsteinstufen zur grün gestrichenen Haustür hochsteigt.

Sie zögert noch, den eisernen Ring an der Tür anzuheben und zu klopfen, als hinter ihr eine barsche Stimme ertönt. „Kann ich Ihnen helfen? Wen suchen Sie?“

Clara lässt den Arm wieder sinken, dreht sich langsam um. Unter ihr steht, in Drillich und Gummistiefeln, ein Mann, nicht jung, nicht alt, der sie forschend, aber nicht unfreundlich ansieht. „Ja, ich ... Schulze-Brockhoff, der Bauer, der, ... wohnt der hier?", stottert Clara. „Was wollen Sie denn von dem?" Hört sie da einen misstrauischen Unterton? Ihr fällt keine Antwort ein. Sie weiß ja nicht einmal, wen sie da vor sich hat. Einen Knecht? Den Bauern? Einen seiner Söhne? Sie schaut den Mann unsicher an.

„Nichts für ungut", holt der Mann sie aus ihrer Verlegenheit. „Schulze-Westerholt" und reicht ihr die Hand, von der er rasch noch den dreckigen Gummihandschuh abgezogen hat. „Pott, Clara Pott."

Bei Kaffee und Plätzchen, die die Bäuerin aufgetischt hat, erfährt Clara kurz darauf, dass der Hof schon vor zehn Jahren den Besitzer wechselte. Nein, über den Verbleib der alten Bäuerin weiß man nichts. Ihr Mann ist kurz nach dem Krieg gestorben. Neugierig fragt Schulze-Westerholt nach, warum sie sich so für den Hof interessiere. Clara muss improvisieren. Fremde müssen nichts von ihren eigentlichen Absichten erfahren.

„Meine Mutter hat hier als Magd gearbeitet und ich möchte gern einmal mit eigenen Augen sehen, wo sie gelebt hat. Sie hat nicht viel von früher erzählt. Ihre Eltern wohnten hier ganz in der Nähe, in einer Kate, die zum Hof gehörte."

Der Bauer fragt nach Einzelheiten, die Clara nicht weiß. Schließlich dämmert es dem Bauern doch, was sie meint. Dann stehen er, seine Frau und Clara unter der alten Eiche, zu deren Füßen schemenhaft der Grundriss eines früheren Gebäudes zu erkennen ist. „Die Unterlagen des Hofes existieren leider nicht mehr", bedauert Schulze-Westerholt. „Man munkelt, dass die damalige Bäuerin sie hat verbrennen lassen. Aber egal." Der Bauer wechselt das Thema. „Hier soll ein Häuschen gestanden haben. Aber schon bei der Übernahme des Hofes war nichts mehr zu sehen bis auf diese paar Steine, die noch herumliegen." Schulze-Westerholt deutet einmal mit der Hand rundherum. „Anscheinend ist nur der Baum übrig geblieben."

Clara versucht sich vorzustellen, wie ihre Mutter in diesem winzigen zugigen Häuschen gewohnt hat. Sie erinnert sich an die Zeit bei ihren Pflegeeltern. Aber wenigstens haben die Eltern sie geliebt, hofft Clara. Sie schaut über die Wiese mit den grasenden Kühen, bis hin zum Fluss, dessen Ufer hohe Bäume säumen. Sie dreht sich einmal um die eigene Achse, sieht in einiger Entfernung den Bauernhof und die Eichenallee. Das ist die Landschaft, in der meine Mutter aufgewachsen ist. Ob sie in dem bergigen Wuppertal diese weiten Wiesen und Felder manchmal vermisst hat? Gesprochen hatte ihre Mutter nie darüber, wie sie überhaupt selten einmal die Zeit erwähnte, die vor der Heirat mit Anton lag. Was weiß sie eigentlich über die Mutter? Beim Anblick der Landschaft überfällt Clara plötzlich ein Gefühl von Trauer und Verlust. Rasch bedankt sie sich bei dem Ehepaar und macht sich auf den Weg zurück in die Stadt. Das Angebot des Bauern, sie zu fahren, lehnt sie ab. Sie braucht Zeit zum Nachdenken und noch ist es hell.

Übermorgen wird sie zum Dorfpfarrer gehen und ihn bitten, mit ihr die Einträge im Kirchenbuch durchzugehen. Sie hat gleich nach ihrer Entdeckung auf dem Einwohnermeldeamt mit dem Pfarrer des Dorfes telefoniert und einen Termin ausgemacht. Dann wird sie hoffentlich mehr herausfinden. Morgen jedoch hat sie erst einmal Zeit, sich die Stadt anzuschauen.

Münster sei sehenswert, vieles schon wieder aufgebaut, hat ihre Wirtin erzählt: das Rathaus, die Fassaden der Häuser am Prinzipalmarkt. Der Dom ist gerade fertiggestellt und feierlich eingeweiht worden. Die Stadt vibriert noch von den beinahe 50.000 Gläubigen, die in der Festwoche den Feierlichkeiten beiwohnten. Der Domplatz und selbst die angrenzenden Straßen waren brechend voll mit Menschen. Ergreifend waren das gemeinsame Gebet und das Singen, hatte die Kriegswitwe mit vor Rührung glänzenden Augen geschwärmt.

Die Stadt machte gleich bei Claras Ankunft einen geschäftigen Eindruck. Die Arbeiten am Bahnhof waren in vollem Gange. Überall wurde gebaut. Dennoch kam sie auf ihrem Weg zur Unterkunft an vielen Schutthalden und Baulücken vorbei.

So verheerend hatten die Luftangriffe der Engländer auch in Barmen gewütet. Allerdings hatte sich nicht, wie in Münster, eine Bürgerinitiative gebildet, die das alte Stadtbild wieder herstellen wollte. So war aus den Schuttbergen in Barmen nach 1945 eine neue Stadt mit reinen Zweckbauten entstanden. Ihr früheres Wohnviertel am Sedansberg war hingegen weitgehend von Bomben verschont geblieben. Die Wohnung in Vohwinkel hatte bei dem Januarbombardement ’45 zum Glück nur wenig abbekommen. Die Fensterscheiben waren zerborsten, der Luftdruck hatte das Linoleum vom Fußboden gehoben, die Glastüren der Vitrine gesprengt. Überall lagen Splitter herum.

Das hatte die Tante schon nicht mehr erlebt. Sie war längst in ihr Heimatdorf im Bergischen zurückgekehrt. Nach Herthas Tod hielt es sie nicht länger in der Stadt. Eines Tages hatte das Mädchen tot in seinem Bett gelegen. Das Herz hatte aufgehört zu schlagen. Vielleicht hatten die Luftangriffe sie zu Tode erschreckt? Die Hektik und Angst, wenn alle bei Alarm in den Keller mussten? Hertha war so leicht aus der Fassung zu bringen. Alles Unvorhergesehene, jede Änderung versetzte sie in Panik. Die Beerdigung hatte hastig und im engsten Familienkreis stattgefunden. Noch war Krieg und man musste auf alles gefasst sein. Diesmal musste die Tante für Herthas Beerdigung auf dem katholischen Friedhof von Mariä Empfängnis keinen größeren Geldbetrag spenden. Dass Elisabeth wie eine Löwin dafür gekämpft hatte, den Vater auf dem katholischen Friedhof zur letzten Ruhe betten zu dürfen, erfuhr Clara erst nach Herthas Beerdigung und auch, dass die Tante dem Geistlichen damals eine größere Summe zugesteckt hatte, um ihm die Entscheidung leichter zu machen.

Maria war mit Mann, aber ohne Kinder erschienen, Erich kam, wie schon bei der Beerdigung des Vaters erst, als der Sarg schon in die Grube gesenkt war. Er hatte ihnen zugenickt, war dann ohne ein Wort wieder verschwunden. Überrascht hatte Clara die Tante weinen sehen. Sie hatte also doch ein Herz. Für Hertha. Seit dieser Zeit haben beide keinen Kontakt mehr. Clara weiß nicht einmal, wo die Tante wohnt und ob sie überhaupt noch lebt. Es ist ihr auch gleichgültig. Nie hatte die Tante wirklich Raum in ihrem Leben eingenommen.

Clara ist gespannt auf die Stadt und den Besuch des Doms. Für die Besichtigung hat sie nun einen ganzen Tag Zeit. Mit dem Pfarrer ist sie erst übermorgen nach der Frühmesse in der Kirche verabredet.

Kapitel 52 – Bernhard, 1956

Leere Augenhöhlen, ein eingefallenes Gesicht. Knochen klappern. Ein Geräusch, rau, quietschend. Ein Lachen, ein Husten?

Der Mund steht weit offen, das schadhafte Gebiss grinst ihn an. Ich kenne dich. Du bist schuld, schuld, schuld höhnt der nackte Schädel.

Er schreckt auf, zittert. Dieser Albtraum. Seit dem Tod seines Untermieters kommt er immer wieder. Der ganze tote Mensch, eine einzige Anklage. Wie hätte er wissen können, wer Manker war? Ahnen hätte er es können! Diese Augen! Nur selten hatte er den kleinen Mann angeschaut. Diese Augen! Sie schienen sein Innerstes gesehen zu haben.

Nichts war ihm aufgefallen an diesem Morgen. Nur das Husten hatte ihn in der Nacht nicht geweckt. Aber das war ihm erst später bewusst geworden. Auch die Wohnungstür hatte er nicht gehört. Sie trotzte stets allen Bemühungen, sie leise zu schließen. Endlich hatte er sich aufgerafft und an die Tür des Untermieters geklopft, erst leise, dann lauter, gehorcht, sogar das Ohr an die Tür gelegt. Zuletzt hatte er seinen Namen gerufen. Herr Manker?! Der Name verhallte ohne Echo.

So wenig Kontakt er zu diesem Menschen hatte, so sehr vermisst er ihn seit dessen Tod. Kümmern hätte er sich können, müssen! Hätte er nur schon früher gewusst, was es mit diesem Josef Manker auf sich hatte. Aber er hatte nichts geahnt, gar nichts. Bernhard gähnt, fühlt sich wie benommen.

Eigentlich hatte er sich nur kurz ausruhen wollen. Die ungewohnt vielen Menschen hatten ihn erschöpft. Da musste er wohl in seinem Sessel eingenickt sein, nachdem er hinter dem letzten Gast die Tür zugemacht hatte.

Er richtet sich schwerfällig auf, versucht sich zu orientieren. Es ist dunkel im Raum. Die geschliffenen Facetten der Kristallgläser zerstreuen das Mondlicht, das kalt und hell durchs Fenster scheint. Die Feier. Sein Geburtstag, sein achtzigster. Sein Schachfreund, seine beiden Schwestern mit ihren Männern, und der Nachbar waren seine Gäste. Der Nachbar. Wenn der nicht gewesen wäre. Ihm hat er es wohl zu verdanken, dass er damals nicht in einem Sumpf von Selbstmitleid und Lebensüberdruss versank. Nach dem Tod des Untermieters hatte ihn aller Lebensmut verlassen.

Bernhard steht auf, tapert vorsichtig zwischen den Möbeln hindurch zur Tür und knipst das Licht an. Er kennt ja die Wohnung, blind, seit über sechzig Jahren.

Er muss aufhören mit diesem misanthropischen Quatsch. Bisschen Humor, Lebensfreude. Wie der Nachbar. Vertreibung? Flucht? *Carpe diem.* Da war er wieder, der geschätzte Horaz. Die Alten kannten sich aus mit dem Leben.

Bernhard schaut sich um. Auf dem Esstisch stehen noch das benutzte Service und die Kristallgläser, geerbt damals von der Mutter. Nun hatte er sie doch noch verwendet.

Das schöne Service mit den blauen Streublümchen, Handarbeit. Eigentlich viel zu zart und zu zierlich für einen alten, eingefleischten Junggesellen wie ihn. Frau Vollmer hatte ihm geholfen. Frau Vollmer ist sein guter Geist. Sie kocht, putzt und wäscht für ihn, macht Besorgungen und regelt alle Haushaltsangelegenheiten, Seit vier Jahren. Sie erinnert ihn daran, dass der Strom noch nicht bezahlt ist, die Anzüge in die Reinigung müssen und er sich mal wieder rasieren sollte. Ohne Frau Vollmer wäre er verloren. Er mag sich gar nicht mehr daran erinnern, wie der Haushalt ohne sie ausgesehen hatte. Manchmal nuschelt er einen Dank, wenn sie wieder ein Übriges für ihn getan, noch rasch die Wäsche gebügelt, das Bett neu bezogen hat. Was weiß denn er. Manchmal bringt sie Blumen vom Markt mit. „Kosten fast nichts, sagt sie dann burschikos, und bringen ein bisschen Farbe in Ihre Junggesellenbude."

Kürzlich ertappte er sich dabei, wie er sich darauf freute, dass sie kam. So gern hätte er ihr ein Geschenk gemacht. Pralinen, ein paar Strümpfe. Er traut sich nicht. Geschenke scheinen ihm zu persönlich. Ab und zu steckt er ihr eine Mark extra zu. Zu mehr kann er sich nicht durchringen. Auch nicht dazu, sie nach ihrer Familie zu fragen. Seit vier Jahren sorgt sie für ihn und er weiß nur, dass sie eine erwachsene Tochter und einen Mann hat. Über ihre Lebensumstände weiß er nichts. Ihre Gespräche kreisen ausschließlich um das alltägliche Allerlei.

Frau Vollmer hatte ihn auch überredet, seinen runden Geburtstag zu feiern und seine Schwestern einzuladen. Seine beiden

Weggefährten, der Nachbar und der Schachkollege, sollten die Festrunde komplettieren. Schließlich hatte er sich sogar auf die Feier gefreut.

Jahrzehnte hatte er seinen Geburtstag allein verbracht. Nicht einmal die runden Geburtstage hatte er einer Feier für wert befunden. Den Siebzigsten hatte er ausfallen lassen. So kurz nach dem Krieg und in diesem ganzen Nachkriegselend schien ihm ein Fest unpassend. Auch hätte er nicht gewusst, woher die Lebensmittel nehmen. Die Lebensmittelmarken gaben viel zu wenig her. Zum Handeln auf dem Schwarzmarkt war er nicht geschaffen. Frau Vollmer. Wenn er sie damals schon gekannt hätte. Die hätte ihm alles beschafft. An seinem Sechzigsten hätte er nicht gewusst, mit wem er feiern sollte. Mit den Kollegen, diesen Nazis? Das kam nicht infrage. Mit den Geschwistern, zu denen er damals kaum Kontakt hatte? Zu unterschiedlich waren ihre politischen Ansichten. Vor allem der Schwager aus Lünen, Ernst. Ernst, wie lustig, hatte er sich Bernhard bei ihrer ersten Begegnung vorgestellt und dabei dröhnend gelacht. Er verbreitete eine hemdsärmelige Fröhlichkeit, die ihm als Kaufmann wohl sehr nützlich war; privat aber fand Bernhard sie unerträglich. Ende der 20er Jahre hatte der Mann seiner Schwester Elisabeth den Landmaschinenhandel aufgegeben und sein erstes Fahrzeughaus eröffnet . Seit er sich Anfang der 30er an die Marke Opel gebunden hatte, expandierte sein Unternehmen ständig. Der Laden florierte. Er verstand es, sich mit allen gut zu stellen, auch mit den Nazis. Parteimitglied wurde er jedoch nie. Dazu war er zu sehr Geschäftsmann. Seine Welt war das Geld. Damit konnte Bernhard nichts anfangen.

Mit Hubertus hatte er sich zu der Zeit verkracht. Damals hielt der Bruder noch große Stücke auf die Nazis. Er erhoffte sich einen technologischen Fortschritt in der Landwirtschaft, sah sich aber später bitter enttäuscht. Zu viel Bohei, wie er sagte, zu wenig Ertrag. Alles Schaumschläger.

Gemeinsam hatten Frau Vollmer und er die Damasttischdecke auf dem Tisch ausgebreitet, die Teller mit den blassblauen Streublümchen und das Silberbesteck angeordnet. Zur Decke passend hatte er in einer Kommodenschublade Servietten entdeckt. Die hatte er noch nie benutzt, die Tischdecke auch nicht. Zum

Schluss holte er den silbernen dreiarmigen Leuchter aus dem Vitrinenschrank und stellte ihn mitten auf den Tisch. An die Kerzen hatte Frau Vollmer gedacht, die gute Seele. „Nein, sieht das vornehm aus“, hatte sie geseufzt und ihren Blick bewundernd über die gedeckte Tafel schweifen lassen. Er nahm sich vor, ihr testamentarisch das Tafelsilber und das Service mitsamt der Damasttischwäsche zu vermachen.

Plötzlich fühlt Bernhard sich ganz schwach. Die Feier hatte ihn wohl doch mehr angestrengt, als er gedacht hatte. Er war ja ein alter Mann. Achtzig Jahre. Eigentlich reichte es. Sein Vater war mit 73 Jahren gestorben, seine Mutter mit 74. Sein Bruder Otto fiel im 1. Weltkrieg, mit knapp 41 Jahren, kurz vor dem Ende des großen Abschlachtens. Hubertus hat gerade noch die Kapitulation des Tausendjährigen Reiches mitbekommen. Aber dessen Zusammenbruch interessierte ihn nicht mehr. Nach einem Unfall mit dem Gewehr kurz vor Kriegsende war er taub und fast blind geworden. Der Tod hatte ihn erlöst. Alvine hatte den Hof an einen Jungbauern in der Bauerschaft verkauft und war zu einer Cousine ins westliche Münsterland gezogen. Das ist das Letzte, was er von ihr gehört hat. Zu seinen beiden Schwestern pflegt er seit einiger Zeit, auf Betreiben von Frau Vollmer hin, einen losen Kontakt. Seit er einen Telefonanschluss hat, rufen sie ab und zu an, meist zum Geburtstag und zu den Festtagen. Dass sie zu seiner Feier gekommen sind, war eine Ausnahme. Ihre Einladungen hatte er so oft ausgeschlagen, dass sie es aufgegeben hatten, ihn zu ihren Familienfesten einzuladen.

Ach ja. Sein Geburtstag. Seine Feier. Der Tag war schön gewesen. Selbst als seine Schwester Luise mit ihrem losen Mundwerk sich den Familienspruch nicht verkneifen konnte: „Es war gut und reichlich und sauberer, als ich erwartet hatte, und die Margarine hat man kaum durchgeschmeckt.“ Frau Vollmer hatte gestrahlt und die Bemerkung so genommen, wie sie gemeint war. Mehr Lob ging nicht. Sie hatten angenehm geplaudert während des guten Essens, das sie zubereitet hatte. Doppelte Kraftbrühe mit Einlage, Tafelspitz mit Zwiebelsoße und Rouladen mit Kartoffeln und Gemüse. Den Nachtisch, eine Karamellsahnecreme, hatten sie kaum geschafft. Ein richtiges Festessen, wie er es von ganz früher von zu Hause kannte. Beinahe wären ihm bei diesen Gedanken die Tränen gekommen.

Luise hatte sich den Bauch vollgeschlagen, um zwei Stunden später beim Kaffee mit der Schwarzwälderkirschtorte wieder kräftig zuzulangen. Kein Wunder, dass sie so umfänglich geworden war. Ihren Mann schien das nicht zu stören. Gottfried stand seiner Frau in nichts nach. Alles an ihm war in den letzten Jahrzehnten noch runder geworden, Augen, Gesicht, Körper. Er strahlte mit seinen mächtigen 1,90 m und knapp 100 kg Gutmütigkeit und Gelassenheit aus. Für die oft aufbrausende Schwester sicherlich ein Segen. ‚Hebberechtig'. Das war das Wort, mit dem der Vater die Schwester früher, als sie noch zu Hause wohnten, kritisiert hatte. Sei doch nicht so hebberechtig. Immer willst du das letzte Wort haben.

Geärgert hatte er sich ein wenig über Elisabeth, die er plötzlich Betty nennen sollte. So albern. Was gefiel ihr nicht an Else?

Ihr Sohn hatte mittlerweile das Autohaus vom Vater übernommen und groß herausgebracht. Mit Mercedes, wie Ernst, der Schwager, stolz betonte. Opel war gestern, vor dem 2. Weltkrieg.

Beide Schwestern waren reichlich mit Armband, Goldkette und -ringen geschmückt. Bernhard hatte sich jeglichen Kommentar verkniffen. So genau wollte er gar nicht wissen, wie die Schwäger ihr Geld über den Krieg und die Währungsreform gerettet hatten.

Morgen musste er unbedingt Frau Vollmer noch einmal danken, dafür, dass sie ihn zu diesem Fest überredet hatte, dafür, dass sie alles so schön hergerichtet und so wunderbar gekocht hatte. Morgen. Sofort, wenn sie kommt. Er darf es nicht vergessen.

Plötzlich wird Bernhard schlecht. Er versucht aufzustehen, fällt aber in den Sessel zurück.

Kapitel 53 - Clara, 1957

Das Kind in der Wiege schmatzt. Der leicht geöffnete Mund wirft Milchbläschen. Das Fläschchen ist leer. Die Fertigmilch scheint dem Kind gut zu bekommen. Zufrieden und satt liegt es da, die Händchen entspannt auf der Decke. Das erste Enkelkind. Clara ist gerührt und traurig zugleich. Sie muss daran denken, dass ihr Vater weder sein Kind noch sein Enkelkind je kennengelernt hat. Noch immer nagt die Enttäuschung an ihr. Wäre sie nur nicht so vorsichtig gewesen. Wer weiß, vielleicht hätte sich alles ganz anders entwickelt.

Wie hatte sie sich gefreut, als der Pfarrer den Namen Schulze-Brockhoff in den Kirchenbüchern recht schnell fand. Der junge Priester war sehr hilfsbereit gewesen. Bald hatten sie aus den fünf Namen den einzigen herausgefunden, der infrage kam. Heinrich, Hubertus, Bernhard, Otto, Ludwig. Hinter dem ersten stand ein Kreuz mit dem Datum 1901, Hubertus hatte 1905 geheiratet und war 1946 gestorben. Laut Eintrag vom 23.10.1917 war Otto gefallen, vermutlich in Flandern, Todesdatum unbekannt. Der war zu jung, geboren 1879, und schied aus. Der Jüngste, Ludwig, kam erst recht nicht infrage. Hinter dem Namen Bernhard befand sich nur das Geburtsdatum, kein weiterer Eintrag. Er lebte also noch.

Clara erinnert sich, als wäre es gestern gewesen, wie eine unglaubliche Erregung sie plötzlich erfasst hatte. Gar nicht rasch genug konnte sie sich von dem Pfarrer verabschieden. Erst als sie wieder zur Besinnung kam, fiel ihr ein, dass sie ihm für seine Hilfe nicht einmal gedankt hatte.

Bernhard Brockhoff, in A. geboren Das musste er sein. Irritierend fand sie nur, dass der Schulze vor dem Namen fehlte. Was das wohl zu bedeuten hatte?

Am nächsten Tag eilte sie zum Einwohnermeldeamt und hatte wieder Glück. Sie geriet wieder an den netten Angestellten, der ihr schon einmal so geduldig und fachkundig geholfen hatte. Er erklärte ihr sogar den Weg zu der im Meldebuch angegebenen Adresse. Aber Clara fühlte sich nicht in der Lage, sofort, ohne Vorbereitung dorthin zu gehen. Sie brauchte Zeit, um ihre widerstreitenden Gefühle zu sortieren, sich darüber klar zu werden, ob sie diese Begegnung wirklich wollte. Zu lange hatte sie sich ein Bild von ihrem Vater gemacht. Wenn er nun ganz anders war und sie enttäuschte? Würde sie das verkraften? Was war mit dem Vater? Er war ein alter Mann. Durfte sie sich anmaßen, ihn mit seiner Vergangenheit zu konfrontieren? Clara machte einen langen Spaziergang um den Aasee. Dann hatte sie ihren Entschluss gefasst.

Sie wollte ihrem Vater einen Brief schreiben und ihn um ein Treffen bitten. So hätten beide Zeit, sich auf die erste Begegnung vorzubereiten.

Im Café am Prinzipalmarkt ließ sich Clara an einem kleinen runden Tisch am Fenster nieder, bat um Papier und Schreibzeug, setzte den Stift an und zögerte. Wie schreibt man einen Brief an eine Person, mit der man eng verwandt ist, deren Charaktereigenschaften man teilt, der man womöglich ähnlich sieht, der man aber noch niemals begegnet ist?

Schließlich schrieb Clara eine kurze Notiz mit einer förmlichen Anrede:

Sehr geehrter Herr Brockhoff,

wir kennen uns nicht, aber wir haben doch viel gemeinsam.
Meine Mutter ist Martha Gausehus. Leider hat sie mir nichts von Ihnen erzählt.
Dabei war es schon als Kind mein innigster Wunsch, Sie kennenzulernen.
Wenn Sie sich ein Treffen vorstellen können, schreiben Sie mir bitte an obenstehende Adresse. Ich werde ganz bestimmt kommen.

Mit freundlichen Grüßen

Ihre Clara Pott, geborene Gausehus

Sie hatte den Brief gleich auf dem Postamt am Dom aufgegeben und war anschließend sofort zum Bahnhof gegangen. Sie musste zurück nach Wuppertal.

Wochenlang hatte sie auf Antwort gehofft. Vergeblich. Schließlich hatte sie all ihren Mut zusammengenommen und war noch einmal nach Münster gefahren und zur angegebenen Adresse gegangen. Die Wegbeschreibung des freundlichen Angestellten im Ordnungsamt hatte sie aufgehoben.

Sechs Klingeln hatte das dreistöckige Haus aus rotem Backstein. Auf fünf Türschildern stand ein Name. Ein sechstes war leer. Sie kramte den Zettel mit der Adresse heraus, überprüfte die Angaben. Nein, sie hatte sich nicht geirrt. Nach einer kurzen Weile der Ratlosigkeit klingelte sie schließlich in der untersten Wohnung. „Wer ist da?", schnarrte kurz darauf die Gegensprechanlage. „Clara Pott, ich möchte zu Herrn Brockhoff."

„Warten Sie, ich mache Ihnen auf", knarrte die Stimme noch einmal. Als Clara den Summer hörte, drückte sie die Tür auf, ging die paar Stufen hoch, wo ein älterer Herr sie in der Wohnungstür erwartete. „Sie wollen zu Herrn Brockhoff?", fragte er noch einmal und musterte sie von Kopf bis Fuß. „Warten Sie. Hier im Haus wohnt jemand, der ihn recht gut kennt." Für sein Alter ganz behände lief er die Treppe hoch. Clara hörte die Wohnungsklingel und ein Geflüster. Kurze Zeit darauf kam der ältere Herr in Begleitung eines kleinen glatzköpfigen Herrn herunter, der schon recht gebrechlich aussah. Er sprach Clara mit Gnädige Frau an und führte andeutungsweise ihre Hand an seine Lippen. Claras Hand zuckte. Einen Handkuss war sie nicht gewohnt. Der alte Herr lächelte, als er ihre Verlegenheit bemerkte. „Kommen Sie mit in meine bescheidene Wohnung, lud er sie ein. Ich kann Ihnen über Herrn Brockhoff berichten." Der Sprache nach kam er unverkennbar aus Schlesien. In Wuppertal hatte sie schlesische Flüchtlinge kennengelernt. Die hatten dieselbe breite Aussprache.

Die Wohnung des alten Herrn war klein, aber gemütlich. Bücherregale säumten alle Wände. Sogar auf dem Boden türmten sich die Bücherberge. „Auf Damenbesuch bin ich nicht eingerichtet, verzeihen Sie." Er sagte „bittä" und schob ihr galant einen Stuhl hin. „Wenn Sie sich setzen mechten?" Clara fühlte sich ein wenig unbehaglich. Dieser Mann sprach und benahm sich so ganz anders als die Männer, die sie kannte.

„Kaffee?" Clara nickte nur. Ihre Verwirrung wuchs von Minute zu Minute. Sprechen konnte sie nicht. Ihr Herz schlug ihr bis zum Hals. Merkwürdig, dass dieser fremde Mann sie hereinließ, in die Wohnung bat, ihr Kaffee anbot, statt ihr einfach zu sagen, wo sie Herrn Brockhoff finden konnte.

„So, bittäscheen." Schneller als erwartet war der gebrechliche alte Herr zurück. „Milch und Zucker?" Er schob Clara beides hin. „Danke", krächzte sie und versuchte, den Kloß in ihrem Hals weg zu räuspern.

„Also Sie sind?" „Clara Pott. Eine Verwandte von Herrn Brockhoff." „Eine Nichte?" Clara machte eine vage Geste, die alles bedeuten konnte.

„Ja, also. Wenn Sie mit Herrn Brockhoff verwandt sind, dann ..." Der alte Mann unterbrach sich und schaute Clara forschend an. „Nur merkwürdig. Wie genau sind Sie denn mit ihm verwandt?", fragte er unvermittelt. „Kürzlich waren nämlich alle Nichten und Neffen da. Sie waren nicht dabei."

„Ich bin seine Tochter." Nun war es heraus. Wie sich das anhörte, anfühlte. Ich bin seine Tochter. Noch nie hatte sie diesen Satz ausgesprochen. Clara schoss die Röte ins Gesicht, vor Verwirrung, Scham, Unsicherheit. „Soso, die Tochter. Das ist mal eine Neuigkeit." Der Mann schaute plötzlich interessiert. „Davon hat er nie erzählt. Na ja, er war überhaupt ein Schweigsamer. Ganz zurückgezogen hat er gelebt. Wie ein Eremit, richtig menschenscheu, würd' ich sagen. Verheiratet war er nicht, so viel ich weiß. Aber wir kennen uns auch erst wenige Jahre." Der alte Mann machte eine Pause, bevor er weiterredete. Clara wagte kaum zu atmen. Was würde er ihr über den unbekannten Vater erzählen? Wenn nun herauskam, dass er ein unangenehmer Mensch war. Wie sollte sie damit umgehen. Sie hatte nur einen Gedanken. Weg. Ich muss weg und setzte schon an, sich zu erheben, als der Nachbar fortfuhr: „Er war ein feiner Mensch, ihr Vater, klug, belesen, gebildet." Clara ließ sich auf den Stuhl zurücksinken. Zum ersten Mal wagte sie es, ihr Gegenüber anzuschauen. „Ja, ja. So ein feiner Mensch war er. Wir beide haben uns immer prächtig unterhalten. Es war mir eine Freude und eine Ehre, mit so einem Menschen wie Ihrem Vater diskutieren zu können. Nur lachen, lachen konnte er nicht. Immer hatte ich den Eindruck, dass er einen großen Kummer mit sich herumschleppt." Der Mann blickte Clara in die Augen. „Tja, wie soll ich es sagen. Ach, es ist nun einfach so. Er hat noch seinen achtzigsten Geburtstag gefeiert. Eine schöne Feier. So heiter hatte ich ihn noch nie erlebt. Und dann, und dann ..." Der kleine Mann zögert. „Jetzt ist er nicht mehr. ... Am Tag nach seinem Geburtstag ... Herr Brockhoff ... ist tot." Glitzerten da Tränen in den Augen dieses freundlichen Mannes? Jedenfalls schneuzte er sich umständlich in ein großes Taschentuch, das er aus seiner Hosentasche gefriemelt hatte. Dann faltete er das Tuch wieder zusammen und verstaute es, bevor er weiterredete.

„Vor vier Wochen hat man ihn beerdigt. Es tut mir so leid. Sie kommen zu spät." Als der alte Mann Clara mit einem mitfühlenden Blick bedachte, schossen ihr die Tränen aus den Augen. Sie weinte still, ließ den Tränen ihren Lauf. Die Trauer um den Vater, den sie nie gekannt hatte, überwältigte sie plötzlich. Wie konnte das sein? Sie hatte ihren Vater doch gar nicht kennengelernt. Und doch. Und doch fühlte es sich an, als habe sie einen Teil von sich selbst endgültig verloren. Nie würde sie erfahren, wie er als Kind war, was ihn bewegt hatte, wofür er sich eingesetzt hatte, ob sie ihm ähnlich war in Charakter und Aussehen. Sie hatte ja nicht einmal ein Foto von ihm. „Es tut mir so leid. Hätte ich das gewusst", spricht der Nachbar schließlich in die Stille hinein, „ich hätte die jungen Leute gebeten, ein Fotoalbum für sie dazulassen. Dann hätten sie wenigstens etwas von Ihrem Vater." Der alte Herr stand auf, ging zur Kommode und kramte umständlich in einer Schublade „Hier", und reichte ihr ein gebügeltes Taschentuch. „Danke." Jetzt war es an Clara, sich zu schneuzen. „Bitte, erzählen Sie weiter. Ich würde gern die ganze Geschichte hören. Bitte."

„Also gut. Seine Haushälterin Frau Vollmer, eine ganz Nette, mit der plaudere ich manchmal über das ein oder andere, die hat ihn gefunden. In seinem Lieblingssessel am Fenster. Herzinfarkt. Sie war extra früh gekommen, um nach der Geburtstagsfeier in Ruhe aufräumen zu können. Und da hatte sie ihn liegen sehen, hingesunken in seinem Sessel, die Augen geschlossen, als schliefe er. Mit einem Lächeln um die Mundwinkel. Ganz ungewöhnlich, habe sie noch gedacht und: Vielleicht hat ihm die Feier gut getan. Sie wollte ihn aufwecken, sacht, damit er nicht erschrak. Aber als sie ihn an der Schulter berührte, fühlte er sich so merkwürdig an. Und da habe sie sich erschrocken, hat die Frau Vollmer gesagt und plötzlich gedacht, dass er tot ist. So war es dann auch."

Der alte Herr machte eine ausholende Geste. „Dieses Lächeln. Würd's nicht glauben, wenn ich es nicht selbst gesehen hätte. Denn natürlich kam die Haushälterin zu mir gerannt. Richtig Sturm hat sie geklingelt und ich, in Lotschen und Pyjama, bin ihr in die Wohnung gefolgt und hab ihn gesehen. So ein schönes Lächeln. Viel jünger hat er auf einmal ausgesehen. Als hätte er endlich Frieden gefunden. In der Hemdtasche haben wir auch noch ein Foto gefunden, so ein kleines, mit gezacktem Rand. Auf dem waren lauter junge Mädchen zu sehen. Warten Sie." Der Mann stand umständlich aus seinem Sessel auf, lief zu einem der Bücherregale, suchte hier und schaute da, brabbelte vor sich hin. „Ich hab's. Schauen Sie." Triumphierend hielt er ihr das Foto dicht unter die Augen. „Können Sie etwas damit anfangen? Moment, ich gebe Ihnen meine Lupe." Auf einmal schien auch der kleine Alte von Aufregung gepackt zu sein.

Clara suchte mit der Lupe das Bild ab und ... entdeckte die Mutter. Unzweifelhaft war sie es. Sehr jung. Um den Kopf hatte sie lose ein Tuch geschlungen, unter dem zwei Zöpfe hervorschauten. Alle Mägde schienen großen Spaß zu haben und schauten lachend in die Kamera. Clara erkannte den Hof und das Gebäude wieder. Es war der Brockhoffsche Hof. „Das Bild dürfen Sie behalten", sagte der alte Mann, zufrieden, dass er dieses unscheinbare Bildchen gerettet hatte und Clara damit eine Freude machen konnte.

„Die Beerdigung war ganz klein, nur der Pfarrer, ich, die beiden Schwestern mit ihren Kindern und natürlich Frau Vollmer. Die fand das ganz merkwürdig, wo er doch von einem großen Hof kam. Wieso haben die ihn eigentlich nicht in der Familiengruft in dem Dorf bestattet? Noch ein Schlückchen Kaffee?"

„Nein, danke." Die Stimme gehorchte Clara noch immer nicht so ganz. In ihr tobten neben der Trauer nun auch andere Gefühle. Enttäuschung, Wut und Stolz. Stolz über das Lob, das dieses geschäftige, zappelige und unaufhörlich redende Männlein ihrem Vater gezollt hatte. Sogar ein wenig Bewunderung meinte sie herausgehört zu haben.

„Zwei Nichten und drei Neffen hat er gehabt." Die Stimme des Mannes kam wie aus weiter Ferne zu ihr. Er schien ihre Verwirrung nicht zu bemerken. „Gesehen habe ich die allerdings vorher nie, nur kürzlich beim Ausräumen der Wohnung. Klar, da gab es das ein oder andere abzustauben." Clara hörte nicht mehr zu. Sie begriff nur eins. Sie war am Ziel, aber - zu spät. Wäre sie gleich bei ihrem ersten Besuch in Münster hierhergekommen, hätte sie ihren Vater noch erlebt. Nun war er tot.

„Wo, der Friedhof ...", stammelte sie. „Wo der Friedhof ist und wo er begraben liegt? Warten Sie, ich schreibe es Ihnen auf." Während der Mann nach Papier und Stift kramte, stand Clara auf und zog ihren Mantel an. Den Kaffee hatte sie nicht angerührt. „Danke", flüsterte sie und nahm das Blatt aus seiner Hand. Sie war schon fast zur Haustür hinaus, da hörte sie ihn rufen. „Frau Pott, Frau Pott, bittä, warten Sie. Ich habe noch etwas für Sie." Der alte Mann hastete die Treppen hinunter. In der rechten Hand wedelte er mit einem schwarzen Heftchen, mit der linken hielt er sich am Handlauf fest. „Hier", keuchte er, „hier. Es ist mir gerade noch eingefallen." Damit hielt er ihr das Heft hin. „Was ist das?" „Tagebuch steht darauf. Vielleicht von ihrem Vater? Vielleicht hat er Tagebuch geführt? Jedenfalls habe ich das Heftchen gefunden, als die Wohnung schon fast ausgeräumt war. Keiner interessierte sich dafür. Da hab' ich es einfach mitgenommen. ... Aber nicht hineingeschaut. Die Schrift ist für mich ohnehin viel zu klein. Bittä, nehmen Sie."

Clara nahm das Heft wortlos, stolperte die letzten Stufen hinunter und zog die Haustür hinter sich zu. Erst auf der Straße, in der kalten Luft, kam sie wieder zur Besinnung und schämte sich, so überstürzt, ohne ein Wort des Dankes, gegangen zu sein. Aber noch einmal klingeln? Das war ihr dann doch zu peinlich. Lange starrte sie auf den Zettel in ihrer Hand und fragte den nächstbesten Passanten nach dem Weg. Sie musste quer durch die Stadt, bis sie schließlich am Zentralfriedhof anlangte.

Dann hatte sie vor dem Grab gestanden, auf dem ein einzelner Kranz lag. Die weißen Nelken waren längst braun geworden. *In stiller Trauer, deine Schwestern Luise und Elisabeth mit Familie,* stand auf der blassgelben Schleife. Neben dem Kranz lag eine langstielige gelbe Rose. Auf dem provisorischen Kreuz, das man mitten auf den Erdhügel des Grabes gerammt hatte, stand: Bernhard Brockhoff, 1876 – 1956.

Auf der Rückfahrt nach Wuppertal kramte sie das Heftchen hervor.

Clara entzifferte den Namen auf dem Deckblatt. Die Schrift war klein, wie gestochen: Josef Manker stand da, darunter, durchgestrichen, Gausehus. Ein Bruder ihrer Mutter. Ihr Onkel. Welche Entdeckung. Die Mutter hatte nie von ihren Geschwistern gesprochen.

Sie klappte das Büchlein auf und begann zu lesen:

4. November 1905
Das Heft, in das ich schreibe, hat mir der Lehrer geschenkt. Da soll ich alles Wichtige eintragen, weil ja jetzt ein neuer Lebensabschnitt beginnt. Ich soll bald aufs Gymnasium. Aber eigentlich weiß ich gar nicht, was wichtig ist. Und für wen es wichtig ist.

Da habe ich den Pfarrer gefragt, bei dem ich Latein lernen soll. Der hat gemeint, in einem ordentlichen Tagebuch muss man sich selbst erst einmal vorstellen.

Also:
Ich bin das jüngste Kind von Erna und Franz Gausehus und heiße Josef. Aber alle nennen mich Jupp oder Jüppken. Jupp mag ich lieber. Ich habe noch Geschwister. Eine Schwester, die ich nicht erwähnen darf. Sie heißt Mári. Manchmal murmelt die Mutter ihren Namen, wenn sie meint, keiner hört sie. Ich kann mich an Mári kaum erinnern. Ich war noch zu klein, als sie wegging.

Die Mimi ist schon tot. Sie war lieb, aber sie wollte nicht leben. Mir kam es immer so vor, als brenne in ihr nur ein kleines Lebenslicht. Und eines Tages verlöschte es. Mimi verstand mich am besten, wenn ich ihr von Elfen und Kobolden und Nixen und anderen Naturwesen erzählte.

Anna, die lacht mich nur aus. Der spinnt, der Jupp, sagt sie immer. Aber ich spinne nicht. Ganz sicher nicht. Aber sie kann meine Welt nicht sehen. Anna lebt in einer Welt, in der zugepackt und gearbeitet wird. Sie ist sehr praktisch und kann gut organisieren. Für alles andere ist in ihrem Leben kein Platz. Sie ist tüchtig, sagt die Mutter. Anna ist in der Stadt, als Dienstmagd in einem hochherrschaftlichen Haushalt. Sie sagt, es gefällt ihr und sie will auf keinen Fall zurück.

Dann ist da noch der Fritz. Der Fritz, der Fritz, was soll aus dem Jungen nur werden, er ist so wild und unbeherrscht, hat die Mutter immer gesagt. Der ist nun auch weg. Nach Heisingen. Als Bergmann. Gleich nach der Lehre beim Schmied. Das könnte ich nie, immer im Dunkeln arbeiten. Aber ihm gefällts. Schreibt er zumindest.

Beinahe hätte ich den Vater vergessen. Ich weiß nicht, wie er früher war. Aber so, wie er jetzt ist, gehe ich ihm lieber aus dem Weg. Nur sonntags in der Kirche sitzen wir nebeneinander. Das ist schwer. Aber es muss sein.

Mehr weiß ich nicht.

Clara blättert einige Seiten vor, kurze, stakkatoartige Einträge wechseln mit ausführlicheren über freudlose Wochenenden zu Hause, über ungeliebte Kirchgänge, über den unzugänglichen Vater, die sorgenvolle und jammernde Mutter. Nichts, was Clara wirklich interessierte. Dann bleibt ihr Blick wieder hängen.

April 1906

Seit Ostern bin ich in der Stadt. Als Kostgänger, in einer Familie. Obwohl, Familie ist zu viel gesagt. Herr und Frau Manker haben keine Kinder. Der Abschied von der Mutter war schwer. Sie hatte so traurige Augen. Gesagt hat sie nichts, nur Auf Wiedersehen und mir die Hand gereicht. Ich hätte sie so gern in den Arm genommen.

Alle zwei Wochen komme ich nach Hause. Freitags komme ich zu Fuß heraus. Am Sonntag nehmen mich der Pfarrer und der Lehrer mit in die Stadt. Sonntags haben sie ihren Stammtisch bei Stuhlmacher.

Wieder überspringt Clara etliche Seiten, schaut flüchtig nach interessanten Informationen. Lange nichts, dann:

5. November 1906
Gestern ist die Mutter beerdigt worden. Es war kalt und es hat geregnet. Der Fritz war da und die Anna, sonst niemand. Ich bin froh, ich bin traurig. Ich weiß nicht. Nun bin ich auf mich selbst gestellt. Ich muss nicht weinen. Die Mutter hatte kein schönes Leben. Nie war Geld im Haus und der Vater so schweigsam, oft betrunken.

Sie hat Mári so vermisst. Die Mutter muss Mári sehr geliebt haben. Von Mimi sprach sie nie. Dafür liegt sie nun neben ihr im Grab. Auf dem Holzkreuz ist noch Platz für ihren Namen.

Mimi Gausehus
1883 - 1899
Erna Gausehus, geb. Stake
1863 - 1906

Komisch, dass auch ich Mári vermisse. Dabei weiß ich nicht einmal, wie sie ausgesehen hat. Und doch fühle ich in mir etwas von dieser Schwester. Wie jetzt auch von der Mutter. Ich fühle es tief in mir drin, als wären sie noch da, irgendwie. Vielleicht bin ich deshalb nicht so traurig?

Den Fritz hat der Tod der Mutter getroffen. Das konnte ich sehen. Wie er die Fäuste in der Tasche ballte, wie er die Lippen aufeinanderpresste und mit den Augen plinkerte, als der Sarg hinabgelassen wurde. Vielleicht ist er deshalb so schnell weggegangen?

Nachbarinnen kamen keine, wie es Brauch ist, um die Totenwache zu halten. Also hab ich alles so gemacht, wie es sich gehörte. Ihr den Mund mit einem Tuch hoch gebunden, Zweipfennigstücke auf die Augen und ein Leintuch über ihren Körper gelegt und neben ihr am Bett gesessen.

Wenigstens waren vom Hof der Großknecht und die Großmagd zur Beerdigung gekommen. Das fand ich anständig. Bestimmt steckte da die Hofbäuerin hinter. Denn beide sahen nicht so aus, als wären sie aus freien Stücken da.

An Blumen hatte niemand gedacht. Aber ich hatte ein wenig Immergrün abgeschnitten und zusammengebunden. Ich warf das grüne Gebinde auf den Sargdeckel. Warum hat mich das leise Plopp plötzlich so geängstigt?

Wütend bin ich auf den Pfarrer. Haben Menschen wie wir nicht auch ein Anrecht auf eine würdige Bestattung? Nicht einmal Zeit für ein ordentliches Gebet hat er sich genommen. Nur ein paar Sätze hat er genuschelt und ist davongeeilt. Der arme Messdiener kam mit dem Schirm kaum hinterher. Wenn es nicht so traurig gewesen wäre. Ich hätte lachen können. Der fette Pfarrer, der mit wehender Soutane und großen Schritten voranlief und der kleine Messdiener mit dem riesigen Regenschirm hinterdrein. Was für ein Bild!

Der Vater hat von alldem nichts mitbekommen. Er hat nur mit gesenktem Kopf dagestanden. Der Regen ist ihm von der Hutkrempe getropft. Anna stand neben ihm. Gut, dass wir sie haben. Hat sie geweint? Alle Gesichter waren nass vom Regen und die Augen tränten vom scharfen Novemberwind.

Arme Mama. Sie hatte so wenig Freude im Leben. Sind dann 43 Jahre viel oder wenig? Wie werde ich wohl sterben?

Weihnachten 1906

Meine Wirtsleute haben mich gefragt, ob ich Weihnachten mit ihnen verbringen möchte. Ich habe ja gesagt. Was soll ich zu Hause? Ich weiß nicht einmal, was der Vater jetzt macht. Am zweiten Wochenende nach Mutters Beerdigung war ich noch einmal auf dem Hof. Ich wollte mich bei der Bäuerin bedanken, die den Pfarrer bezahlt hatte. Das hatte mir der Großknecht noch im Vorübergehen gesteckt. Den verächtlichen Ton in seiner Stimme habe ich einfach überhört. Als ich zur Kate ging, hatte ich so ein merkwürdiges Ziehen im Bauch. Irgendwie war sie mir vertraut und gleichzeitig völlig fremd geworden. Innen war es kalt. Der Ofen war ausgegangen. Der Vater lag wie immer auf seinem Bett in der Kammer. Seit dem Tod der Mutter schläft er wieder im Haus. Er schnarchte mit offenem Mund. Die Luft roch nach Alkohol. Ich hab die Tür schnell wieder zugemacht. Wie hat die Mutter es mit ihm nur so lange ausgehalten?

Etwas habe ich entdeckt. In dem Gebetbuch der Mutter, das ich zur Erinnerung mitgenommen habe, steckte ein Foto. Klein, gezackter Rand. Das Foto war alt, vergilbt und die Zackenränder fleckig braun. Auf dem Foto waren die Mägde des Bauern zu sehen. Über einem Kopf hat die Mutter ein Kreuzchen gemacht. Das muss meine Schwester sein. Mári. Das Mädchen auf dem Foto schaut fröhlich in die Kamera, ist von den anderen Mägden umringt. Ob sie beliebt war?

Bevor ich ging, habe ich den Ofen angemacht und ein dikkes Holzscheit hineingelegt. Eigentlich möchte ich nie wieder zurückkommen. Selbst wenn er nüchtern wäre. Was sollten wir reden? Alles, was mir wichtig ist, ist tabu. Mári, Mimi, die Mutter. Ohne die Mutter will ich nicht mehr hier sein. Ohne sie ist das Haus kalt und leer.

Also bleibe ich in der Stadt und feiere Weihnachten mit Herrn und Frau Manker.

Clara schaut von ihrer Lektüre auf. Ein merkwürdiger Mensch, dieser Onkel Hat er wirklich an Nixen und Kobolde geglaubt? Ihn kann sie auch nicht mehr fragen.

So also war die Mutter aufgewachsen. In einer armseligen Kate. Der Vater hatte sie verstoßen, die Mutter im Stich gelassen. Niemand durfte sie mehr erwähnen. Wie hatte ihre Mutter das nur ertragen? Kein Wunder, dass sie über diese Zeit nicht reden wollte. Vielleicht war ihr allein der Gedanke unerträglich, dass die eigenen Eltern sie davongejagt hatten.

Was war zwischen ihr und dem Vater? Warum musste sie so weit weggehen? Warum haben die Eltern sie so brutal verstoßen? Wusste ihr Vater von ihrer Existenz? Hatte er ihre Mutter geliebt? Wie war sie entstanden? Ihre Augen flogen über die Seiten, schnappten nach einzelnen Stichwörtern, Sehnsucht nach der Mutter, Adoption, Abitur, Krieg, Zu viele schlimme Erlebnisse in Münster, deshalb Versetzung nach Dortmund. Oft war von einem seltsamen Kleeblatt die Rede. Kriegskrüppel. Sie blätterte weiter. Immer wieder Gedanken an die Schwester. Und dann.

1924

Wer hätte damals gedacht, dass wir Freunde würden, die drei und ich. Der Zitteraal, der Bär und der Pferdemann. Mit bürgerlichen Namen: Lothar Gerhard, Willi Stahnke und Joan Klein.

Ich bewundere sie, wie sie mit ihrem Schicksal klar kommen. Besonders den Pferdemann. Kann das Zufall sein? Dass ich ausgerechnet auf ihn gestoßen bin? Er hat mir nämlich erzählt, dass er früher, in einem anderen Leben, so hat er es formuliert, auf einem Hof gearbeitet hat, als Fuhrknecht. Und wie wir so reden, Mensch, du kommst auch aus dem Münsterland – ja woher denn? – war es heraus. Er hat auf demselben Hof gearbeitet wie meine Eltern und – wie Mári. Da war der Name. Mári. Meine Schwester.

Ich habe mir nichts anmerken lassen, habe auch nur vage erzählt, dass ich aus Münster käme. Da er nicht ahnte, dass Mári meine Schwester ist, hat er ganz unbefangen erzählt, von ihrem schönen Lachen, ihrer Fröhlichkeit und davon, dass sie fast ein Paar geworden wären, dass er sogar vorhatte, sie zu heiraten. Wenn da nicht der bäurische Bereiter dazwischengekommen wäre. So hat er den Menschen genannt, der ihm seine Liebste gestohlen hatte. So sah er es jedenfalls. Seitdem habe er nichts mehr von ihr gehört und keine Ahnung, ob sie noch lebte. Ich habe noch mal vorsichtig nachgehakt und erfahren, dass es der Sohn des Bauern, Bernhard, war, den er mit Mári in der Scheune gesehen hatte. Offensichtlich glaubt Joan, dass Mári sich freiwillig auf den Bauernsohn eingelassen hat. Ich glaube etwas ganz anderes. Warum sollte meine Schwester in Panik vor jemandem fliehen, dem sie sich freiwillig hingegeben hat? Nach Panik hörte sich nämlich an, was Joan mir schilderte. Allein das Aussehen.

Schade, dass er nicht weiß, wohin meine Schwester gegangen ist. Dann könnte ich Nachforschungen anstellen.

Clara lässt das Heft sinken. Gerade noch im Nachgreifen kann sie verhindern, dass es auf den schmutzigen Boden des Abteils fällt. Es überläuft sie heiß und kalt. Deshalb also hatte die Mutter ein solches Geheimnis um die Herkunft der Tochter gemacht. Sie ist die Frucht einer Vergewaltigung. War ihr Vater also doch ein schlechter Mensch gewesen? Ein Bastard zu sein und einen Vergewaltiger als Vater zu haben. Dieses Schicksal hatte die Mutter ihrem Kind wohl ersparen wollen. Musste sie ihr nicht im Nachhinein noch dankbar sein, dass sie der Tochter die Wahrheit verweigert hatte?

Was hätte ihr der Vater erzählt, wenn sie ihn noch angetroffen hätte? Sich entschuldigt? Worte des Bedauerns gefunden? Alles abgestritten? Aber war ihr Vater wirklich der, für den sie ihn halten musste? Der nachbarliche Freund hatte mit so viel Respekt, ja sogar Zuneigung von ihm gesprochen! Möglicherweise verhält es sich mit der Wahrheit doch ganz anders. Soll sie über ihn richten? Nach allem, was ihr der Nachbar erzählt hat, gelang es ihr nicht, sich ihren Vater als Bösewicht vorzustellen. Hatte er nicht bereut, gebüßt für seine Tat? Mit einem zurückgezogenen einsamen Leben?

Beinahe hätte sie über all dem Grübeln den Ausstieg in Wuppertal verpasst. Schnell raffte sie ihre Sachen zusammen, stopfte das Heft in ihre Tasche.

Clara seufzt. Den Vater hat sie verloren, ohne ihn je gehabt zu haben. Dafür liegt hier in der Wiege ein kleiner Mensch, der noch das ganze Leben vor sich hat. Oh je, warum sind die wichtigen Erkenntnisse im Leben gleichzeitig so trivial? Clara ruft sich selbst zur Ordnung. Rührung ist nicht ihre Sache. Rührung steht dir nicht, hatte Felix mit einem Anflug von Ironie gesagt, als er bemerkte, dass bei der Ankündigung, sie werde Großmutter, ihre Augen feucht wurden. Dazu bist du viel zu nüchtern und stehst mit beiden Beinen im Leben. Über diese Bemerkung des Sohnes hatte sie sich damals geärgert. Denn die Mitteilung von Felix, dass sie bald Großmutter würde, hatte sie tatsächlich berührt und gerührt.

Clara zupft die Decke des Säuglings zurecht und betrachtet das Kind. Diese Zärtlichkeit, die sie jedes Mal beim Anblick der Enkelin erfasst, hatte sie schon beinahe vergessen. Helene, die Tochter und Helene, die Enkelin. Sie fühlt sich wieder jung, glaubt einen Moment, ihre eigene Tochter in den Armen zu halten. Dann besinnt sie sich. Das hier ist deine Enkelin. Wie wird ihre Zukunft aussehen?

Clara ist skeptisch. Das Kind wächst in eine Welt hinein, die täglich schöner und bunter wird, wenn man den Plakaten glauben darf, die laut und frech von den Litfaßsäulen herab für immer mehr Produkte und immer mehr Konsum werben. War man im Krieg froh, wenn es überhaupt Seife gab, muss es jetzt DIE sein. Es geht nicht mehr nur darum, satt zu werden. *Knorr* und *Maggie* kämpfen um die Geschmackshoheit in deutschen Küchen. Die Worte *Entbehrung* und *Not* gehören der Vergangenheit an. Das deutsche Wirtschaftswunder ist in vollem Gange. Jeden Tag liest man es in der Zeitung, spürt es am eigenen Leib. Allein die Mode. Wie wichtig die plötzlich geworden ist. Die Länge des Rocksaums, Taille oder nicht, Hütchen und Stöckelschuhe. Make-up. Welches und wie viel? Frau hat gut auszusehen für den Mann, der die Familie unterhält. Punkt. Von Gleichberechtigungsbestrebungen keine Spur. Ein Leben lang hat Clara sich keine Gedanken um ihr Aussehen gemacht. Dazu hatte sie weder Zeit noch Energie. Außerdem hält sie Mode und Make-up für überflüssigen Schnickschnack.

Seit zwei Jahren ist Felix verheiratet. Seine Frau ist, wie er, einziges Kind. Der Vater ist Bahnbeamter. Er musste nicht an die Front, sondern hatte kriegswichtige Aufgaben zu erfüllen. Die Mutter hat nie gearbeitet. Die Schwiegertochter Hilde ist hübsch, keine Frage. Sie legt großen Wert auf ihr Äußeres. Ein ewiger Reibungspunkt zwischen Schwiegertochter und Schwiegermutter. Clara kann es nicht lassen. Sie findet Hilde oberflächlich und, wenn sie es freundlich sagt, wenig interessiert. Wenigstens ist sie nicht so heuchlerisch wie manche ihrer Freundinnen, die sie einmal auf einem Kaffeeklatsch erlebt hat. Kirchgang als gesellschaftliches Muss. Sehen und gesehen werden.

Reiß dich zusammen. Clara ärgert sich über sich selbst. „Was willst du denn?“, schimpft sie mit sich. „Helenchen hat liebevolle Eltern, Großeltern und ein sicheres Zuhause. Das ist mehr, als du Felix je hast bieten können.“

Die letzten Kriegsjahre mit den Bombardierungen, der ständigen Sorge um das tägliche Brot, der beschädigten Wohnung und der Angst um Felix haben sich in Claras Erinnerung eingebrannt. Schließlich hielt sie es nicht mehr aus. Kurz nach dem Ende des Krieges zog sie zurück nach Barmen. Die ersten schweren Jahre gewährte ihre Freundin Sophie ihr Unterschlupf, bis sie eine eigene Wohnung fand. Sophie hatte sich schon längst von ihrem Mann scheiden lassen und lebte allein. Ihre Nähe und die Gespräche mit ihr taten Clara gut.

Als der Krieg zu Ende war, war für Clara nichts mehr selbstverständlich. Sie war dankbar für ein Leben ohne ständige Bedrohung, ohne Elend und den Kampf ums nackte Überleben.

Sie konnte schlafen, ohne durch Sirenen geweckt zu werden und in den Luftschutzkeller zu hasten. Im Konsum gab es seit der Währungsreform alles zu kaufen, Lebensmittel im Überfluss. Wenn es an der Haustür klingelte, freute sie sich auf einen Besuch. Sie könnte zufrieden sein.

Wenn da nicht die andere Seite wäre, die ihrer Meinung nach viel zu kurz kommt. Was ist mit den Frauen? Mit Argwohn beobachtet sie, wie die Frauen nach dem Krieg, in dem sie die Männer in fast allen Berufen ersetzen mussten, an den heimischen Herd zurückgedrängt wurden.

Die Schwiegertochter Hilde hat ihren Beruf als Sekretärin gleich nach der Hochzeit an den Nagel gehängt. „Ich verdiene doch genug", hatte Felix der Mutter erwidert, als diese ihm vorwarf, seine Frau in die Unselbstständigkeit und Abhängigkeit zu treiben. „Und außerdem", hatte er hinzugefügt, „machen das alle so und Hilde ist doch zufrieden. Sie genießt die Freizeit, die sie hat und ganz ehrlich, Mama, ich möchte nicht, dass sie so viel arbeitet wie du. Außerdem, seit wir das Kind haben ... Immer ging bei dir die Arbeit vor, nur selten hattest du wirklich Zeit für mich. Als der Opa starb, hab ich mich oft ziemlich allein gefühlt. Mit Tante Elisabeth konnte ich nicht reden. Hast du dir eigentlich damals Gedanken darüber gemacht, wie sich ein Junge fühlt, der fast nur mit einer lieblosen Großtante und einer behinderten Tante zusammenleben muss? Alles drehte sich immer um Hertha. Wie oft habe ich mir damals gewünscht, eine ganz normale Mutter zu haben, die zu Hause ist, wenn ich aus der Schule komme, die für mich da ist, wenn ich Probleme habe. Aber dir war ja der Beruf immer wichtiger als ich."

Clara hatte verletzt zu diesen Vorhaltungen geschwiegen. So hatte ihr Sohn noch nie zu ihr gesprochen. Es erschütterte sie, welches Bild er von ihr hatte und, noch schlimmer, dass sie es nicht bemerkt hatte. Was war ihr noch entgangen? „Und nun soll deine Frau es anders machen, eine gute Mutter, nur

Mutter sein?", hatte sie spitz gefragt. „Genau", stimmte Felix zu. „Was ist so falsch daran?" Ihre Ironie überhörte er einfach. „Meine Kinder sollen eine Mutter haben, die immer für sie da ist, die nicht von Termin zu Termin hetzt, die kocht und backt und mit ihnen spielt." „Ja, wenn das so ist", hatte Clara das Gespräch beendet.

Clara schaut auf das Kind in der Wiege. In welcher Gesellschaft wirst du aufwachsen? *Die Würde des Menschen ist unantastbar. Jeder hat das Recht auf freie Entfaltung der Persönlichkeit. Die Freiheit der Person ist unverletzlich. Männer und Frauen sind gleichberechtigt.* Wenn es denn so einfach wäre. Schon heute kennt kaum noch jemand den Namen der Frau, die dafür gekämpft hat, dass dieser Satz am Anfang des Artikels 3 des Grundgesetzes steht. *Männer und Frauen sind gleichberechtigt.* Die Durchsetzung dieses hart erkämpften Satzes im Grundgesetz ist ein erster, aber ungemein wichtiger Schritt auf einem Weg, den jede Frau für sich weitergehen muss. Unter Einsatz all ihrer Kraft hatte Elisabeth Selbert für die Aufnahme dieses Satzes geworben und ihn schließlich durchgesetzt. Was war der Dank? Man hatte ihr kein politisches Amt gewährt wie ihren drei Mitstreiterinnen. Warum eigentlich? Clara versteht das nicht. Vielleicht waren ihre Ansichten zu modern, vielleicht war sie zu unbequem, zu wenig angepasst? Sieben Jahre nach Inkrafttreten des Grundgesetzes ist die neue Bundesrepublik von Gleichbehandlung, Gleichstellung oder gar Gleichberechtigung der Frauen noch weit entfernt, findet Clara. Nach wie vor sind die Frauen physisch und finanziell abhängig von ihren Männern, dürfen ihren Beruf nur ausüben, wenn die Männer es erlauben, dürfen nicht einmal über ihr eigenes Geld verfügen. Ganz zu schweigen davon, dass die Frauen viel weniger Geld verdienen als die Männer. Eigentlich ist alles beim Alten geblieben. Als hätte es die Frauenrechtsbewegung nicht gegeben. Und doch, es muss etwas bedeuten, dass die Rechte der Frauen im Grundgesetz festgeschrieben sind.

Vielleicht bin ich zu ungeduldig. Veränderungen brauchen Zeit. Hatte Eberhard das nicht immer gepredigt? Aber wann ändern sich die Verhältnisse? Würde ihrer Mutter heute dasselbe Schicksal beschieden sein wie Ende des 19. Jahrhunderts? Könnte man sie heute noch einfach so vom Hof jagen, ihr das Kind wegnehmen? Denn das war es schließlich, was passiert war. Nicht die Mutter hatte ihr Kind weggegeben, sondern die sozialen Umstände und die herrische Schwester Oberin hatten sie zu diesem Schritt gezwungen.

Aber was ist davon zu halten, dass sich das Interesse der jungen Frauen und Mütter wie Hilde hauptsächlich um Mode, Kinder, Kaffeeklatsch und Urlaub dreht? Ist das der Sinn des Lebens? Besonders das Reisen scheint zum Statussymbol zu werden. Man reist. An die See, in die Berge, nach Italien! Das Land der Sehnsucht, wo die Träume blühen.

Felix und Hilde hatten ihre Hochzeitsreise an den Gardasee gemacht. Zwei Wochen Sonne und *dolce vita*. Auch so ein Modebegriff. Clara fühlt sich in dieser neuen Gesellschaft fremd. Mit all dem oberflächlichen Getue kann sie wenig anfangen. Haben die Menschen um sie herum den Krieg und die zwölf Jahre der schrecklichen nationalsozialistischen Herrschaft schon vergessen? Wenn sie ehrlich zu sich selbst ist, muss sie allerdings zugeben, dass es auch ihr schwer fällt, sich den Erinnerungen an diese Zeit zu stellen.

Wie oft hatte sie die Augen verschlossen vor dem Offensichtlichen, den Andeutungen der Tante keine Beachtung geschenkt, nicht nach Vater, Sohn oder Neffen in den Familien gefragt, wenn diese plötzlich verschwanden und genauso plötzlich, abgerissen, um Jahre gealtert, wieder auftauchten. KZ Kemna. Bei Oberbarmen. Kennt man. Straflager. Und Punkt. Eines Tages war es nicht mehr da. Wohin hatte man die Sträflinge gebracht? In ein anderes Lager?. Auch gut. Man redete nicht drüber. In stillem Einverständnis. Später, im Zweiten Weltkrieg, wenn sie in den Familien mitbekam, dass der Vater, der Onkel, der Sohn gefallen war oder schwer verletzt im Lazarett lag, wischte sie die aufsteigenden Erinnerungen aus dem 1. Weltkrieg rasch beiseite. Sie wollte an all das Elend, das sie erlebt hatte, nicht mehr denken.

Ja, Clara muss sich eingestehen, dass auch sie zu denen gehört, die wegschauten, die verdrängten. Sie schämt sich dafür. Die

Entschuldigung, dass die Sorge um Nahrung, später, gegen Ende des Krieges, um das Überleben, die Angst um Felix drängender war, lässt sie vor sich nicht mehr gelten. Den Sohn heil durch den Krieg zu bringen, war damals ihr oberstes Bestreben. Dafür tat sie alles. Erfolgreich. Nur einmal wurde er als Flakhelfer eingesetzt. Vor dem Volkssturm konnte sie ihn bewahren. Sie brauche ihn als Helfer für die Kindergruppen, hatte sie dem Blockwart erklärt. Als kaum noch Männer da waren und die Frauen in der Rüstungsindustrie arbeiten mussten, hatte Clara Gruppen für vernachlässigte Kinder eingerichtet. Sie hatte genügend Zeit, mehr Zeit, als ihr lieb war, da die Geburtenrate drastisch sank. Sie hatte Sing- und Spielenachmittage organisiert, mit den Kindern kleine Ausflüge gemacht. Sehr zum Wohlgefallen des Blockwarts, der sie nach Kräften unterstützte. Nicht immer gelang es ihr, seine Zudringlichkeiten abzuwehren. Aber ihr ging es um die Kinder – und um Felix.

Sie muss mit dem Sohn reden. Sie sollte mit der Schwiegertochter sprechen, sie warnen vor der Kinderfalle und der Gefahr, sich als Frau vom Mann abhängig zu machen.

Clara erinnert sich an die letzten Diskussionen im Schwesternzimmer des Krankenhauses. Sie waren alle übermüdet. Drei Geburten an einem Tag. Und so hatte sich das Gespräch träge dahingeschleppt, bis plötzlich der Begriff ‚Rabenmutter' fiel. Alle waren sich einig, dass die Mutter für die Kinder zuständig war. Clara verstand zunächst nicht. Eine Rabenmutter ist eine Mutter, die nur an sich denkt und sich nicht um ihre Kinder kümmert, wurde sie aufgeklärt. „Aber ist man als berufstätige Frau automatisch eine Rabenmutter?" Clara begriff immer noch nicht. Sollten die Frauen nicht beides sein können? Berufstätig und Mutter? Wie die Väter auch? „Ach ja, und wer macht den Haushalt und kümmert sich um die Kinder?"

Dieser so spitze wie berechtigte Einwand ließ sie verstummen. Sie schluckte hinunter, was sie noch sagen wollte, dass sogar aufgeklärte und intelligente Frauen in die Kinderfalle tappten. Sich in erster Linie als Mutter fühlten. Dass der Staat mit seinem Ehesplitting die Einverdienerehe unterstützte und so die Chance der Frau zur Selbstständigkeit boykottierte. Dass selbst Helene Weber, mit ihrer unbezweifelbar guten Absicht, mit ihrem Müttergenesungswerk überforderten Müttern zu helfen, diese Entwicklung noch unterstützte. Dass man nicht wahrhaben wollte, wie sehr das neue Bild der Frau und Mutter dem der Nationalsozialisten glich.

So vieles lag noch im Argen. Über das Elend mancher Frauen in den Schlafzimmern mochte Clara gar nicht erst nachdenken. Als Hebamme war sie oft genug eine Vertraute auf Zeit. Es machte sie traurig, wenn sie hörte, wie sich viele Männer ungefragt und brutal ihr Recht als Ehemann nahmen, quer durch alle gesellschaftlichen Schichten. Vergewaltigung in der Ehe? Gibt es nicht. Die Deutungshoheit hat die Kirche. Die Frau ist dem Manne untertan. Der § 218 trifft die Frauen immer noch mit voller Härte. Clara empört diese offensichtliche Heuchelei. Was war mit den unehelichen Kindern? Nach wie vor wurden sie als Bastarde beschimpft oder ihre Herkunft verschämt verschwiegen.

Was hatte ihr Vater ihr angetan, was der Mutter. Obwohl sie nun von der Vergewaltigung weiß, fühlte sie weder Hass noch Verachtung gegenüber ihrem Vater. Eher Mitleid.

Clara schaut auf den friedlich schlafenden Säugling. „Du wirst ein glückliches Kind werden, ganz bestimmt!", flüstert sie und schaukelt sacht die Wiege. Dieses Kind. Es strahlt so viel Zufriedenheit aus. Ihre Enkelin, ihr Helenchen.

Das Kind in der Wiege räkelt sich, gibt kleine Zwitscherlaute von sich. Clara betrachtet Helene, forscht nach Ähnlichkeiten. Sie hat die blauen Augen des Vaters und das ovale Gesicht der Mutter. Helene. Bewusst hatte Felix den Namen für seine Tochter gewählt. Im Gedenken an die tote Schwester, hatte er erklärt und sich gegen seine Frau durchgesetzt, die das Kind lieber Jutta genannt hätte. Ein traditioneller Name in einer modernen Gesellschaft. Vielleicht ist das die Zukunft? Eine Zukunft mit mehr Gerechtigkeit für alle? Clara möchte es gern glauben.

Epilog 1981

Die beiden alten Männer sitzen im Restaurant vor den leer gegessenen Tellern. Das letzte Bier ist schal geworden.

Stundenlang haben die beiden dagesessen und sich ausgetauscht. Beide sind erschöpft, aber äußerst zufrieden mit dem Ergebnis.

„Mir wäre jetzt nach einem Spaziergang, Felix. Was hältst du davon, wenn wir zu ‚unserem' Hof gehen? Es ist nicht weit. Es ist schon sehr lange her, dass ich durch die Eichenallee zum Hof marschiert bin. Also, was ist?"

„Gerne." Felix strahlt. „Natürlich komme ich mit. Ich bin vom langen Sitzen schon ganz steif geworden. Bewegung tut mir immer gut. Ober, zahlen."

„Nicht doch, ich zahle. Du bist mein Gast. Schließlich hast du mir wertvolle Informationen geschenkt, die ich sonst nie erhalten hätte."

Noch eine Weile geht das so hin und her, bis sich Friedrich schließlich durchsetzt. Erfreut über das opulente Trinkgeld wünscht der Kellner den Herrschaften noch einen schönen Tag und hält ihnen die Tür auf.

In der Tat sind es nur knapp fünfzehn Minuten zu Fuß vom Restaurant zum Hof. Felix ist beeindruckt von der Eichenallee, die noch immer existiert im Gegensatz zu einigen anderen Gebäuden. Das Haupthaus mit dem gepflegten Bauerngarten dahinter steht noch, ebenso die große Scheune, die Hubertus nach dem Brand hat neu errichten lassen. Aber es gibt keine Hühner mehr, die auf dem Hof picken. Sie hätten es auch schwer, denn statt mit Kieseln gepflastert ist der ganze Hof sauber geteert.

Felix drückt seine Enttäuschung aus. Er hat sich den Hof prachtvoller vorgestellt. Aber sei's drum.

Die beiden alten Männer gehen über die Weide bis hin zum Bach. Sie suchen die Stelle, an der die Kate gestanden hat. Sie suchen den Baum. Ohne Erfolg.

„Friedlich ist es hier", sagt Felix irgendwann in die Stille hinein, die zwischen den beiden Männern aufgekommen war. „Kaum zu glauben, was hier alles passiert ist."

„Ja, da hast du recht. Ist schon ungeheuerlich. Aber das Beste ist, dass wir uns kennengelernt haben. Findest du nicht auch, mein lieber Neffe?“

Wieso Neffe? Dein Onkel Bernhard ist mein Großvater. Felix grinst verschmitzt. Also, was sind wir nun zueinander?

„Ach nee, das wird mir jetzt zu kompliziert. Also ich bin der Neffe vom Bernhard und du der Enkel und wir beide?“

„Verwandt“, rufen beide wie aus einem Mund und müssen lachen.

„Ich glaube, es wird Zeit für den Heimweg. Ich fahre nicht mehr gern im Dunkeln. Du weißt, die Augen.“

Einträchtig schweigend gehen sie den Weg zum Restaurant zurück. Beiden ist der Kopf voll mit all den Neuigkeiten. Was es zu Hause alles zu erzählen gibt!

Anhang

Abkürzungen, Begriffe, Personen

S. 13
Heuerlinge:
Eine Bevölkerungsschicht die sich vor allem in der zweiten Hälfte des 17. Jahrhunderts, überwiegend in Westfalen und in Nordwestdeutschland, herausbildete. Oft waren es Abkömmlinge von Bauern ohne eigenen Hof, die in Nebengebäuden wohnten. Um ihr Wohnrecht und die gepachteten Ackerflächen abzugelten waren sie verpflichtet dem Bauern Dienste zu leisten, besonders in der Erntezeit.

S. 40
Beckenschelft:
Ein Brett über dem Waschtrog in der Küche für Töpfe, Tassen, Teller und Schüsseln.

S. 46
Kiepenkerl:
Wandernder Händler im Münsterland bis zur holländischen Grenze, der neben Lebensmitteln auch begehrte Kurzwaren wie Bänder und Knöpfe in entlegene Gebiete brachte – und Nachrichten.
Traditionell trug der Kiepenkerl einen blauen Kittel und ein gelbes oder rotes Halstuch und Holschken (Holzschuhe). Die Bezeichnung kommt von der Kiepe, dem langen, nach unten spitz zulaufenden Korb, den er auf dem Rücken trug und mit dem er die Waren transportierte.

S. 85
Krösken:
Ausdruck aus dem münsterländer Platt, meint eine Liebelei zwischen zwei Personen.

Seite 113
Rainer Maria Rilke (1875–1926):
Zitat aus: *Kindheit.*

S. 120
Pius X.:
Konservativer Reformpapst, der im sogenannten Antimodernistenstreit die Kirche gegen die Einflüsse der Moderne schützen wollte und der die Anerkennung der Juden als Volk verweigerte.

S. 120
Heinrich Heine:
Zitat aus: *Ein Wintermärchen.*

S. 129
Alice Salomon:
Zitat aus: *Was wir uns und anderen schuldig sind,* Ansprachen und Aufsätze für junge Mädchen, 1912.

Seite 139
Rainer Maria Rilke:
Zitat aus: *Liebeslied.*

S. 173
Zitat: *Alice Salomon,* 1912.

S. 182
KpdSU:
Kommunistische Partei der Sowjetunion. Unter der Führung Thälmanns (1925–1933) entwickelte sich die KPD zu einer Partei, die den Befehlen Stalins folgte. So wurden auch in der KPD stalinistische Säuberungen durchgeführt.

S. 185
Kommunalka:
Gemeinschaftswohnung in ehemals bürgerlichen Wohnungen. Ein Raum für jede Familie. Die sanitären Anlagen und die Küche werden gemeinschaftlich genutzt. Sie entstanden nach

der Oktoberrevolution 1917. Einige gibt es heute noch zum Beispiel in St. Petersburg.

S. 197
Helene Stöcker:
Zitat aus: *Die Liebe und die Frauen,* 1906.

S. 216
Albert Schlageter (1894–1923):
Aktivist und Rebell gegen die französischen Besatzer des Ruhrgebiets, wurde wegen Spionage und Sprenstoffanschlägen vom französische Militärgericht zum Tode durch Erschießen verurteilt (26. Mai 1923).
Die Nationalsozialisten haben ihn anschließend für sich vereinnahmt und zum Märtyrer stilisiert.

S. 220ff
BDF (1894–1933):
Abkürzung für: Bund deutscher Frauenvereine, eine heterogene Vereinigung von Frauen zwischen bürgerlich gemäßigt und radikal.

DEF (1899–1933):
Deutsch evangelischer Frauenbund.

KFD (1903–1933):
Katholischer Frauenbund Deutschlands.

Anita Augspurg (1857–1943):
Juristin und Aktivistin der bürgerlich-radikalen Frauenbewegung.

Gertrud Bäumer (1873–1954):
1910-1919 Vorsitzende des BDF, kämpfte vor allem für die rechtliche Gleichstellung unehelich geborener Kinder.

Minna Cauer (1841–1922):
Deutsche Pädagogin und Aktivistin im sogenannten radikalen Flügel der bürgerlichen Frauenbewegung, setzte sich besonders

für das Frauenstimmrecht ein und die Unterstützung lediger Mütter und die freie Berufswahl der Frauen.

Alice Salomon (1872–1948):
Deutsche liberale Sozialreformerin, Wegbereiterin der sozialen Arbeit als Wissenschaft.

Helene Stöcker (1869–1943):
Deutsche Frauenrechtlerin und Sexualreformerin, Pazifistin und Publizistin. Sie kämpfte schon vor dem ersten Weltkrieg für die Abschaffung des § 218, der eine Zuchthausstrafe von bis zu zwei Jahren vorsah.

Marie Stritt (1855–1928):
Theaterschauspielerin, Frauenrechlerin, Präsidentin des BDF, setzte sich wie Helene Stöcker für die Abschaffung des § 218 ein.

Clara Zetkin (1857–1933):
Deutsche Politikerin, Kommunistin, Friedensaktivistin und Frauenrechtlerin, war von 1920-1933 Reichstagsabgeordnete und 1932 Alterspräsidentin des Parlaments.

S. 235
RAF:
Royal Air Force (England). Zwischen September 1944 und März 1945 wurden von der RAF und den US-amerikanischen Flugzeugen 50 Luftangriffe auf Münster geflogen, der zerstörerischste und letzte am 25. März 1945.

S. 238
Wolfgang Koeppen (1906–1996):
Tauben im Gras (1. Band einer Trilogie: Tauben im Gras, das Treibhaus, Tod in Rom), 1951.

S. 239
Arno Schmidt (1914–1979):
Brand's Haide, 1953.

S. 244
Alfred Andersch (1914–1980):
Kirschen der Freiheit, 1952.

S. 245
BDM:
Bund deutscher Mädchen (1923–1945), Teilorganisation der Hitlerjugend für alle Mädchen zwischen zehn und einundzwanzig Jahren.
Ziel: Erziehung zum Nationalspzialismus und Vorbereitung auf die künftigen Aufgaben der Frauen in der nationalsozialistischen Volksgemeinschaft. Während des Krieges mussten die Mädchen ein sog. Soziales Jahr in einer Familie mit Kindern ableisten oder wurden in die Kriegswirtschaft eingebunden.

S. 245
Jungschar, Jungvolk:
Jugendorganisation der Hitlerjugend für Jungen zwischen zehn und vierzehn Jahren.
Ziel: Erziehung im nationalsozialistischen Sinne zur Loyalität zu Adolf Hitler und vormilitärische Ausbildung.

S. 259
Hebberechtig:
Rechthaberisch, Ausdruck im Münsterland.

S. 276
Elisabeth Selbert (1896–1986):
Deutsche Politikerin; sie hat mit Erfolg dafür gekämpft dass im Artikel 3 des Grundgesetzes die Gleichberechtigung zwischen Mann und Frau festgeschrieben wurde.

Cornelia Ertmer, geboren 1953 in Recklinghausen, lebt und schreibt, zumindest zeitweise, in ihrer Wahlheimat Dortmund.

Den Wunsch zu schriftstellern hatte sie schon früh. Doch ließen ihr die Familie mit drei Kindern und der Beruf als Lehrerin für Deutsch, praktische Philosophie und Darstellen und Gestalten an einer Gesamtschule in Ostwestfalen-Lippe wenig Freiraum.

Seit sie im Ruhestand ist, findet sie die Muße, ihre Kreativität im verfassen von Geschichten zu realisieren.

Nach der Geschichtensammlung „Der Geschmack von Lebertran" ist „Wenn alle schweigen" die erste Romanveröffentlichung der Autorin.

Der Geschmack von Lebertran

Eine Kindheit in den 50er-Jahren
Erzählband von Cornelia Ertmer

Das Kind wird in den 50ern geboren: Die Schrecken des Krieges verblassen, das Wirtschaftswunder blüht. Paradiesische Jahre, um groß zu werden. Doch es ist nicht nur die Zeit von Sonntagsgroschen, Fleißkärtchen und Häschenschule, sondern auch von Prüderie und Heuchelei. Der Schein der Wirtschaftswundergesellschaft wird mit allen Mitteln bewahrt. Und so stößt das Kind immer wieder auf Verbote und Tabus. Es gerät mit Nonnen aneinander und muss demütigende Erziehungsmaßnahmen über sich ergehen lassen.
Eine Kindheit, die nicht nur nach Karamellbonbons und Salmiakpastillen schmeckt.

ISBN 978-3-942672-63-4 | 180 Seiten | 12 x 19 cm | € [D] 11,00
Auch als E-Book erhältlich.

Der **OCM Verlag** wurde 2010 gegründet. Unsere Bücher sind keine Fließbandprodukte, sondern verlangen jedes Mal aufs Neue den vollen Einsatz des kleinen Verlagsteams, das mit Herzblut dabei ist.
Es ist zum Teil außergewöhnliche Literatur, die hier ihren Platz hat. Als unabhängiger Verlag nehmen wir uns diese Freiheit. Neben mörderischen Kurzgeschichten, spannenden Krimis und aufreibenden Thrillern mit ungewöhnlichen Protagonisten, liegt unser Fokus auf humorvollen und einfühlsamen Romanen und Erzählungen. Aber auch bewegende gesellschaftliche Themen werden verarbeitet.

OCM Der Verlag | Sölder Straße 152 | 44289 Dortmund
www.ocm-verlag.de